숲에
산다

나남
nanam

숲에 산다

2019년 5월 5일 초판 발행
2020년 2월 5일 제 2판 발행
2025년 4월 19일 제 3판 발행

지은이 조상호
발행자 趙相浩
발행처 (주) 나남

주소   10881 경기도 파주시 회동길 193
전화   031-955-4601(代)
팩스   031-955-4555
등록   제1-71호(1979.5.12)
홈페이지 www.nanam.net
전자우편 post@nanam.net

ISBN 978-89-300-4197-3
      978-89-300-8655-4(세트)

제3판

숲에 산다

나남수목원
조상호 지음

나남
nanam

숲에 산다

차례

제3판 서문·이제 자작나무숲에 산다 9

제1부

- 두 반송 이야기 23
- 꿈꾸는 나무들, 수목원의 탄생 42
- 그래 그래, 백년 자작나무숲에 살자 61
- 반송 순치기에 봄날은 간다 76
- 반송 수목장의 아침 84
- 말벌의 습격 93
- 늙을수록 고귀해지는 것은
  나무밖에 없다 99
- 세상 가장 큰 책 113
- 봄날, 가 보지 않은 길을 간다 120
- 히어리 꽃은 노랗다 125
- 나무는 수직으로 자란다 134
- 가로수는 권력이다 142

숲에 산다 차례

제1부

- 한여름 백일의 배롱나무 꽃그늘 146
- 시간은 쌓인다 154
- '손기정참나무' 혹은 '손참나무' 161
- "오메 단풍 들것네" 168
- 숲에도 눈이 내린다 175
- 휘청거리는 봄날에 179
- 노각나무의 하얀 꽃그늘 182
- 나무의 얼굴 186
- 구본무 회장의 수목장 190
- 최종현 회장의 나무 심는 마음 193
- 태양에 맞서는 여름나무꽃들 197
- 그대 다시 고향에 가지 못하리 204
- 나무 바로 세우기 210
- 밤나무는 밥나무이다 218
- 수목원의 사계 224

제2부
- 언론 의병장의 꿈을 함께하는
  아름다운 사람들을 위하여 243
- 첫 독서, 책에 눈뜰 무렵 252
- 글에 눈뜰 무렵—길돌 차동석 선배 263
- 다섯 발톱 용의 승천, 백제금동대향로 272
- 철원 궁예성터의 천년 고독 282
- 기억의 장소들 289
- 바람이 불어오는 곳, 세계로 열린 창 300
- 바이킹의 후예와 노르웨이 숲을 가다 329
- 세상 가장 큰 책, 나오시마에서 344
- 안도 다다오의 홋카이도 '대두불' 354

제3부
- 정주민의 안락을 거부하는
  현대의 유목민—조상호 형 - 강천석 369
- 자연을 사랑하는 나남수목원 조상호 형 - 염재호 378
- 육사(六士) 선생의 망팔(望八) - 송호근 384
- 천하를 논한 4천 시간의 대화 - 고승철 391
- 출판 外 유혹에 안 빠지려
  愚公移山으로 만든 수목원 - 장재선 399

제3판 서문

이제 자작나무숲에 산다

자연의 생태계에는 겨울잠이 있다. 찾아올 새 봄에 성장의 꿈을 예비하는 디딤돌의 시간이다. 동물들만 동면(冬眠)에 드는 것이 아니고 나무들도 낙목한천(落木寒天)의 겨울잠에 든다. 인간만이 계절의 감각을 넘나들며 부지런을 떤다. 수목원에 눈이 쌓이면 내게도 내 글을 쓸 수 있는 망중한(忙中閑)의 귀한 시간이 찾아온다. 〈나무 심는 마음〉과 〈숲에 산다〉의 기록은 이때의 결정(結晶)이다. 이번 겨울은 한가로울 수 없었다. 읽어내야 할 출판사 원고들도 많아졌지만, 2만 평의 잣나무 원시림의 벌목작업으로 수목원이 소란스러웠다. 초봄에 자작나무 묘목 2만 그루를 심을 터전을 닦는 일이었다.

내 나이 일흔 무렵에 시작하여 6년 동안 4차례로 나누어 자작나무 10만 그루를 심은 '수목원 시즌 2'의 대장정(大長征)이 일단락되었다. 나남수목원의 절반이 자작나무로 덮이게 되었다. 앞으로 3~4년간은 묘목을 키워내기 위해 해마다 두세 차례

잡풀을 베고 가지를 치며 넝쿨을 걷어내야 하는 예비된 자청한 노동이야 잠시 덮어두자.

꿈꾸는 자가 창조한다고 했다. 미래를 마냥 기다릴 일만은 아니다. 준비하고 창조하기 위해서는 오늘 실천해야 한다. 광대무변한 자작나무숲은 여름에는 햇살에 출렁이는 잎들의 웅장한 교향곡이 산중을 물결치는 수해(樹海)로 만들 것이며, 낙엽이 지면 유난히 하얀 표피에 까만 눈동자가 또렷한 10만 대군의 열병식이 하얀 설원에 화려하게 펼쳐질 것이다.

나는 갈수록 거대해지는 그 초록의 바다에서 자맥질하며 여름을 온몸으로 안으면 되고, 한겨울 10만 대군의 사열을 받으며 태고의 원시가 주는 감동을 같이하면 된다. 산신령이 다 되었다는 친구들의 부러워하는 질투에는 짐짓 염화시중의 미소라도 보내면 된다.

지난여름은 무더웠다. 사람이 견딜 수 있는 임계치가 어디까지인지를 실험하는, 체온을 넘어 계속되는 무더위였다. 우리와는 반대로 탄소를 먹고 산소를 뱉어내는 나무들이야 습기까지 가득한 찌는 듯한 이 무더위가 좋았을 것이다. 봄부터 가지치기를 하는 3천 그루 넘는 반송의 솔향기가 한창 짙어지고, 잘 자라는 자작나무를 위협하는 칡넝쿨, 다래넝쿨 제거에 여념이 없던 여름날이었다.

마침 오래전부터 갖고 싶었던 5층 석탑(石塔)을 인사동에서

구해 인수전 앞에 모셔 수목원의 중심을 잡았다. 석탑은 쉽게 억대를 넘는다는데 1층 석계(石階)가 약간 파손되었기에 저가에 내 손에 들어왔다. 일부러 수리도 하지 않았다. 200년의 시공을 뛰어넘어 원래 그 자리에 있었던 것처럼 어울리기도 했다. 이 탑을 조각한 이름 없는 석공의 사연이나 집념은 알 수 없다. 무영탑(無影塔)의 신화가 아니라면 호수에 비칠 탑 그림자도 볼 수 있을 것 같았다.

이렇게 하늘에 계실 어머니를 생각하며 5층 석탑 탑돌이도 하면서 한숨 돌릴 무렵, 얼굴에 대상포진(帶狀疱疹)의 습격을 받았다. 대개는 팔이나 몸뚱이에 온다던데 희한하게도 나는 콧등을 중심으로 이마에서 턱까지 왼편 얼굴 전체였다. 바이러스가 신경망에 침투한 신경염인지 신경그물 모습 그대로 열을 지어 분출한 14개의 분화구(噴火口)가 생겼다. 인체의 신비를 생각하는 여유도 부렸지만, 시신경까지 건들면 실명의 위기도 온다는 말에는 걱정도 앞섰다.

발병 원인도 못 찾는다고 했다. 작두 칼날 위에 발을 베이지 않으려 긴장하며 '없는 것을 찾는 젊은이'로 살았던 내 모습은 이제 70대도 중반을 넘어선 노인의 얼굴임을 받아들이지 않을 수 없었다. 내 몸이 내 통제를 벗어나는 기미도 느꼈다. 치료 방법도 특별하지 않았다. 분화구에 딱지가 질 때까지 서너 달 병원을 출입하며 통증과 가려움을 그저 참아내야 했다.

사후약방문(死後藥方文)이라고 대상포진 예방주사도 맞지 않았느냐는 당연한 물음에는 할 말이 없었다. 몇 년 전 병원에서 아내에게는 고가의 예방주사를 맞히면서도 나는 내 몸을 믿었던지 무심하게 지나쳤다. 이제 새삼스럽게 동네 노인들에게 무상으로 제공하는 예방주사를 맞았다. 마지막은 까맣게 변한 분화구 흔적을 지워내는 피부과 치료였다. 멀쩡한 얼굴의 성형미용 돈벌이에 취한 피부과 병원에서 나 같은 진짜 환자는 반기지 않는 눈치였다.

대상포진의 분화구가 두 달이 지나 진정기미를 보이던 9월에는 10년 넘게 해오던 반송전지 작업 중에 전동가위에 손가락이 잘렸다. 왼손 넷째 손가락인 약지 2센티미터쯤이 달아났다. 워낙 몸에 익숙한 작업이었고 해찰을 부린 것도 아니라면 순발력이 예전 같지 않았나 보다. 처음 경험한 대상포진의 심리적 후유증으로 이런저런 생각들에 포위되어 있었던 모양이다.

피가 철철 흐르는 손을 부여잡고 수목원에서 가장 가까운 포천 강병원으로 달려갔다. 40년 전에 읽었던 박노해의 〈노동의 새벽〉 시 구절도 떠올랐다. 전신마취가 지겹기는 했지만 두 차례에 걸친 3일간의 손가락 봉합수술이 끝났다.

손가락이 몽당연필처럼 뭉툭해졌다. 내심 살 만큼 살았는데 이렇게 살면 어떠랴 하고 스스로 마음에 두지 않으려 했다. 수목원의 제단에 바친 잘린 손가락이 어떤 의미가 되었으면 좋겠다고 스스로 위로했다. 의사 선생은 손톱의 뿌리는 살려 보았으니 살이 차오르면 예전 모습 비슷해질 거라고 희망을 주었다.

난생처음 입원실에서 며칠을 지냈다. 내가 환자고 아내가 보호자가 되어 고생했다. 간병하는 불편한 잠자리만이 아니고 강철무지개같이 살았던 남편의 어리숙한 뒷모습이 안타까웠을 것이다. 아내는 수목원에 가고 싶다는 나를 달랬다.

오지 말라고 했는데, 아이들이 멀리 서울에서 찾아왔다. 내가 중학생 때 아버지가 의용소방대 사고로 쇄골이 부러져 입원한 병원을 처음 찾아가본 먹먹했던 마음도 겹쳤다. 니들 마음 안다는 생각에 눈물을 감췄다. 초라한 시골병원 입원실에 걸맞게 애비도 카리스마는 온데간데없는 노인의 모습 그대로였을 것 같아 계면쩍었다. 출판사 임직원들이 오지 않은 것은 다행으로 여겼다. 수목원 가는 길에 두세 달 병원 통원치료는 일상이 되었다. 퇴원하고서 알았지만 외과의사들이 손가락 봉합수술은 기피하는 분야라고 했다. 손가락 끝에 예민한 신경이 모여 있어 수술하고도 환자들의 컴플레인에 많이 시달린다고 했다.

수술 후 여섯 달이 지나자 쌀알만 하게 희미했던 손톱이 눈에 띄게 자랐다. 본래 모습의 절반쯤 되어 보인다. 그에 맞추어 새살도 돋기 시작하여 손가락 끝도 둥그런 모양을 보이기 시작한다. 여전히 수술한 손가락은 시도 때도 없이 아린다. 사람마다 아린 손가락이 있다는 말도 예사스럽지 않다. 나머지 손가락들로 더듬더듬 컴퓨터 자판을 두드리며 이 글을 쓴다. 한 해 동안 더 아린 손가락과 동행하다 보면 예전 모습 비슷하게라도 부활하리라는 희망을 가져본다.

무더위에 허덕이던 이상한 여름날 6월에 전화 한 통을 받는다. 도올 김용옥 선배였다. 저명한 명성이나 저술활동을 모를 리 없지만 이제까지 직접 뵌 적은 없었다. 38년 전 철학자들의 엘리티시즘을 추상같이 비판하는 혁명적 저술인 〈동양학 어떻게 할 것인가〉를 읽고 받았던 신선한 충격만이 뇌리를 맴돌았다.

도올 선배는 예전부터 김준엽 총장님에게 '나남' 얘기를 많이 들었다며 〈조지훈전집〉을 찾았다. 서너 달 후 출간한 〈만해 한용운, 도올이 부른다〉를 집필 중이었던 모양이다. 의외이긴 했지만 저술에 필요한 자료를 찾는지 싶어 보내드렸더니 〈동경대전〉, 〈용담유사〉 저서와 함께, 安岩堅踏各異路(안암의 바위를 굳게 디디며 서로 다른 길을 걸었지만) 同流一心今通情(같은 기가 흘러 한마음이 되매 이제 살아 있는 정을 통하네)라는 한시(漢詩) 한

수로 답례했다. 여기서 안암견답(安岩堅踏)은 고려대 동문이란 뜻이다.

30여 년 전 김중배 대기자 집에 걸린 도올 선배의 명필 붓글씨가 생각나서, 이 한시를 친필로 받고 싶다고 청했더니 흔쾌히 승낙했다.

대학로에 있는 '통나무출판사'를 찾았다. 도올 선배는 붓을 들자마자 일필휘지로 써내려갔다. 혼신의 힘으로 예술작품을 빚는 거장의 아틀리에에 들어와 있는 듯했다. 쓰기를 마치고 '석지'(石芝)라는 아호도 지어주었다. 석(石)은 내 고향 장흥의 석대뜰(동학혁명군의 최후의 격전지)에서 따왔고, 지(芝)는 지훈 선생에게서 따왔다고 했다. 영광이었다. 내 사무실에 걸린 향기로운 묵향(墨香)은 이날의 우정의 정을 흠뻑 풍기고 있다.

이 글씨를 볼 때마다 도올 선배는 나의 삶의 어떤 궤적을 평가했는가를 생각하며 "같은 기가 흘러 한마음이 되매"(同流一心)

라는 구절을 되뇌었다. 일심(一心)은 변함없는 한결같은 마음의 모습이라는 불교의 진여(眞如)를 말하는 것으로 이해되었다. 도올 선배가 나를 동류(同流)라고 불러준 것은 영광이기는 했지만 그 의미는 쉽게 알 수 없었다.

도올 선배의 이 글귀가 "나는 어떤 성장과정을 거쳐 오늘의 내가 되었는가"를 생각하는 계기가 되었다. 내가 나를 모른다? 사람들이 각자 기억하는 나에 대한 에피소드들이 모자이크한 어떤 총합이 나일 것이다. 나도 스스로 나에 대한 어떤 편린들이라도 찾아보고 싶었다.

'낯설게 하기'라는 문학비평 방법처럼 '낯선 나'를 내가 그려보기 시작했다. 아예 〈세상 가장 큰 책〉이라는 제목을 걸고 원고 쓰기를 시작했다. 이 책 〈숲에 산다〉에 담았던 나의 성장에 대한 기억들도 모두 그곳에 옮겨 다시 정리하고 있다.

유년기의 기억을 끄집어내 기록하는 일이 먼저였다. 이 일을 너무 늦게 시작한 아쉬움이 컸다. 이야기해 줄 주변 사람들이 너무 많이 돌아가셨음을 새삼 확인했기 때문이다. 동생들에게 묻기도 했지만 내 기억에 미치지 못한 것이 많았다.

고등학교 때부터는 세상에 눈뜨려는 발버둥도 보았다. 본격적인 성숙을 위한 껍질벗기의 시작은 아무래도 1970년, 대학에 와서부터였다. 유별난 질풍노도의 시대상황을 온몸으로 받아내는 자발적 껍질벗기가 아니었다. 내 의지와 관계없이 덮치는 쓰나미에 살아남으려고 생존의 강을 건너는 몸부림이었을 것이다. 거기에 인내하며 도약을 꿈꾸는 젊은 패기의 '낯선 나'는 더욱 낯설어 보였다.

대학을 마치고부터는 '좋은 사람이 되려면 좋은 사람을 만나야 한다'는 평범한 잠언을 실천하고자 했다. 그러려면 먼저 내가 좋은 사람이 되기 위한 삶을 살아야 했다. 스스로 자제하고 남을 진실되게 배려하면서도 지성과 야성을 조화하는 초지(初志)를 관철하는 호시우행(虎視牛行)의 길을 헤쳐나가야 했다.

입지(立志)의 서른 살부터 40년간은 출판을 통해 좋은 사람을 찾아내 따르면서 타산지석(他山之石)의 성숙을 거듭할 수 있었던 것 같다. 일신우일신(日新又日新)의 압축성장이었을 것이다. 출판과정에서 나의 스승이 되었던 좋은 사람들의 가르침을 밝혀내기는 어렵지 않았다. 다만 나의 성장매듭을 내가 만난 좋은 사람들을 통해 밝혀 보려는 〈세상 가장 큰 책〉을 쓰면서도 선택적 기억이나 자기기만의 확증편향의 늪에 빠지지 않으려고 긴장을 늦추지 않고 있다.

유별나게 무덥고 갑작스런 대상포진과 잘린 손가락으로 애면글면하면서도 한 해를 무사히 넘기게 해준 수호천사도 있었다. 초봄에 시작하여 6월에 출판한 김훈 작가의 산문집 〈허송세월〉의 빅히트였다. 25년 전 조금은 가난하고 정직할 때 작성했던 '김훈 문학선' 출판계약서가 오랜 시간 동면하다가 이 책의 출판으로 '위대한 계약서'가 되어 부활했다.

김훈 〈허송세월〉　　　　〈조지훈 시 전집〉

　이제는 대작가가 된 김훈 선배가 마음의 빚을 떠올린 깊은 도량에 감동하며 세상은 살 만한 것이라고 다시 배웠다. 연필로 꾹꾹 눌러쓴 고해성사 같은 사색의 울림과 떨림을 최초의 독자로 공감하며, 내공이 쌓인 김훈 문체로 그려낸 명경지수(明鏡止水)의 경지를 훔쳐보았다. 이 책은 20년 전 박경리 장편소설 〈토지〉의 밀리언셀러의 설렘도 상기시키며, 10월 한강의 노벨문학상 발표 때까지 10만 가까운 독자들을 뒤흔들었다.

　연말에는 〈나남정본 조지훈 시 전집〉을 완간했다. 〈조지훈전집〉(전 9권) 출판 30년과 '지훈상'을 제정하여 25년을 운영하면서 내가 해야 할 일이라는 어떤 소명의식이 앞섰지만, 어쩌면 비겁하게 살지 않으려는 나의 자존심을 지키기 위한 고통의 축제였다. 반년 동안 다섯 권 시집 원본과 '지훈상' 제정 때 발굴한 '지훈육필시집'을 일일이 대조하여 지훈 선생이 가장 나중에 발표한 또는 출판한 것을 기준으로 정본(定本)을 만들었다. '늬들 마음을 우리가 안다'가 대표적 경우이다. 시 제목의 변화나 개작 등 이본은 각주를 달았고, 맞춤법 교정과 한글화 작업도 병행했다.

"온전하게, 새롭게, 친근하게" 책임편집을 맡은 이남호 교수와 신윤섭 나남 편집상무의 신세를 크게 졌다. 지훈 시의 우아한 환생으로 가슴 뿌듯함에 취한다.

이 책 앞부분 "그래 그래, 백년 자작나무숲에 살자"에는 백년 자작나무숲을 이룰 10만 그루 묘목을 심는 마음을 길게 썼다. 어떤 운명이 나를 여기까지 이끌었는지는 모를 일이다. 3천 그루 넘는 반송을 15년 넘게 기르는 마음도 이와 같을 것이다. "두 반송 이야기"라는 제목으로 25년 전 전원생활을 시작한 나이 50 주변의 방황과 반송 사랑, 그리고 수목원 탄생을 되짚어 보았다.

늙을수록 고귀해지는 것은 나무밖에 없다. 나무처럼 아름답게 늙고 싶다면 나무처럼 살아야 할 것이다. 처음의 입지를 이루는 일에 전념하며 가 보지 않은 길을 늠름하게 헤쳐 나가는 절대고독으로 일이관지(一以貫之)하여야 한다. 긴 세월의 풍파를 고스란히 이겨낸 뒤에 얻어질 초월과 해탈을 위해서라도 그러하다.

2025년 찬란한 봄에
〈조지훈 시 전집〉의 표현을 따라
저자(著者) 지지(志之)

제1부

두 반송 이야기

비워야 더 크게 채운다

전원생활 첫걸음

새천년을 맞아 2000년에 광릉수목원 죽엽산 자락에 쉼터를 가꾸기 시작했다. 서울올림픽이 끝날 무렵 오택섭 선생 시골집을 출입하면서 동네 민원이라며 그 건너편의 5백 평 천수답을 떠넘겨 받았다. 10여 년 잊고 살다가 국유림 8백 평을 임대받고 포도밭 1천 3백 평을 사 달라는 동네 민원도 해결하다 보니 2천 6백 평의 큰 땅이 되었다.

    개울 옆에는 성(城) 같은 축대를 쌓고, 출판사 연수원도 생각하며 70평 남짓의 집을 신축하고 정원 가꾸기와 나무 심기에 몰두했다. 강남 서초동에 살면서도 농지원부가 있는 명실상부한 농부가 되고 농협 조합원이 되었다.

    나이 50에 시작한, 꿈꾸던 전원생활의 첫걸음이기도 했지만 마음 한구석에는 잡스러운 도시생활의 욕망을 비껴난 새 희망의 안식처를 만들고자 하는 뜻이 더 컸을 것이다.

출판사가 고난의 행군을 극복하여 20년을 버텨내며 이름을 얻기 시작하고, 서울 서초동에 사옥 '지훈빌딩'을 짓고, 파주에 큰 농협창고 서너 개 크기의 물류창고까지 마련하고 한숨 돌리던 무렵이었다.

김영삼, 김대중 대통령의 집권으로 민주화 세력의 큰 축이었던 학생운동의 친구들도 정치권력 주변으로 눈에 띄게 진출했다. 손에 잡힐 듯한 크고 작은 유혹들에 솔깃하기도 했다. 스쳐가는 작은 욕망들을 다스리며 본업인 출판사업에 더욱 매진하기 위해서라도 이 산골을 나의 넬라판타지아로 의미를 부여하며 말 못 하는 나무들에게만 정성을 기울이는 데 아까운 시간을 쓰기로 했다.

자식같이 8년을 키웠던 서초동 지훈빌딩 앞의 30년 장송 세 그루와 앵두나무도 이곳으로 옮겼다. 아스팔트의 공해에 시달리던 이들을 해방시켜 자연의 숲으로 제자리를 찾아주었다. 아들과 딸의 성장을 기원하는 상징으로 앞뜰과 뒤뜰에는 30년생, 40년생 반송 두 그루를 심었다. 이 나무에 내가 처음으로 거액을 내놓는 호기도 부렸다. 동네 양조장 주인에게 넘어갈 뻔한 나무를 애써 확보했기에 더욱 정이 들었다. 자식들의 성장 모습만큼이나 그 푸르름과 하늘로 손짓하는 수형(樹形)이 너무 아름다웠다.

서초동 지훈빌딩에서 이사온 광릉집 소나무들. 뜰 전체를 아우르는 수호목이 되었다.

산기슭의 물이 많은 밭에는 배수로를 열심히 내기도 하다가 아예 큰 연못을 만들어 물길을 잡았다.

시간 나는 대로 공부 삼아 묘목들을 가꾸었다. 매실나무, 밤나무, 주목, 산수유, 소나무들이 그들이다. 이곳은 나무 가꾸는 실습장이자 자연을 보듬는 몸부림이었다. 바람과 비와 햇볕으로 생명력을 얻는 현장이었고, 계절이 바뀌면 새로 태어나는 신세계를 경험하는 연습을 했다.

텃밭은 아내의 몫이었다. 지렁이를 뱀인 줄 알고 기겁하던 도회지 여인이 생명의 푸르름을 체득하고 손으로 배추벌레를 잡아내기까지는 두세 해의 시간이 필요했다. 아내는 과일주 담그는 것은 일도 아닌 일상이 되었고, 감자나 고구마 농사보다 토란을 잘 키워 주변에 나눠주는 것을 즐거워하는 것 같다.

2천 평 빈 공간에 독학으로 각종 묘목을 키워 보았다. 먹물 티가 밴 허영으로 나무키우기 교육을 받을 기회를 찾아 헤매기도 했지만, 나무 심는 일을 가르치는 사람이나 배우는 사람들이 갖는 소규모의 패배의식을 벗어나지 못한 수준들에 실망했다. 여느 사람들과 같이 작은 성공을 부풀리거나 되지도 않게 나무로 돈 벌 방법만 외쳐댔다. 홀로 서기를 할 수밖에 다른 길이 없었다. 무소의 뿔처럼 홀로 가기로 했다.

가뭄엔 빨갛게 타들어가는 묘목이 눈에 아른거려 별난 이권이 있는 회의라도 걷어차고 이곳에 물을 주기 위해 뛰어 오기도 했다. 평생 출판만 할 것이냐고 화려한 무도회의 참여를 권유하던 친구들도 차츰차츰 '나무에 미친 놈'이라며 나의 알리바이를 인정하는 듯했다. 죽은 나무 자리에는 흙을 북돋워 그 위에 또 나무 심기를 몇 년을 되풀이했다.

처음에 의도하지도 않았는데 어느덧 이 나무들을 통해 생명의 애착에 깊숙이 빠져 있는 나를 발견했다. 사랑이 너무 깊으면 일이 난다는 그 선을 넘을 일이 아니었다. 이젠 나무 심는 마음이 우화등선(羽化登仙)하여 남은 생을 나무와 숲에 살아야 하는 업으로 생각을 굳히게 되었기 때문이다.

이 무렵 한 이삼 년 남동원 선생을 모시고 열심히 〈주역〉 공부를 하면서도 얼핏 세상이치를 알 것 같은 두려운 생각이 스치길래 '주역은 주역일 뿐'이라고 마음을 추스르며 공부를 접은 것은 잘한 판단이었다. 그런데 나무 심기에 이렇게 빠져들어 고생을 자처하는 끝없는 어리석음이 나의 한계임은 감출 수 없었다. 그리고 여기에 더하여 10년도 되지 않아 나는 장차 20만 평 '나남수목원'의 탄생을 옹골차게 기획하고 있었으니 말이다.

추가로 구입한 밭 세 마지기에는 밤나무 40그루가 해마다 알토란 같은 밤톨을 토해내고, 임대한 국유지 네 마지기 밭에는 매실나무, 느티나무, 밤나무, 산수유, 헛개나무, 자두나무, 아로니아, 블루베리들이 어울려 크고 있다. 이제는 이 집이 본가(本家)가 되었다.

조경은 주변과 어우러져야 한다

포도밭을 밀어낸 도톰한 자리여서인지 집 주변이 맨살을 드러낸 듯 휑해 보여 꿈꾸었던 '숲속의 집'과는 거리가 멀었다. 어떤 돌이든 억겁 년을 묻혀 있다 보면 현자(賢者)의 돌인 금(金)이 될 수 있을 것이다. 무한대의 시간을 극복해서 사람의 일생인 지금 여기에 앞당겨 실현하려 했던 연금술사의 망령 같은 욕심이 떠돌기 때문이다.

조경에는 지식이나 경험이 일천했으나 내가 보기에 뭔가 불편하다 싶으면 견디기 어려웠다. 그 불편을 설명할 수도 없고 더욱이 대안을 제시할 수도 없어 더욱 그러했다. 우선 개울가에 큰 돌로 석축을 높이 쌓아 이웃들이 '오사카성'이라는 별명도 붙인 축대 가장자리를 뼁 둘러 제법 큰 10년생 메타세쿼이아 다섯 그루를 심었다. 내가 선택한 수종이 아니고 인부들이 석축을 쌓으면서 임의로 조경수로 심은 것이다. 전남 담양의 메타세쿼이아 가로수 길을 떠올리며, 속성수(速成樹)라는 말을 들었으니 이 나무들이 자라 곧 이웃들의 시선으로부터 차단된 우리 집을 숲속의 집으로 만들 것이라는 생각만 했다.

옮겨 심은 나무가 제자리를 잡는 데는 사오 년이 쉽게 걸린다거나, 뿌리가 자리를 잡으면 탄력을 받아 상상 이상으로 크게 자란다는 사실을 모르는 천진난만한 생각이었음은 그 이후에 벌어진 시행착오가 증명한다.

숲속의 집을 꿈꾸는 조급한 마음에서인지 뻥 뚫린 메타세쿼이아 사이의 빈 공간이 눈에 거슬렸다. 마침 제주도에서 보았던 해송(海松) 100그루를 구할 기회가 닿아 석축 가장자리 두 번째 줄에 촘촘히 심었다. 5년생이었지만 제법 녹색 띠를 두른 듯 집이 안온해 보였다. 봄마다 소나무와는 달리 봉긋이 솟는 해송의 새순이 보여주는 특이한 아름다움을 감상했다.

다음 해에는 해송 사이사이에 산수유나무 열 그루를 심어, 봄에는 가지마다 노란 왕관을 쓴 꽃들이 열병식을 벌였고 가을에는 빠알간 열매를 맺어 한겨울까지 가는 장관을 연출했다.

나무들이 커갈수록 집은 '숲속의 집'이 되어 아늑해졌다. 이런 작은 평화가 10여 년을 지속하자 이제는 집이 나무에 치인다는 생각이 들기 시작했다.

마침 그 무렵 시작한 포천 나남수목원 넓은 터에 이 해송 90그

광릉숲 옆의 마명리 우리 집.

루를 옮겨 심었다. 10년 동안 훌쩍 커 장송 티가 나는 해송들을 이식하느라 공력이 많이 들었다. 그들이 내준 집 앞의 새로운 공간으로 숨통이 틔였다. 넓은 수목원으로 이식한 해송들은 낯을 가리는지 겸손한 모습이 되고 다시 키가 작아 보였으나 또 10년이 지나자 이제는 늠름하게 자리를 잡고 존재감을 내뿜고 있다.

메타세쿼이아는 자리를 잡고 나서는 하늘로 치솟는 속성수가 맞았다. 한겨울에는 나목(裸木)이 되어 좌우대칭의 줄기들이 얼어붙은 파란 하늘의 캔버스에 그려내는 아름다운 수형을 몇 년 감상하는 호사를 누리기도 했다. 겨울에 푸르름을 지키는 소나무, 잣나무의 기품만 알다가 낙엽 지는 활엽수가 보여주는 허공의 매력을 이때 알기도 했다.

메타세쿼이아는 처음에는 같은 키였던 산수유를 어느새 두세 배로 압도하며 20년 만에 20미터 넘게 성장했다. 이 그늘에

묻힌 산수유는 차츰차츰 햇볕에 굶주려 꽃도 많이 피우지 못했고 당연히 빨간 열매도 적게 열리며 잎들만 무성해졌다. 집 안은 울창한 산기슭의 물이 많은 곳이기도 했지만 나무그늘이 점점 짙어지자 항상 습기가 맴돌았다.

전망을 보자는 뜻도 있었지만 집 안팎의 습기 제거를 위해서도 산수유를 모두 베어내야 했다. 같은 때 수간거리를 생각해서 띄엄띄엄 심은 뒤뜰의 산수유는 제법 거목의 풍채가 보이는데, 가까운 미래도 예측하지 못하고 '숲속의 집'이라는 주술에 빠진 내가 이곳에 촘촘하게 심은 산수유는 그 생을 다하고 꽃잠에 들게 했다. 안타깝고 아쉬웠다.

사람의 통찰력이 대단할 것 같지만 눈앞에 직접 보이는 것 바로 뒷모습을 다 안다고 생각하면서도, 사실은 짐작만 할 뿐 전혀 볼 수는 없는 것이다. 베어낸 산수유에 가려졌던 메타세쿼이

아의 우람한 몸통이 '나 여기 있다'고 소리치며 달려왔다. 크게 자란 수형에만 눈이 익숙했지 이런 굵은 뿌리에서 솟구친 한아름이 넘는 몸통을 직접 보는 것은 처음이었다. 아들의 미시간대학 유학시절인 2010년 여행 중에 샌프란시스코의 뮤어우즈(Muir Woods) 국립공원에서 보았던 원시림 속의 두 사람이나 드나드는 거목의 환영이 스쳐갔다.

나의 첫사랑, 반송

2000년 처음 집 안 조경을 하면서 동네 조경업자가 20년 넘게 자식처럼 애지중지 키운다던 반송을 탐내기 시작했다. 아들나무, 딸나무로 삼고 싶던 나의 반송 첫사랑은 이렇게 시작되었다. 나무 생장에 대한 지식이나 경험이 일천한 아마추어의 맹목적인 사랑의 과정이 상처로 얼룩질 수밖에 없었음을 아는 데는 또 20여 년이 흘러야 했다.

나무사랑만 그러했겠는가? 50 주변이었던 그때부터 20년 넘게 내 삶이 세상과 교감하는 것도 서투른 실수투성이였다. 허망한 욕망의 주술에서 빠져나오지 못한 채 나만은 하늘의 그물망을 헤쳐나갈 수 있다는 자만에 취해 있을 때였을 것이다. 하기는 마침 어렵게 출판한 박경리의 장편소설 〈토지〉(전 21권)가 밀리언셀러로 용틀임하려는 기운이 뻗쳐, 가난한 사회과학 출판사가 20년 고난의 문턱을 막 넘어서고 있을 무렵이기도 했다. 이후 〈토지〉는 두 차례의 밀리언셀러 정상을 훌쩍 넘겨 나

푸르른 성채처럼 웅장했던 반송.

남수목원 조성에 큰 힘이 된 선량한 자본이 되기도 했다.

몇 달을 밀고 당기다 조경업자가 선심 쓰듯 넘겨준 반송 한 그루 몸값으로 당시 밭 30평 값인 거금 500만 원을 기꺼이 바쳤다. 아마추어가 치른 수업료로 여기며 나중에 '크게 바가지를 썼다'는 말에는 쉬이 곁을 내주지 않았다. 이렇게 잘 생기고 큰 반송의 몸값은 함부로 매길 수 없는 것이라고 항변했다.

이 반송이 뿜어내는 아름다운 생명의 초록빛 향기를 모르는 사람들이 어렵게 안은 내 첫사랑을 시샘하는 것에 다름 아니라는 생각도 했다. 그렇게 가슴 벅찬 시간들이 흘렀다.

집 앞뒤에서 반송 두 그루는 우아한 수세를 뽐내며 우리 집의 자랑스러운 상징목으로 무럭무럭 자랐다. 초등학생이던 남매도 대학생이 되었다. 봄날 일정한 크기로 봉긋하게 솟아나는 수

많은 새순들의 열병식은 생명의 환희를 매년 나에게 선물했다. 잠시 피었다 사라지는 히어리, 산수유, 매화, 철쭉꽃들의 군무(群舞)에 비길 바가 아니었다.

반송은 여러 가지의 끝부분에 촘촘하게 난 솔잎들의 집합이 초가지붕처럼 편안한 느낌을 준다. 해가 갈수록 앙증맞은 초록 우산의 이 반송이 대붕(大鵬) 날개 같은 하늘우산을 펼치며 내 곁을 지켜 줄 모습을 그리는 유쾌한 상상을 하는 나날이었다.

죽은 가지를 털어내고 웃자라는 싹을 매년 다듬어 주며 푸르른 성채(城砦) 같은 웅장한 모습만 즐기면 되는 줄 알았다. 그렇게 10년이 훌쩍 지나며 서른을 넘긴 굵은 황장목 줄기가 받쳐주는 진녹색 초가지붕이 넓게 펼쳐진 것 같은 환상의 자태에 나의 자부심은 하늘 높은 줄 몰랐다.

이 반송의 영향이 컸을 것이다. 나남수목원에는 우리나라 최대의 반송 조경수 단지를 꿈꾸며 12년생 반송 3,300그루를 가꾸기 시작했다. 반송 사랑에 빠져 봄마다 순을 치고 가지를 다듬으며 15여 년 후에는 우리 집의 반송처럼 자랄 것이라는 희망에 들떠 힘든지도 몰랐다. 한 그루 한 그루씩 만져주며 말을 붙이다 보면 어느새 또 한 해가 훌쩍 지나갔다.

때로 위기는 축복의 가면을 쓰고 다가온다고 했다. 나에게는 이 반송의 축복이 그러했다.

폭우로 부러진 반송의 첫사랑

2018년 유난히 긴 장마가 덮쳤다. 어느날 우리 집 뒤뜰의 50년이 다 된 아름다운 수형의 반송이 폭우 뒤의 물먹은 무게를 감당하지 못하고 허벅지만 한 맨 아래 큰 줄기가 찢겼다. 내 팔이 우지끈 꺾이듯 가슴이 철렁했다. 폭설로 쌓인 눈 무게를 견디지 못해 소나무 줄기가 내려앉는 것은 보았지만, 물의 하중으로 이런 일이 생긴 것은 처음 겪었다. 여러 줄기에서 많은 가지를 쳐나간 촘촘한 솔잎들이 물을 머금으면서 지구의 중력을 이겨내지 못한 것이다.

근간(根幹)이 받치는 힘의 범위를 벗어난 허장성세(虛張聲勢)의 결과일 수 있다.

이 반송은 처음 갖는 자랑스런 나의 우주목(宇宙木)이었다. 반송과의 사랑은 그렇게 시작되었다. 분에 넘치는 좋은 나무를 키운다는 아내의 시샘을 외면하며 더한 애정을 쏟았다. 처음 몸살을 앓을 때는 나도 맞아 본 적이 없는 영양주사를 두세 해 동안 놓아주기도 했다. 존재 자체로 상징이 되었다. 광릉숲 옆에 마련한 집 뜰 전체를 아우르는 수호목이었다.

귀티 나는 겉모습에 빠져 작은 가지 하나 함부로 자르지 못한 과잉보호였는지 모른다. 자랄수록 안으로 깊어 가는 무게중심 때문에 살아남기 위해서는 제 팔을 스스로 부러뜨리지 않을 수 없는 나무의 성장통(成長痛)을 알아채지 못했다. 과유불급(過

猶不及)의 한계를 넘어설 때는 근본이 부러질 수도 있는 자연의 섭리가 그것이다. 이상기후로 삼사 년 태풍도 없었는데 시간이 쌓이면 나무에게 이런 일도 일어났다.

큰 가지가 부러진 반송은 민망한 모습으로 나를 덮쳤다. 아름다운 좌우대칭의 균형이 순식간에 무너지고 한쪽 아래가 뻥 뚫렸다. 생명에 대한 경외만이 아니라 그간 쏟아부은 사랑이 일시에 무너지는 먹먹함을 견딜 수 없었다. 아무리 서툴고 풋내나는 첫사랑이더라도 너무 겉모습에만 취한 채 무엇이 이를 견뎌내게 하는지를 전혀 모른 나의 무지한 반송 사랑이었음을 한탄해야 했다. 자랄수록 반경이 넓어지는 반송의 윗부분이 한겨울 폭설에는 눈의 무게를 견디는 모습이 안타까워 일일이 걷어내기도 했지만, 한여름 비에 젖은 무게를 견디지 못할 것이라는 것은 상상도 하지 못했기 때문이다.

  가지에서 솟는 솔잎들의 무게를 견뎌낼 만큼 큰 줄기가 튼튼해질 때까지는 하늘이 보일 수 있도록 잔가지를 일일이 쳐내 바람길과 햇볕길을 만들면서 하중을 줄여 주어야 한다는 사실을 까맣게 몰랐었다. 그저 줄기에 잔가지가 하나둘 늘어 녹색 초가지붕 수형이 넓어지고 풍성해질 때마다 기뻐하며 애지중지했다. 지구 중력의 자연법칙을 거스르는 것은 고사하고, 작은 머리에 감당 못 할 큰 감투를 쓴 허영을 실체로 알았던 내 자신이 부끄러웠다.

이 사랑스런 아이를 어찌할 것인가 한참을 고심했다.

그동안 나무 키우기에 선무당 같은 얼치기들을 많이 겪으며 실망만 했던 터라 누구에게라도 부끄러움을 무릅쓰고 자문하고 싶지도 않았다.

이제는 생태계의 당연한 비밀도 어렴풋이 눈치챈 마당에 평생을 같이할, 아니 나보다 훨씬 더 오랜 세월 이 땅에 살아남을 이 녀석의 미래를 내 나름의 감각으로 감당하기로 했다.

반송 사랑도 벌써 20년에 가깝지 않은가. 아마추어를 벗어나 일이관지(一以貫之)의 길로 홀로 서는 외로움은 어쩔 수 없는 내 몫이기도 했다. 가끔은 치열한 독학의 아마추어가 관행을 벗어나지 못하는 전문가 이상의 결과를 만들어낼지도 모른다는 어설픈 신화를 떠올리기도 했다.

찢긴 줄기를 몸통 가까이에서 베어냈다. 생명의 울음도 있었을 것이다. 좌우균형을 맞추려고 잘 자라고 있는 다른 굵은 줄기들도 베어내는 만용을 부렸다. 소나무는 가지 하나하나가 또 다른 하나의 소나무 수형을 갖는다. 사랑스러운 소나무 몇 그루를 베어낸 셈이다.

눈에 익었던 수형은 온데간데없다. 반송 특유의 균형감을 찾기 위해 가지를 다듬고 찢긴 가지의 죄 없는 반대편 굵은 가지까지 베어내자 낯선 생뚱맞은 반송이 되었다. 단정했던 아름다운 긴 생머리 소녀가 강제로 삭발당한 선머슴아이처럼 나타났다. 입영 전야에 머리를 깎은 거울에 비친 청년 모습처럼 어

폭우에 가지가 내려앉은 반송 줄기를 몸통 가까이에서 베어 냈다. 언제쯤 솔밥을 채워 새로운 수형을 선물할까.

설프기도 했다.

　삼사 년 부지런히 솔밥이 채워지면 또 다른 모습을 선물할 것이라 자위하며 견디는 시간일 뿐이었다. 초록우산이 벗겨진 쉰 살 몸통의 근육질이 더욱 강건하게 용틀임하는 모습을 드러낸 것은 또 다른 덤일 것이다.

　반송이라는 소나무 종자가 따로 있는 것은 아니다. 처음부터 자연스럽게 키우지 않고 둥그런 부채모양으로 가꾸기 위해 어릴 때부터 줄기와 가지를 다듬는 손길이 많이 가야 한다. 뒷동산의 다박솔처럼 줄기가 땅을 덮으며 그냥 자랄 수도 있는데, 사람들의 어떤 욕망으로 이 수형을 만드는지도 모를 일이다.

　학명은 '일본적송(赤松)'이라 한다. 일본 정원수에 많이 보이고 그들의 일상이 된 소나무 분재(盆栽)의 소재로 쓰인다. 그러

광릉집 앞뜰의 반송

나 굵은 철사로 줄기를 얼기설기 얽어매 성장을 억제하며 작게 키우는 욕망의 잔인성이 싫다. 이것을 분재의 예술이라고 감상하는 사람들의 심사가 어떤지는 알 수 없다.

피해를 보지 않은 앞뜰의 반송도 꿈꾸던 단정한 녹색우산의 수형 대신 건강하게 키우는 일이 우선이다 싶었다. 지나칠 정도의 전지작업으로 입대한 청년의 듬성듬성 쥐 파먹듯 깎은 머리처럼 어색한 모습을 만들 수밖에 없었다.

반송과의 어설픈 첫사랑은 그렇게 끝났다. 회한과 어떤 그리움과 속죄의 마음으로 노심초사(勞心焦思) 삼사 년을 지켜보며 부지런히 순치기를 하고 가지를 다듬어 새로운 얼굴의 반송을 만들기 위한 노력을 계속했다. 반송은 스스로 자연치유의 생명력으로 새롭게 가지를 내어 빈 공간을 채우며 건강한 청년이 활짝

나남수목원의 반송 가지치기

어깨를 편 전혀 새로운 역동적인 수형으로 성장했다.

아무도 손잡고 가르쳐주지 않았던 이때의 큰 경험을 스스로의 지혜로 승화시켜 매년 수목원 반송들의 순치기와 가지치기로 바람길 햇볕길 내기에 더 부지런을 떨 수밖에 없었음은 생명에 대한 애착 그 이상이었다.

그렇게 반송과 함께한 시간이 10년을 훌쩍 넘는다. 그리고 이러한 몸부림은 어느 나무 밑에 묻힐 때까지 계속될 수밖에 없는 업(業)으로 체화되어 갈 것이다.

가꾸기가 그렇게 힘든 반송을 사랑하는 특별한 이유라도 있느냐고 묻는다면 그냥 웃어야 한다. 이미 어떤 선택의 출구도 없는 내 운명이 되었음을 알기 때문이다.

두 반송, 수목원으로 이사하다

3년 전에는 집 앞뒤에 정성을 다해 키우던 거대한 반송 두 그루를 드넓은 나남수목원으로 옮기는 대역사를 치렀다.

의젓한 대장부가 되어 더 많은 햇볕이 필요한 반송 주변에는 숲 향기를 더 맡을 욕심으로 심었던 계수나무가 상상 이상으로 우거졌고, 성장 탄력을 받은 느티나무는 아예 마을 정자나무의 위상으로 반송 머리 위로 그늘을 드리우기 시작했다. 더 넓은 확 트인 공간으로 옮겨 달라는 반송들이 침묵의 아우성으로 애원하는 표정이 역력했다. 우리 집의 진입로 주변도 20년이 지나자 여기저기 건물이 들어서면서 갈수록 이 큰 반송이 빠져나갈 수 있으려나 걱정도 커져 갔다.

두 반송이 이사할 터를 마련하기 위해 수목원 인수전 앞의 잔디밭을 꼽았다. 이제는 자기 집처럼 의젓하게 자리 잡은 10년 전 한탄강 댐 공사로 수몰되기 직전에 구출해낸 우람하기 그지없는 느티나무 세 그루와 은행나무 한 그루에게 자리를 양보해 달라 했다.

거목이 된 이들을 수목원 곳곳 그늘이 필요한 곳으로 옮기고 그 자리에 두 반송을 앉히는 대역사에 여러 날 보람찬 땀을 흘려야 했다.

두세 차 분량의 흙을 돋운 봉긋한 기반에 영생을 살라고 안착시킨 두 반송은 다음 한 해는 새로운 환경에 적응하려고 몸부림을 치는지 솔방울을 잔뜩 맺으며 몸살을 하더니만, 또 새봄을 맞아서는 이내 기운을 되찾아 새순을 터트리며 웅자(雄姿)를 드러냈다. 이제 새로운 땅의 지신(地神)밟기를 끝낸 듯했다. 넓은 땅에서 3,300그루의 반송들을 뒤에 거느리고 용틀임하듯 활짝 날개를 펴기 시작하는 자세가 이를 데 없이 늠름하다.

장자(莊子) 〈소요유〉(逍遙遊)의 대붕(大鵬) 이야기가 스치기도 한다. 그의 초인적 지혜와 안목과 기백을 어찌 세속의 작은 날짐승들 같은 우리가 이해할 수 있을 것인가.

수목원에서 가장 고요한 인수전(仁壽殿) 마루에 편하게 걸터앉아 이들의 성장을 지켜보는 행복은 얼마나 소중한 시간들인가. 그리고 또 얼마나 짧을 것인가. 나의 반송 사랑의 완성을 위해서라도 이 반송 밑에 묻혀 몇백 년이라도 그들과 맘껏 뛰노는 축제의 나날을 함께할 것 같다. (2024.12.)

꿈꾸는 나무들, 수목원의 탄생

벌써 40년이 다 되어 가지만 양재역 앞 서초동에 지훈빌딩을 마련하여 출판사를 할 무렵 5층 계단에 '隨處作主 立處皆眞'(수처작주 입처개진)이란 현판을 걸어 놓았다. 책 출판의 답례로 누군가에게 받은 글씨였지 싶다. 그때까지도 세상과 편하지 않았던지 세상과 불화할 때마다 이 글귀가 위안이 되었다. 앞부분은 '卽時現金 更無時節'(즉시현금 갱무시절)이다.

강파른 세월에 생각만 앞섰지 보여줄 것도 없이 소인배(小人輩)들 틈에서 대인(大人)의 꿈이라도 펼쳐 보이려면 얼마나 냉혹하게 자신을 살피고 독려해야 하는지 몰랐다.

출판을 통해 들불처럼 타오르는 지성의 열풍지대를 창조하기 위해서라도 사무실 벽에 걸린 아버지가 내게 남기신 액자 "자강불식(自彊不息)"의 가르침을 마음 깊이 새기고 보낸 세월은 스스로 언론출판의 뜻을 세우고 헤쳐나간 40년이 다 되는 장엄한 계절이었다.

경기도 포천시 신북면 갈월리에 20만 평의 나남수목원을 꾸미는 것은 내가 지구별에서 가까운 미래에 소풍을 마치고 떠나면서 이곳에 왔던 흔적으로 사람들에게 녹색공간을 남겨주고 싶은 마음에서이다. 그리고 그 수목원에 아름다운 책박물관을 처음부터 계획한 것은 40년 가까이 지성의 열풍지대에서 꿈과 땀으로 일구었던 일엽일생의 책들을 소리 없는 아우성처럼 담아둘 공간이었으면 싶었기 때문이다.

서울 서초동 우면산 산사태로 번화가 아파트가 흙에 묻힐 뻔했던 2011년 여름, 백 년 만의 태풍과 집중호우는 이곳 포천 나남수목원도 그냥 스쳐가지 않았다. 20만 평 수목원의 그랜드 디자인이 있었던 것도 아니었다. 어떤 테마로 어떤 나무를 키울 것인가를 꿈꾸어 볼 기초상식도 있을 리 만무한 천둥벌거숭이에 지나지 않았을 때 이 천재(天災)를 당했다.

삽 한 자루를 들고 처음으로 한 2년 동안 가꾸었던 밤나무, 헛개나무, 구상나무 묘목, 복자기 단풍나무 등 3천 그루의 묘목밭이 산사태로 떠내려 갔다. 50년 넘는 거목의 잣나무, 참나무 백여 그루가 뿌리채 뽑혀나가고, 깊게 파인 골짜기는 악마의 이빨을 드러냈다. 휩쓸려 내려온 토사는 거액을 들여 이제 막 완공한 책박물관 앞 호수까지 흔적도 없이 덮쳤고, 작업로, 임도(林道)는 거의 끊기거나 묻혀버렸다. 재해현장은 KBS 〈9시 뉴스〉로 전파를 타기도 했다.

　십 리 가까이 폐허가 된 산속의 거대한 침묵이 처음 겪는 감당하기 어려운 공포로 엄습했다.

　여기서 자연의 위대함에 승복하고 그만둘 것인가 하는 암담한 생각에 두세 달 넘게 허우적거렸다. 그 길이 옳은 판단이었을지도 모른다. 그후 계속된 험난한 수해복구에 바친 골병 같은 노동의 시간이 그러하고, 아마추어의 무모한 도전이 생활습관과 삶의 가치관 등 남은 생 전체를 뒤흔들었기 때문이다.

　그러나 나무 심는 마음이 생명에 대한 연민(憐憫)이라는 가장 정직한 대의명분으로 떨치고 일어나기로 각오를 새롭게 했다. 그것도 혼자 힘으로 이겨낼 수밖에 없었지만, 이제 예순을 갓 넘은 나이가 좋았고, 출판사 창립 20여 년 만에 찾아온 박경리 대하소설 〈토지〉의 장안을 뒤흔드는 베스트셀러의 세례도 행운이었다.

수해복구 작업으로 새로운 땅이 생겨났다.

막막한 마음으로 복구작업에 나섰다. 어디서부터 무엇을 먼저 어떻게 해야 할지는 이제부터 나의 본능에 맡기기로 했다. 가끔은 아마추어가 전문가보다 더 큰 일을 이뤄 역사를 바꿀 수도 있다는 그 아마추어의 세련된 본능이기를 주문처럼 되뇌며 그렇게 되기를 바랬다. 일이관지(一以貫之)한 고독한 나의 길(吾道)을 걸어 등고산(登高山) 망사해(望四海) 하는 마음으로 나무를 닮고 싶었다.

먼저 작업로를 복구했다. 길을 넓히고 석축을 쌓아 새로운 길을 뚫었다. 조그만 산봉우리 하나를 통째로 털어낸 흙으로 폭우로 파인 골짜기를 메웠다. 눈에 띄는 급한 곳만 손보는 데도 한두 해가 어떻게 지났는지 모를 대역사였다. 수해방지용 사방댐을 새로 건설하고 느티나무, 밤나무 묘목 각 300그루, 헛개나무 1천여 주를 새로 심으며 온 정성을 쏟은 장엄한 시간들이었다.

　천진난만한 백면서생인 나의 일상도 거친 산(山)사람의 그것으로 바뀌었다. 이제까지의 속세의 관계망이 무너지고 나무들과 호흡을 같이하는 생태계의 삶을 사는 듯했다. 산사태 이전에는 상상도 하지 못했던 수목원의 스카이라인이 바뀌었고 전혀 새로운 풍경이 드러났다. 우공이산(愚公移山)의 토목공사에 서울 강남 아파트 두세 채 값이 더 들었다.

　수해복구를 대충 마치자 조그만 산봉우리를 깎아낸 곳과 골짜기를 메운 곳에 2만 평이 넘는 새로운 땅이 생겼다. 의도하지도 않았고 아무 준비도 되지 않은 결과였다. 그 땅의 출생비화가 그러했는지 차분한 계획이나 마음의 준비를 기다려 주지 않았다. 어떻게 알았는지 경남 산청댐의 완공으로 열흘 후면 물에 잠기기 시작한다는 13년생 반송 1천 5백 그루를 살려 달라는 급전이 왔다. 한두 해 전 15미터가 넘는 장송 1백 그루를 수목원에 납품한 조경업자였을 것이다. 세종시 이전 정책이 자주 바뀌어 조경목 납품이 뒤흔들려 손해를 많이 봤다는 그이를 안쓰럽게 생각해 위로하기도 했었다.

　13년생 반송들이 무슨 군사작전처럼 천 리 길을 야간행군하여 이곳에 자리를 잡았다. 인간의 간섭 없이 평생을 자랄 수 있는 공간을 확보한 행운아들인 셈이다. 장관을 이룬 반송들이 주는

처음 반송 묘목 심을 무렵.

위압감은 뿌듯하기는 했다.

그동안 키운 어리숙한 농부의 생명에 대한 애착을 액면 그대로 덥석 받아들인 아마추어의 고행은 이렇게 시작되었다. 그들은 고수였다. 아니 탐욕의 보통사람들을 나무 키우는 착한 사람으로 상정한 내가 아마추어였을 뿐이다. 반송 키우는 비법이라도 전수해줄 것으로 기대했는데 나무를 팔고서는 소식도 없다. 세속의 때가 싫어 산으로 왔는데 사람들은 나를 계속 시험하는 모양이다. 이 아이들을 어떻게 할 것인가. 내가 착한 사람이 될 수밖에 없었다.

반송나무 공부를 새로 시작했으나 배울 곳이 없었다. 소득이 되는 여러 종류의 유실수나 약초 재배는 경험 있는 사람이 많았으나, 장기간 예측이 쉽지 않고 손이 많이 가는 고급 조경수인 반송의 경우는 누가 선뜻 손을 내밀지 않았다. 또 독학의 길을 가야 했다. 나는 왜 항상 외로운 것인가. 안갯속을 헤매는 긴 시간을 견뎌내야 했다. 반송을 가장 사랑한다고 되뇌는 자기 최면의 몸부림을 말 못 하는 이 녀석들이 알아채는 것 같다는 느낌도 들었다.

반송 장사로 재미를 봤던 사람이 악어의 눈물 같은 반성을 했는지 내가 반송을 대규모로 제대로 키운다는 소문을 냈는지 강원도 원주, 고성 등지에서도 비슷한 또래의 반송이 이사 와서 3,300그루의 반송이 자라는 반송 대단지가 되었다.

두세 해는 몸살을 앓았으나 이제는 자신의 땅에 굳건히 뿌리를 내리고 청년의 기개로 용틀임을 하고 있다. 매년 봄에 치솟는 새순을 다듬어주고 바람길 햇볕길을 만들어 주는 가지치기를 게을리 하지 않으면 이들은 그 푸르름으로 감사의 인사를 대신한다.

새순이 솟을 때는 연두색 천지의 반송 밭에서 장쾌한 열병식이 열리고, 송홧가루 날리는 윤사월에는 생명의 환희로 숲을 소란스럽게 하며 그 씨가 떨어져 생긴 아기 소나무도 여러 곳에 크고 있다. 한겨울의 혹한에도 푸르름을 뽐내는 연대 병력의 사열을 받는 나는 천군만마를 얻는 기쁨을 누린다.

지난 2년은 이런 깨달음으로 수목원의 반송 손질에 눈코 뜰 새 없었다. 4년 만에 잔뿌리까지 잘 내려 성장에 탄력이 붙었는지 스무 살의 녀석들이 지난해부터는 내 키를 넘어 압도하기 시작

예상을 뛰어넘어 성장한 반송들은 나의 희박했던 공간개념을 허물었다.

했다. 자식 키우는 마음과 또 다른 가슴 뿌듯함뿐이었는데 이제는 20년 후의 비바람과 폭설을 견딜 녀석들의 미래가 걱정되었다.

깨물어 어느 손가락이 아프지 않을 수 없겠지만 3천여 그루는 너무 많았다. 한여름에 시작하여 눈이 내리기 전까지 모두 만져 주어야 한다는 강박관념에 마음이 앞서고 손질은 버벅댔다. 다른 일정이 계획되었던 인부들까지 이 일에 투입하였다. 그들에게 내가 깨우친 20년 후의 반송 수형(樹形)을 미리 그려주는 그랜드 디자인의 유쾌한 상상을 보여주는 일은 쉽지 않았다.

네 차례 순차적으로 심었던 반송들이 그사이 이렇게 큰 것은 예상을 뛰어넘었다. 5미터 수간(樹間)을 생각했지만, 맨 처음에 심은 반송은 공간개념이 희박한 내가 썰렁하다는 생각에서 아무래도 바투 심었던 것 같다. 몇 년 앞을 내다보지 못하는 아마추어가 자초한 고역이었다. 꼭 부딪쳐 보아야 아는 것은 아니라도 나의 예측 가능한 미래의 수준이 그러했다. 햇볕을 많이 받는 남쪽 사면의 반송들이 더욱 그러했다.

서로 수형을 자랑하다 자리다툼할 것 같은 답답하게 보이는 1백 그루를 골라 다시 캐내 널찍하게 옮겨 심는 일부터 시작했다. 처음 심을 때보다 세 배 이상 자란 녀석들 때문에 몇 배의 품과 시간이 드는지 몰랐다. 서너 차례의 물 주기와 줄기와 가지를 다듬는 일로 한 달을 보냈다.

일본 동경의 수목원을 견학하고 마음에 두었던 수목원 사이사이의 작업로를 두 배로 확충하는 일도 병행하였다. 그 틈에 일동에서 촌노(村老)가 씨앗을 받아 30년 동안 정성 들여 키운 반송 80그루도 새 식구로 받아들여 인수전 뒤편 잔디밭 주변을 둥그렇게 감싸게 했다. 조금의 수정보완인데도 생명들에 관한 일이어선지 힘이 너무 들었다.

우선 지금까지 눈에 익은 아름답다고 생각했던 반송의 수형은 무시하기로 했다. 이 땅에 오래 살아남는 것보다 더 중요한 일은 없다. 어떤 모습이 되어야 하는가는 그다음 문제다. 땅으로 처진 굵은 아랫줄기들을 과감히 베어내 바람길을 열었다.

땅에 뿌리박은 줄기 몇 개만 살리면서 약한 줄기와 곁가지들을 쳐냈다. 삶이 그러하듯 지금은 아름다운 수형을 이루지만 가까운 미래에는 주인공이 될 수 없는 곁가지의 운명이 눈에 보였다. 처음부터 햇볕 경쟁에서 뒤져 뒤틀린 약한 줄기는 자라더라도 결국 튼실하게 자란 줄기들 틈에 삭정이가 되어 햇볕 길을 막아 나무 전체가 몸살을 앓게 하기 때문이다. 사람 사는 일이나 나무 생태계도 똑같다는 생각이 들었다.

반송 밭이 조금은 낯선 풍경이 되었지만, 신선함으로 변신할 두세 해 후의 봄날을 기다리며 참기로 했다. 넓어진 공간 1천여 평에는 오랫동안 고민하여 미루었던 잔디를 입혔다. 살아남은 반송들은 푸른 잔디밭 위에 갑자기 신사가 된 듯 기품을 뽐내고 있다. 사람도 실천하기 어려운 '비워야 더 채울 수 있다'는 믿음으로 가지를 절단당하면서 많이 아팠을 나무들이 재창조할 그들의 찬란한 봄을 그려 본다.

수목원 탄생의 거친 숨결이 10년째로 접어들었을 무렵, 수목원

인수전 앞에는 불을 밝혀 사악한 잡귀를 물리치는 벽사의 뜻으로 석등을 모셨다.

을 시작하며 생각했던 3천여 그루의 반송(盤松)동산 앞에 3칸짜리 6평 정자도 5년 만에 지어 잠시 햇볕 피할 공간도 마련했다. 정자 이름을 직접 써 붙이고 싶었으나 몇 번이나 망설였다. 글귀가 마음에 들어 인사동에서 구입한 현판 '인수전'(仁壽殿)을 처마 밑에 걸었다. 이제부터라도 어질게 살자는 다짐이기도 했다.

대들보 뒤편에는 웅장한 기개를 보인 한말 항일운동을 펼친 윤용구(尹用求) 선생의 '기장산하'(氣壯山河) 현판을 걸었다. 우연히 인사동에서 구입한 이 현판에도 놀라운 인연이 있다. 세상일을 주관하는 내가 모르는 어떤 힘이 따로 있지 싶다.

윤용구 선생은 1920년 나의 12대 선조인 산서(山西) 조경남

(趙慶男) 공(公)의 신도비(神道碑)의 글씨를 썼다. 산서공 할아버지는 전북 남원 의병장으로 임진왜란 육전(陸戰) 기록인〈난중잡록〉3권을 저술하셨다.

잠시 뒤도 돌아보는 여유가 생겼는지 벌써 생태계의 거대한 질서의 운항을 조금이라도 눈치챈 것 같은 생각도 든다. 가끔씩 그때 알았더라면 이런 시행착오는 하지 않았을 거라는 열정만 앞선 아마추어가 갖는 푸념도 섞인다. 20년을 준비했다는 나무 심기의 내공도 책상물림의 교만이거나 허영일 수도 있다는 자책이다. 그러나 편견과 고정관념을 뛰어넘는 무모함으로 가끔은 아마추어가 세상을 뒤흔드는 업적도 이룬다는 생각에 희망의 끈을 놓지 않는다.

내가 좋아서 하는 일이라는 자기최면을 공고히 하고, 고통을 축제로 여겨야 그만큼이라도 견딜 수 있기 때문이다.

2014년 가을에는 나무농사가 지겹다는 옆 동네 농부의 선의(善意)로 20년을 키운 은행나무 4백 그루를 건네받았다. 한 20년 넓은 수목원의 햇볕과 바람만 먹고도 거목으로 자라 노란 은행나무의 고즈넉한 낙엽길을 환상처럼 만들 것으로 상상한다. 아내가 바라는 기억 속의 숲길이었으면 더욱 좋겠다.

한숨 돌릴 사이도 없이 마침 한탄강댐을 만들면서 물에 잠기는, 그 동네의 사당나무 역할을 했던 80년이 넘는 거목인 느

문인석 30여 분이 맡는 가을의 향기는 무엇일까?

티나무 일곱 그루를 어렵게 이식해야 했다. 수형이 너무 아름다워 생채기를 덜 내고 옮기느라 힘도 몇 곱절 더 들었지만, 영생할 생명을 내가 건져냈다는 뿌듯함이 앞섰다.

2015년 수목원의 봄은 산벚나무의 꽃그늘만이 아니라도 유별나게 포근하게 안기었다. 50년간 나무를 가꾸었던 수목원 근처의 문중 땅을 개발한다면서 내놓은, 3백 그루 넘는 4~50년 잘 자란 나무들이 두 달에 걸친 힘든 이식작업으로 우리 수목원의 새 식구가 되었다. 한 대로 곧게 자란 라일락, 선비목이라는 회화나무들, 다 자란 보리수, 귀한 오엽송들, 성목이 된 우람한 자귀나무와 귀룽나무들, 수형이 예쁜 측백나무와 향나무들, 그리고 오랜 시간 키워야 하는 눈주목 1백 그루와 회양목들, 장년이 된 느티나무와 단풍나무들이 그들이다.

가장 반가웠던 것은 가장 더디 자란다는 구상나무와 좀비나

54 제1부

나남수목원의 겨울. 폭설 뒷날의 고즈넉한 풍경이다.

무 10그루를 품에 안은 것이다.

2015년 늦가을 석인(石人) 20분이 수목원 식구가 되었다. 모두 2백 년이 넘는 문화재급인 문인석(文人石)들이다. 옛돌박물관을 설립한 천신일 회장님의 배려로 호숫가 돌담장 앞에 모셨다.

문인석은 묘소를 수호하는 석물로 앞쪽의 좌우에 배치된다. 공복(公服)을 입은 상태로 복두(幞頭)를 쓰고 홀(笏)을 들고 있다. 공복은 임금을 알현할 때나 동지, 설날 등 경사스럽고 즐거운 대사가 있을 때 착용하는 관복이다. 복두는 두 단으로 각이 진 관모로 사모의 전신이다. 홀은 신하가 임금을 만날 때 손에 쥐던 물건으로 상아나 나무로 만들었다.

3칸 정자(仁壽殿) 옆에는 불을 밝힘으로서 사악한 잡귀를 물리치는 벽사(辟邪)의 뜻으로 부석사 무량수전 앞의 석등(石燈)에 버금가는 2미터가 넘는 커다란 석등까지 모셨다. 공간을 지배하는 석등의 아우라는 훨씬 크게 다가온다.

　잔디밭과 고졸(古拙)한 3칸 정자, 우람한 석등, 큰 나무들, 넓은 호수, 도열한 문인석들, 기다란 돌담장, 그리고 3천여 그루의 반송이 만들어내는 3만 평의 공간은 품위 있는 왕릉(王陵)의 풍경으로 비쳤다. 저 어느 나무 밑에 나무처럼 살다 영면하는 평화가 손에 잡히는 듯하다.

2016년에는 책박물관, 관리동 증축공사가 끝났다. 관리동에는 산사(山寺)의 요사채처럼 숙식을 하며 자연을 관조할 수 있는 12평짜리 6칸의 고급 원룸을 더 지었다. 전체 526평이 되었다.

　꼭 5년 만의 역사(役事)였다. 두 차례에 걸쳐 서울 강남 아파트 두세 채 값이 들었다. 그 돈이 어디서 충당되었는지 헤아릴 수 없지만 쏟아부은 열정만큼 나이도 들었다. 내가 여기까지는 완성해야겠다는 마음만 앞선 것 같다. 홍성천 교수가 처음부터 마지막까지 설계하고 시공을 감독했다. 설계사무소와 자원봉사하는 어린이 건축학교 일에도 바쁠 텐데 그이는 지금도 토요일이면 나와 함께 정성을 다해 수목원 나무를 가꾸는 붙박이가 되었다.

2017년 5월에는 책박물관의 넓은 홀에서 개관식과 함께 17년째 이어오는 지훈상(芝薰賞) 수여식을 함께 했다. 나의 성장과정을 지켜보며 어려운 고비마다 격려해 주신, 이제는 나들이가

책박물관 내부. 강현두·김세원 교수 내외와 감동을 같이하고 있다.

2017년 지훈상 시상식이 나남수목원 책박물관에서 열렸다.
하객 소개에 영원히 젊은 대기자 손주환 전 공보처 장관이 인사하고 있다.

꿈꾸는 나무들, 수목원의 탄생

쉽지 않은 팔순이 넘은 선배님들이 먼 길을 오셔 축하해 주며 오늘의 성취를 당신의 일처럼 기뻐하셨다.

출판 멘토인 문예출판 전병석 사장, 30년 강남시대를 함께 한 조남호 서초구청장, 영원히 젊은 대기자 손주환 공보처 장관, 광고학의 길을 열어준 이기흥 서울예대 이사장, 신군부 시절 출판사를 지켜준 성낙승 금강대 총장, 수목장(樹木葬)을 개척한 조남조 전 산림청장, 한국유학의 대가 윤사순 교수, 우리 옛돌박물관 천신일 회장님이 그분들이다. 한 분 한 분 소개하며 나와의 인연을 처음으로 공개했다. 수목원의 푸르름처럼 부디 건강하시길 기원했다.

2017년 여름에는 구리-포천고속도로가 개통되었다. 서울에서 수목원 오는 길이 절반이나 가까워졌다. 3년째 공사하던 수목원 진입로도 2018년 6월에 완공되었다. 굽이굽이 새마을 길이 큰 길에서 곧게 뚫린 5백 미터의 탄탄대로로 환골탈태했다. 30년 전 서울 서초구청에서 만난 젊은 사무관이 이제는 행안부 국장이 된 고려대 띠동갑 후배 정태옥(鄭泰沃)과의 우정이 이런 큰 선물로 꽃을 피웠다. 덕불고(德不孤) 필유인(必有隣)의 경지는 한참 부족하지만 살아볼 가치가 있는 삶이었다고 자위해 본다.

공간은 직접 발길이 닿는 만큼 확장된다. 수목원 조성 초기부터 생각만 하다 미루었던 수목원 초입의 풀에 덮인 작은 골짜기를

계단을 오르면 야생화밭 앞의 블루베리 50그루를 만나게 된다.

메운 공간에 접근성을 높이기 위해 계단 다리를 새로 만들었다. 적지 않은 비용을 들였지만 변경(邊境)의 소외된 땅이 양지바른 넓은 공간으로 나타나 가슴 뿌듯했다. 이 길로 야생화 밭까지 바로 올라갈 수 있게 주변도 정리했다.

새로 생긴 공간에는 10년이 훨씬 넘는 블루베리와 아로니아를 50그루씩 심었다. 이제 수목원에는 아로니아가 9백 그루를 넘게 되었다. 달콤한 블루베리 열매는 산새와 내가 절반씩 나눠먹는 셈이다. 아로니아는 한여름 갈증을 치유하는 농부의 강장제가 되었다.

2018년 봄은 수목원에 새 식구가 부쩍 늘었다. 재원조달에 힘겨워하는 나에게 나무 욕심을 그만 부리라는 아내의 지청구에도 나무사랑을 핑계로 또 일을 벌였다.

지난가을에 이식작업을 미리 해 두었던 포천의 40년 된 우

인수전 앞 고즈넉한 호수에 찾아온 봄날.

람한 주목 120그루와 일동의 20년생 반송 80그루를 반송 밭에 옮겨 심었다. 존재하는 것 자체로 그 공간에 의젓하게 자리 잡은 모습이 가슴 뿌듯했다. 손길이 많이 간 주목 120그루와, 가지를 밑에서부터 받아 수형이 예쁜 포천 송우리의 30년생 산수유 1백 그루도 이식했다.

    이 반송 3천 3백 그루를 전지가위와 톱을 들고 일일이 한 번씩 만져주는 솔내음의 대장정은 1년이 훌쩍 넘게 걸린다. 나무 얼굴을 일일이 확인하고 안부를 묻는 무념무상(無念無想)의 시간들이다. 이 녀석들이 스무 살이 넘자 이젠 그 큰 키로 나를 이기려는 듯 자신의 몸을 쉽게 내놓지 않으려고 앙탈을 부려 자꾸 일이 늦어지기도 하지만 그게 무슨 상관이겠는가. 저희들이 이 공간의 주인이고 나는 지나가는 과객인 것을. (2025.2.)

그래 그래,
백년 자작나무숲에 살자

자작나무의 흰색 껍질은 모든 빛을 반사하고 얻은 자연의 섭리다. 모든 빛을 받아들이면 까만 몸통의 괴목(槐木)이 되고, 엽록소는 초록색만 반사하여 우리에게 초록색 잎이 된다. 한겨울의 이 설백(雪白)의 수피에 반했다. 대학 졸업 무렵에 본 영화 〈닥터 지바고〉의 눈 덮인 웅장한 자작나무숲의 대향연은 50년이 지나서까지도 새록새록 떠올라 눈에 선하다.

그때 러시아는 1차 세계대전에서 거듭된 패배 끝에 로마노프 황실이 붕괴하고, 새로운 이념을 내세운 볼셰비키 혁명과 내전이 이어지는 대격변의 시기였다. 시인이자 의사인 지바고와 여주인공 라라의 애틋한 사랑이 자작나무숲과 함께 마음 깊이 자리 잡았다. 우리의 주인공들이 혹한으로 얼어붙은 유리창 너머 자작나무숲을 신기루처럼 바라보며 자유를 갈구하던 모습이 그것이다.

사람들이 자작나무를 좋아하는 이유는 여러 가지가 있겠지만, 아무래도 이 영화를 말하면 공감하는 사람들도 꽤 있지 싶다.

내 삶의 변곡점이 되었던 영화가 또 있다. 그 몇 해 전에는 영화 〈빠삐용〉에서 생존을 위해 끝없는 탈출을 감행하는 무기수(無期囚)의 도전에 애정을 보내며 동참하기도 했다. 수차례 재방되는 영화를 챙겨보다가 문득 억울한 누명을 벗기 위해 여섯 번인가를 실패하고도 치열한 탈옥을 포기하지 않던 그가 다시 잡혀 생사를 넘나드는 감옥에서 되뇌는 혼잣말이 귀에 박혔다.

"나는 무죄가 아니라 유죄다. 내 인생을 낭비한 죄가 그것이다."

낭비했던 인생을 다시 살고자 갈망한 그의 마지막 탈옥은 성공해야 했다.

나도 그 무렵 빠삐용처럼 시시때때로 절해고도의 밀림 속 감옥 같은 현실의 그물망에서 몇 번이나 목숨을 건 탈출을 기도하며 몸부림쳤을 것이다. 스스로 한 차례씩 껍질벗기가 쉬운 일이 아니었지만 이 껍질을 벗어내지 않으면 질식할 것 같은 가위눌림에 시달렸기 때문에 그의 독백이 내 삶의 등대가 되었는지도 모른다. 인생을 낭비한 것 같은 지난날의 어느 부분을 채워 넣어야 한다는 어떤 조바심 때문일 것이다. 한 겹씩 껍질을 벗어내는 제의(祭儀)는 계속되어야 했다. 어쩌면 계산될 수 없는 생태계의 일원이 되기 위해 나무 심는 일을 택했는지도 모른다. 다음에 이어지는 자작나무와의 인연도 어쩌면 이렇게 시작되었지 싶다.

〈닥터 지바고〉의 작가 보리스 파스테르나크 자작나무숲 속의 집

마침 21세기가 시작되기 10년 전 한밤중에 내린 폭설처럼 다가온 독일 베를린 장벽 붕괴의 현장을 찾아보는 기회에 동유럽을 처음 구경하며 나의 반쪽짜리 세계인식의 허전함을 달랬다. 제3세계에서 평생을 살아온 나그네에게는 제1세계의 크레디트카드도 무용지물이며, 가톨릭과 러시아 정교의 혼용과 함께 제2세계의 붉은 깃발도 낯설었다. 이 세기의 격동으로 잇달아 소련(소비에트연합)이 해체되면서 철(鐵)의 장막이 열리며 여행이 자유로워졌다.

1993년 톨스토이 생가를 방문하는 여행단에 끼어 러시아 땅을 밟았다. 수도 모스크바뿐만 아니라 개혁 개방의 소용돌이 속에 빵을 사려는 허기진 행렬이 곳곳에 긴 줄을 이루었다. 청소년기에 접했던 상트페테르부르크의 도스토옙스키 기념관 방문도 감격할 만했지만, 머릿속에는 계속 러시아 자작나무숲이 맴돌았다.

일부러 찾아간 모스크바 근교의 작가촌 페레델카노에는 〈닥터 지바고〉의 작가 보리스 파스테르나크의 기념관이 한여름 울창한 자작나무숲 가운데 있었다. 의자와 책상 등 실내장식 모두가 자작나무였던 것이 인상적이었다. 이 자작나무숲 향기의 절대고독이 그러한 불후의 명작을 탄생시켜 1958년 노벨문학상을 받았는지도 모른다. 그리고 소련 공산체제의 탄압으로 노벨상 수상을 거부해야 했던 작가의 또 다른 고독도 어리는 듯했다.

그 절대고독이 30년 가까이 지금의 나를 지배하고 있다. 이제 나이가 들어 그곳을 다시 찾아보기 어려워서인지 상상 속의 향기가 더해지면서 체화(體化)되고 있는지도 모르겠다.

혼인을 일컬어 "화촉(樺燭)을 밝힌다"고 말하는 것도 첫날밤 등잔불을 이 자작(樺)나무를 잘게 깎아 태우는 불로 어둠을 밝혀 행복을 부르기 위한 주술적 샤머니즘이다. 목질에 기름기가 많아 자작나무로 만든 관은 방부(防腐)가 되어 잘 썩지 않아 최상품으로 대접한다. 황백색의 자작나무 속은 깨끗하고 균일해서 팔만대장경 목판의 재료로도 사용되었다. 천연의 방부제 성분이 함유된 자작나무 껍질은 후세에 전할 부처님의 모습이나 불경을 적는 종이 구실을 했다. 신라 고분에서 발견된(1977년) 자작나무 껍질에 그려진 그림이나 글이 그것이다.

다시 10년 후 자작나무 원시림을 찾아 2013년 바이칼 호수 탐방 길을 나섰다. 설날 연휴를 택하여 영하 40도의 찬바람을 뚫고 떠오르는 새해 태양을 그곳에서 맞고 싶었다. 블라디보스토크까지는 비행기로 쉽게 갔지만, 이르쿠츠크까지는 꼬박 3일을 시베리아 횡단열차에 갇혀 지내야 했다.

단조로운 레일 위를 구르는 열차 진동을 자장가 삼아 잠들었다 깰 때마다 차장 너머에서 연이어 덮쳐오는 자작나무숲의 파노라마에 압도되었다. 하얀 자작나무의 군무(群舞)가 백설의 설원에 현란하게 펼쳐졌다. 그리고 또 잠에 빠지면 나도 한 마리 백학(白鶴)이 되어 춤을 추었다. 비몽사몽의 꿈길 같은 여행길이었지만 황홀하기 그지없었다.

이르쿠츠크에서 바이칼 호수까지는 몽골의 기병(騎兵)처럼 6시간의 눈바람을 헤치고 버스가 달렸다. 영하 40도의 혹한에는 눈도 습기를 품지 못하고 가볍게 휘날리는 눈이 되어 미끄

이르쿠츠크에서 바이칼 호수까지 가는 6시간의 버스 여행길에 만난 눈 속의 자작나무숲.

럽지는 않았다. 이곳도 사람이 살게 마련인 모양이다.

　가끔씩 버스를 세워 설원 속으로 걸어 들어가 자작나무를 안아본다. 나무의 온기를 느껴보기 전에 무릎 넘게 눈에 빠진 발이 시리다. 가슴을 열어주지 않는 자작나무가 나를 민망하게 한다. 바다 같은 바이칼 호수의 맑은 물은 두꺼운 얼음에 갇혀 있다. 호수를 둘러싼 아스라한 하얀 눈 위에 우뚝 선 자작나무 숲은 때 묻은 인간이 근접할 수 없는 태고(太古)의 음향만 가득한 원시의 존재 자체였다.

2018년 봄날, 어린 자작나무들을 처음 만났다. 꿈꾸는 수목원의 탄생을 위해 첫 삽을 뜬 지 10년 만이었다. 포천시 산림과를 정년퇴직한 박찬억 과장, 이상근 과장이 수종개량사업의 참여를 권했다. 어떤 공동체이든지 10여 년은 함께 부딪히며 살아보아야 곁을 조금은 내주는 모양이다. 3천 그루가 넘는 반송 키우기에 여념이 없었는데, 자작나무에 눈을 뜨게 하는 신의 한 수가 되었다.

　산주 부담은 10%뿐이며 나머지는 시와 도에서 지원한다는 프로젝트였다. 전관예우도 있었겠지만 열심히 권하는 그들과의 작은 우정의 표현이라고 생각하여 이 프로젝트를 덥썩 받았다.

　언젠가는 만나야 할 자작나무와의 인연은 이렇게 시작되었다. 처음 시작은 미미했지만 7년이 지난 지금 내가 자작나무 10만 그루를 가꾸는 늦바람의 광풍에 빠지게 될 줄은 그때는 상상도 못 했다.

2018년 식목일 주변에 1년생 자작나무 묘목 9천 그루를 심었다. 반송 밭 언덕 너머 1만 평의 참나무류의 활엽수를 베어낸 자리다. 군데군데 50년 넘게 자랐을 나무의 그루터기가 눈에 밟힐 때에는 이런 시구를 생각하며 스스로 위로했다.

> 허공에다 파놓았던 그 나무의 푸른 웅덩이 사라진 뒤
> 환한 햇빛의 웅덩이가 새로 생겨나 있는 거예요
> 아무래도 그루터기 나무는 어데 멀리 간 것이 아니라
> 숲이 내준 환한 슬픔의 자리에 앉아 있는 듯해요
>
> 최창균, 〈앉아 있는 나무〉.

먼저 자작나무숲을 위해 자리를 내준 나무들에게 고맙고 미안하다는 인사를 올려야 했다. 그루터기는 새로운 자작나무 묘목들에게 자리만 내준 것이 아니라 그들의 하늘도 내준 것이기도 하다. 그루터기가 썩어 자취도 없을 무렵이면 그 자리에 자작나무는 하늘 높은 줄 모르게 치솟아 거목으로 자라날 것이다. 그 시간을 지켜보는 것은 나의 몫이 아닐 수 있다. 어쩌면 손주들이 인내해야 할 그들의 시간이기 때문이다.

잡목숲을 베어내자, 건너편 산등성이가 보일 만큼 시야가 확 트이고 베어낸 나무들의 키만큼 20여 미터가 낮아진 산이 포근하게 안긴다. 어린 묘목이 눈비 맞으며 성장하면 10여 년

뒤에는 늠름한 자작나무숲처럼 3천 그루 넘는 반송나무 뒤로 병풍을 두를 것이다.

지금 수목원에 자리 잡아 요염한 자태를 보이는 자작나무는 20년 전 파주 적성에서 처음 키웠던 묘목 5백 그루 중 1할도 되지 않는 생존자들이다. 기품 있고 정갈한 '숲의 귀부인', '숲의 정령(精靈)'으로도 불리는 자작나무는 성격이 까탈스러운지 큰 나무를 이식하여 키우기가 쉽지 않다. 이번에는 그 자리에서 터를 잡아 큰 나무로 영생할 수 있도록 3미터 간격으로 어린 묘목을 심으며 7할 정도의 생존율을 욕심내 본다.

인큐베이터인 묘목밭에서 겨우 한 해도 자라지 않은 채, 처음으로 거친 산야에 나온 두세 뼘 크기의 고사리 같은 저들이 어떻게 견뎌낼지 안타깝게 지켜볼 수밖에 없었다. 항상 처음은 미미하나 결과는 창대하리라는 말을 떠올렸는지 모른다. 마음 한편에는 막스 베버의 의도하지 않은 결과로 내 생전에 자작나무숲 비슷한 장관을 볼지도 모른다는 유쾌한 배반의 끈도 놓지 않았다.

나이 일흔에 이제 대규모로 묘목을 심는 마음은 늦게 철든 치열한 욕망을 승화시키려는 또 하나의 발버둥이다. 내 삶의 시간을 넘어서는 나무 심는 마음의 시간을 더욱 길게 잡아야 한다는 공리(公理)를 익히는 데 또 10년을 보낸 셈이다. 지금 심는 묘목들이 한 40년 후에 숲을 이루는 풍경은 손주 녀석들이 같

겨울숲의 자작나무는 홀로 살아 있다.

이하면 된다. 그때 어느 나무 밑에 묻혔을 우직한 할아버지의 뜻을 미루어 짐작하여 이 녹색공간을 후대에 계승시켜 주면 더욱 기쁠 것이다.

나무는 큰 나무를 욕심내지 말고 오랫동안 묘목을 심어 키우는 것이라고 몇 년 전부터 신신당부했던 구순이 넘은 예춘호(芮春浩) 선생의 말씀을 이제야 가슴으로 받아들인 셈이다.

두 해가 지나자 처음 심은 한 자쯤의 1년생 자작나무 묘목 9천 그루가 허리춤 넘게 자랐다. 풀들을 이겨내며 새로운 땅에 단단히 뿌리를 내린 존재감을 자작나무 특유의 하얀 표피로 드러낼 것처럼 웅변하고 있다. 직접 키워보고서야 혹한의 러시아 광야에서 보았던 자작나무가 이렇게 빨리 자라는 속성수였는지를 처음 알았다. 풀을 베어주고 거름을 한 번 줬을 뿐인데 이처럼 자란 것이 신기하기도 했다. 수종갱신 사업을 지원했던 시청 산림과 담당자도 성공적인 자작나무 묘목의 활착을 보고 처음 겪는 일이라며 박수를 보냈다. 우리 수목원 토양이 우연히 이 나무와 잘 맞았는지 최근의 이상기후의 어떤 영향인지는 모를 일이다. 군데군데 묘목이 죽어간 자리에는 2천 그루를 보식했다.

은근히 자작나무숲 조성에 대한 욕심을 억누르질 못하는 나를 보았다. 손으로 거름을 주면서 머릿속으로는 강원도 인제의 자작나무숲을 그리고 있었는지도 모른다. 그곳의 50년이 넘는 세월을 거스를 수는 없지만 흉내는 낼 수 있지 않을까 하는 막연한 기대감이 스친 것이다.

내친김에 2차 사업으로 자작나무 밭에 연이어진 참나무류의 잡목밭을 더 밀어내고 2년생 묘목 6천 그루를 심었다. 이제 1만 5천 그루의 자작나무들이면 제법 숲을 꿈꿀 수도 있겠다 싶었다. 뒤늦게 자작나무 묘목을 심는 나를 걱정하는 주위의 시선도 많이 누그러진 것 같았다.

처음 보는 어린 나무들의 새파란 새싹들이 춤추는 장관에 박수를 보낼 수밖에 없었다. 하늘로 치솟을 수 있도록 줄기 아랫가지를 전지하고 칡이나 다래줄기를 걷어내며 또 한 해가 지나자 1차 사업의 9천 그루는 자작나무 냄새가 강하게 풍겼다. 어떤 녀석들은 벌써 하얀 목피를 드러내며 '나 여기 있다'고 소리치는 것 같았다.

10여 년간 3,300그루 반송을 애지중지하며 몸부림치던 내

5년생 자작

가 이제 자작나무 사랑을 키워가면서 '시즌 2'의 수목원을 만들고 있음을 발견했다.

언제부턴가 인수전(仁壽殿)에 오를 때면 반송 밭 반대편 골짜기 너머 참나무류들이 주종을 이룬 원시림 같은 잡목숲이 눈에 밟혔다. 저기 3만 평에도 자작나무를 심으면 좋겠다는 욕망이 또 꿈틀거리기 시작했다. 수목원 위에 텃밭이 있어 오며 가며 10여 년 정이 든 박남중 시청 산림과장이 정년을 앞두고 가끔 수목원에서 나에게 반송 전지작업을 배울 무렵이었다. 이번에는 내가 부탁했다. 저기까지는 내 생전에 자작나무숲을 이루고 싶다는 속내를 밝혔다.

내 마음속의 3차 프로젝트였다. 내 후손들이 이곳에 자작나무숲을 언감생심 생각하지도 못할 것이며 혹여 생각한다 해도 실천하지 않을 것 같아 내가 밀어붙이기로 했다. 3년 전에 내 나이 칠순을 기념하여 처음 심은 1만 5천 그루의 자작나무들이 자라는 것을 보면서 마음속에 그린 그림이었다. 박 과장이 4만 5천 그루의 자작나무들이 표주박 모양으로 반송 밭을 감싸는 환상의 그림을 만드는 꿈을 도와주었다.

그리고 또 두 해가 지나 봄날의 가녀린 햇살이 겨울의 두툼한 외투를 벗겨내면, 아직 녹지 않은 북향쪽 사면의 잔설에 발이 빠져가며, 3차로 심었던 자작나무의 잔가지 치기를 시작했다. 한 자도 되지 못한 어린 묘목들이 야생에 뿌리를 내려 내 허리춤까지 자라 '나 여기 있다'고 존재감을 뽐내었다.

    자작나무 주변으로는 둥그렇게 눈이 녹아 있다. 나무 몸통으로도 숨을 쉬는지 산소를 내뱉는 뜨거운 입김에 녹아 든 모양이다. 아니면 봄을 준비하려고 가지의 끝까지 땅속의 물을 세차게 빨아올리느라 생긴 열기로 눈이 녹았는지도 모른다. 새봄에는 나무의 몸통을 만져 볼 일이다. 평소에는 알 수 없는 이 따스한 온기를 찾아서.

2024년이 시작되면서 마지막 큰일을 저질렀다. 이미 전년 말부터 시작된 자작나무숲 프로젝트의 거의 마지막 퍼즐을 맞추는 일이다. 여러 해 전부터 재선충이 남쪽부터 전국적으로 번지자 감염된 잣나무를 처리했는데 고사목만을 베어 훈증처리하고 나머지는 보존했다. 소나무에 재선충 예방주사를 놓기도 했지만 원인을 알 수 없이 너욱 창궐하게 되었다. 여러 가지 궁리를 하다가 예산과 인력 동원에 지친 정부에서 모두베기를 하여 파쇄해 다른 자원으로 활용하는 방침을 정한 모양이다. 북방계 재선충은 소나무보다 잣나무만 파고든다는 풍문에 마음속에서라도 반송 걱정을 덜기도 했다. 이렇게 재선충 창궐이라는 뜻하지 않은 사태로 자작나무 2만 그루를 새로 심었다.

2만 그루씩 이렇게 네 차례 자작나무 심기 프로젝트를 마치자 7만 평 땅에 심은 8만 그루의 자작나무를 수목원에 품게 되었다. 2년마다 이루어진 프로젝트라서 자작나무의 키가 차이가 나는 것은 삼사 년 지나면 극복할 수 있지만 중간중간에 보호수 장벽으로 남겨둔 잣나무 군락지가 눈에 거슬렸다. 저 2만 평의 맹점(盲點)들을 자작나무로 덮을 방법은 없을까를 궁리했다. 일망무제(一望無際)의 확 트인 자작나무의 수해(樹海)를 꿈꾸었기 때문이다. 3박 4일 동안 시베리아 횡단열차 차창을 스치는 러시아 자작나무숲의 환영(幻影)이라도 여기에 재현하고 싶은 욕망을 잠재우기 어려워서일 것이다.

  꿈은 이루어진다. 몇 년이 더 지나면 10만 그루의 자작나무숲이 실체를 드러내면서 상상했던 것 이상의 풍경이 펼쳐질 것이다. 작은 것이 아름다운 것이 아니라 소년의 작은 자작나무들이 모여 거목 이상의 웅장함을 선물한다. 부분의 합이 전체보다 더 클 수도 있기 때문이다. 처음부터 10만 그루의 자작나무를 심겠다고 계획할 안목도 없었겠지만, 7년 동안 뚜벅뚜벅 걸어온 길이었기에 오늘의 자작나무숲이 이루어진 것이다. 내 삶도 항상 이렇게 옹골차게 나이테를 만들어 왔나 보다.

소설가 김훈의 관찰처럼 "자작나무 흰 수피의 안쪽에서 흰색과 검은 색이 섞이면서 또 헤어지는 자리"의 자작나무의 귀여운 이파리들이 수해(樹海)를 이룰 것이다. 바람에 흔들릴 때는 일렁이는 파도가 치는 것 같고, 그 틈으로 부서지는 햇살들이 하얀 몸통에 반사될 때는 환상과 실제가 순서 없이 교차되는 장엄한 교향곡이 울려퍼질 것이다.

이 첩첩산중에 큰 바다를 옮겨 놓은 것 같은 수해가 바로 여기에 펼쳐질 것이기 때문이다.

자작나무를 '하얗고 긴 종아리가 슬픈 여자'로 읽은 최창균 시인의 절창(絶唱) 〈자작나무 여자〉와 "백년 자작나무숲에 살자"고 약속해야 한다. 자작나무숲 가는 길 옆에 이 시를 담은 입간판을 세웠다.

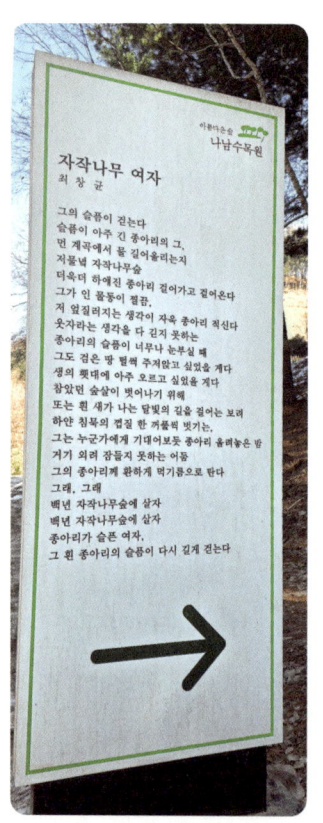

그의 슬픔이 걷는다

슬픔이 아주 긴 종아리의 그,

먼 계곡에서 물 길어올리는지

저물녘 자작나무숲

더욱더 하얘진 종아리 걸어가고 걸어온다

그가 인 물동이 찔끔,

저 엎질러지는 생각이 자욱 종아리 적신다

웃자라는 생각을 다 긷지 못하는

종아리의 슬픔이 너무나 눈부실 때

그도 검은 땅 털썩 주저앉고 싶었을 게다

생의 횃대에 아주 오르고 싶었을 게다

참았던 숲살이 벗어나기 위해

또는 흰 새가 나는 달빛의 길을 걸어는 보려

하얀 침묵의 껍질 한 꺼풀씩 벗기는,

그는 누군가에게 기대어보듯

종아리 올려놓은 밤

거기 외려 잠들지 못하는 어둠

그의 종아리께 환하게 먹기름으로 탄다

그래, 그래

백년 자작나무숲에 살자

백년 자작나무숲에 살자

종아리가 슬픈 여자,

그 흰 종아리의 슬픔이 다시 길게 걷는다.

(2025.3.)

반송 순치기에 봄날은 간다

화사한 봄을 알리는 진달래의 분홍 꽃망울이 가지 않으려고 서성거리던 회색의 겨울 끝자락을 밀어낸다. 히어리, 생강나무, 산수유도 노란 왕관 같은 꽃들을 터트리며 봄을 마중한다. 봄은 노란색으로 온다. 도시 사람들은 안타깝게도 콘크리트 옹벽 위나 아파트 담장의 개나리의 노란 꽃으로 이를 대신할 것이다.

수목원 호수의 얼음이 녹고 나면 한국 특산식물로 보호받는 어렵게 구한 미선나무 한 그루가 2년째 가녀린 줄기에 열차처럼 줄지어 피어나는 앙증스러운 하얀 꽃으로 제일 먼저 봄을 연다. 가느다란 여인의 몸매에 하얀 꽃들을 흐드러지게 이고 있는 모습에서 찬란한 봄을 기대해도 좋다. 미선나무는 꽃이 아름다운 부채(美扇) 또는 부채꼬리(尾扇)를 닮았다 해서 그 이름을 얻었다.

다른 나무들이 새잎을 참새 혀만큼 준비하는 초봄에 귀룽나무는 어느 날 갑자기 녹색 잎을 왕성하게 쏟아내 새봄에 벌써

흐드러지게 피어난 한국 토종 미선나무의 봄날.

녹색의 그늘을 선물한다. 꽃도 일찍 피워내 한겨울 굶주렸던 벌 나비들에게 꿀을 주는 모습이 어머니의 넉넉한 마음을 닮았다.

상사화는 봄이 시작되자마자 제일 먼저 수선화잎 두세 배의 굵은 잎을 낸다. 혼자 열연하는 싱싱한 초록의 향연이다. 다른 꽃들이 꽃동네를 다툴 때면 벌써 잎이 말라붙어 자취를 감춘다. 장마가 시작되기 전 한여름 그 자리에 갑자기 굵은 꽃대 하나가 우뚝 솟아 아름다운 연분홍 꽃을 피운다. 잎과 꽃이 서로 보지 못하고 그리워할 뿐이라는 안타까움으로 상사화(相思花)라는 이름을 얻었다.

2020년 가을, 40년 동안 반송을 아름답게 키운 초롱농원 민 사장의 훈수를 받아 애지중지하며 다듬던 반송의 키를 낮추기 위해 큰 가지까지 베어내며 처음으로 강력하게 전지했다. 나무마다 1/3 정도를 쳐낸 셈이다. 수목원에서 10년을 뿌리 내려 제법 청년 티가 보일 만큼 잘 자라서 이만한 고통은 이겨낼 것으로 보였다. 우아한 초록우산 같은 모습은 온데간데없고 나무들이 벌거벗은 채 앙상하게 겨울을 나는 모습을 안타깝게 지켜보았다. 잘 견뎌내겠지 하는 마음의 응원을 보낼 수밖에 없었다.

두세 해 농협에서 받아 쌓아둔 복합비료가 생각났다. 퇴비는 나무를 이식한 다음 해에 사용하기도 하지만, 이 비료는 딱히 용도도 없었다. 그 넓은 산에 성장촉진제로 뿌릴 엄두도 낼 수 없거니와 이제까지 그러했듯 나무는 비바람을 맞으며 자연히 커야 하기 때문이다. 안쓰러운 마음으로 해동이 되면 땅이 녹으면서 뿌리까지 거름발이 미치도록 생전 처음으로 한겨울 끝 무렵 아직 눈 덮인 언 땅에 나무 하나마다 한 주먹의 복합비료를 일일이 주기까지 했다.

반송 가지를 너무 많이 쳐냈는지 걱정했는데, 다음 해 봄에는 보란 듯이 힘차게 많은 새순을 내서 스스로 수형(樹形)을 갖춘다. 생명의 신비라고 안도하기도 하면서, 지난 10년 동안 이 땅에 깊이 뿌리내려 자생능력을 갖춘 25살의 청년이 다 되었구나 하는 뿌듯함도 새삼 느꼈다. 응급처방으로 처음 시도한 복합비료 거름 주기의 덕택인지도 모른다.

가지 끝마다 너댓 개의 새순이 올라온다. 그중 가운데 순은 한 자(尺) 가까이 치솟기도 한다. '장남 죽이기'라고 농담하며 유별나게 큰 순을 일일이 찾아 잘라내며, 나머지 작은 순들에게 영양분이 골고루 가기를 희망했다. 봄이 무르익는 윤사월이면 양수(羊水)처럼 터진 송홧가루가 노란 안개 되어 바람 따라 휘돌며 산하에 장엄한 동양화를 연출한다. 암수동체인 소나무는 다른 소나무의 송홧가루를 받아 수분(受粉)을 마치고 솔방울을 준비하느라 조용한 숲이 갑자기 술렁거리기 시작한다.

가녀린 새순에 점점이 박혔던 까만 점에서 솔잎이 난다. 이 솔잎이 펴지기 전에 순치기를 해야 일도 수월하고 나무 성장에도 좋을 것이다. 순치기는 우듬지의 성장 부분을 일일이 잘라내는 일이다. 한 해 가을까지 성장하는 다른 나무들과는 달리 칠팔월까지만 성장하는 소나무에게 잎을 키울 시간을 벌어주기 위해서이다. 햇볕길과 바람길 확보를 위한 가지치기는 한두 해를 건너뛰어도 무방하다고 하지만, 이 순치기만은 매년 부지런을 떨어야 내가 바라는 초록 우산의 수형을 만들 수 있다.

반송을 어떤 수형으로 가꿀 것인가는 정답이 있는 것이 아니다. 인간의 주관적 취향이라는 사치를 위해 반송의 '다박솔'이라는 자연스러운 수형을 사람 눈에 귀하게 보이기 위해 다듬는 것은 나무에게는 의도적 폭력일 수도 있다. 인간 사회의 구조조정이라면 얼마나 시끄러웠을지 모르지만 나무는 말대꾸도 하지 않고 받아들인다. 오랜 동안 또는 마지막까지 이렇게 손이 많이 갈 수밖에 없는 반송 만들기 구조여서인지 반송은 귀한 대접을 받는 나무가 되는지도 모른다.

이제부터 내가 바빠지기 시작한다. 3,300그루 반송 한 그루 한 그루를 순치기와 가지치기하는 작업은 대장정에 다름 아니다. 나무가 성장할수록 새순도 기하급수적으로 많아져서 더욱 손이 많이 갈 수밖에 없다. 이제는 내 키를 훌쩍 넘어 사다리를 사용해야 되는 일은 말할 것도 없고, 비탈진 언덕에 사다리를 고정시켜 일하는 것도 녹록지 않아 자꾸 일이 더뎌질 수밖에 없다. 그래도 1년 조금 넘게 부지런을 떨면 반송 전체를 한 번씩을 만져줄 수는 있다. 물론 뒤돌아서면 이 일을 또다시 시작해야 하는 순환의 열차에 다시 올라탄 나를 발견한다. 항상 반송밭에 살 수밖에 없는 일이다.

그 와중에도 25살 청년이 된 반송의 수피가 곳곳에서 벗겨지면서 감추어져 있던 황장목의 아름다움이 살아난다. 반송나무 숲이 화려한 왕족들의 공간으로 변한 듯하다. 자작나무가 스스로 수피를 벗겨내는 감동은 이미 이전에 경험했지만 뱀이 허물을 벗으며 성장하듯이 반송들도 수피를 떨쳐내며 성장하는 현장을 보는 기쁨도 있다.

반송의 수형을 잡는 일도 그렇다. 이제까지는 내가 바라는 수형대로 키우기 위해 주로 이에 맞추어 축 늘어진 가지를 쳐내는 일이 우선이었다. 민 사장의 조언대로 처음으로 늘어진 가지를 자르지 않고 굵은 노끈으로 원하는 수형대로 윗가지에 묶어 올리거나, 치켜뜬 가지는 노끈으로 당겨 쇠꼬챙이를 땅에 박아 묶었다. 인위적인 이런 작업으로 한두 해는 앞당겨서 원하는 수형을 볼 수 있다는데 이 일은 더욱 힘들었다.

　전체 반송의 1/3인 천여 그루를 하나하나 점호하듯이 묶으며 살펴야 했기 때문이다. 키로만 올라갔던 나무가 제법 좌우 균형을 갖춘 수형으로 펼쳐진 나무가 될 것을 상상만 해도 벌써 흐뭇해진다. 이 노끈 줄이 한두 해 견디다 썩을 때면 나무는 내가 꿈꾸는 수형대로 성장한 뒤일 것이다.

　2021년 한 해 동안 강력하게 전지한 반송의 성장을 지켜보다가 복합비료 거름 주기의 유혹에 다시 흔들렸다. 초록의 녹음으로 뒤덮인 예전의 반송을 다시 보고 싶은 조바심이었을 것이다. 2022년 초에는 설날이 지나자마자 이웃 동네에 배급되는 소량의 복합비료까지 긁어모아 반송 밭에 두 번째 거름 주기에 나섰다. 봄이 무르익자 의도하지 않았던 놀라운 일이 벌어졌다. 지난해의 거름기까지 섞였는지 반송 새순들이 하늘 높은 줄 모르게 치솟았다. 저 새순들에서 솔잎이 피어나면 10년 동안 정성 들여 만든 수형이 망가지는 것은 둘째치고, 가지들이 그 무게를 견뎌낼까 걱정이 앞섰다.

　5월 송홧가루를 털어내고 솔잎이 피기 시작할 무렵 새로운 방법의 새순치기를 시도했다. 중장비 불도저의 바가지에 사람을 올려 태우고 기계톱으로 새순을 7할 정도 잘라내는 '삭발'작업이 그것이다. 비탈진 곳에 사다리를 세우고 일하기도 쉽지 않고, 나무가 커지고 숱도 많아져 이 방법밖에 없었다. 불도저로 새 길을 내며 3,300그루의 반송을 공중곡예로 새순을 치는 약간은 위험한 이 일은 한 달이 더 걸렸다. 그제야 부쩍 커진 초록 우산 모양의 반송들이 유별나게 싱싱하고 단정한 모습으로 녹색 융단을 펼친 듯한 장관을 이루었다.

이제는 내가 나설 차례다. 곁가지와 속가지들을 일일이 솎아내 바람길과 햇볕길을 내는 연례행사를 치러야 한다. 겨울 폭설 때의 눈이 미끄러져 나갈 공간도 미리 염려해야 한다. 해마다 하는 일이지만 금년은 나무가 커져 손길이 가야 할 곳이 많아선지 일은 더욱 더뎌졌다.

마침 여름이 끝나면서부터는 정년퇴직한 시청 박남중 산림과장이 소일 삼아 반송전지를 배우겠다며 수요일, 금요일에 수목원을 찾기 시작했다. 그이는 공무원 생활을 시작하면서부터 30여 년간 수목원 이웃동네에 밭농사, 주목키우기를 해왔던 부지런하고 신실한 사람이어서인지 나무 다듬는 손길이 예사롭지 않다. 이렇게 편하게 안착하는 것은 수목원을 시작하면서부터 10여 년을 서로 교유했던 우정의 폭도 컸기 때문이다.

토요일에는 수목원 책박물관과 인포메이션센터를 설계했던 홍성천 건축가가 6, 7년의 내공으로 가지치기를 계속 돕고 있다. 손질한 나무의 얼굴을 기억할 만큼 정을 쏟는 열정이 너무 순수한 것 같아 흐뭇하다. 두세 해 전부터는 바둑에 눈을 뜨게 해서 즐거운 점심대국으로 고마움을 전하고 있다. 바둑공부도 따로 하는지 나무 크듯이 실력도 늘어 이제는 내게 3점 접바둑으로 쨍쨍하게 견디고 있다. 아내도 이 시간만이라도 내가 쉬는 시간으로 삼으라고 어떤 후원을 하는 눈치다. (2024.2.)

반송 수목장의 아침

5년 전부터 매주 수·금·토요일은 수목원에서 일하는 날이다. 월·화·목요일은 출판사 일을 해야 한다. 수익이 없이 계속 투자만 하는 수목원의 묘목값을 벌기 위한다고 둘러대기도 하지만, 책 속에 묻힐 때가 가장 편하다는 40년 넘는 습관이 쉽게 바뀌지 않는다. 앞으로는 저희들이 다 해야 하겠지만 젊은이들의 원고 처리속도가 답답하기도 하고, 고황(膏肓)에 든 것처럼 출판 일에 중독된 노파심이 책 원고를 보게 한다.

일흔을 넘으면서 몸에 밴 일찍 자고 일찍 일어나는 습관으로 새벽에 생긴 맑은 시간을 선용하는 뜻도 있었다.

지난주부터 인수전 앞 반송시범단지 2천 평 잔디밭을 깎겠다고 한 약속을 지키려고 잔디깎이 자동차를 움직였다. 해질 무렵 2시간 동안은 우선 뜨겁지 않아서 좋았다. 직원들이 퇴근한 적막강산(寂寞江山)에서 혼자서 부지런을 떨며 잔디 깎는 경험도 처음이었다. 어둠이 슬금슬금 내릴 때까지 절반 정도를 해치웠다. 장마철에 웃자란 잡초들을 모두 깎아내자 반기는 녹색 융단이 펼쳐진 잔디밭의 고즈넉한 평화에 보람이 있었다.

2년 만에 착근한 근사한 잔디밭 위에 우뚝 선 반송들이 훨씬 고급스러워 보였다. 어렵게 생각했지만 과감하게 저질렀던 2천 평의 잔디밭 조성은 잘한 일 중의 하나다. 산속의 반송들이 잔디를 입히자 기품 있는 정원으로 바뀌는 마법을 부렸기 때문이다.

다음 날 여명의 눈동자에 어둠이 쫓겨가자 미처 못다 한 잔디 깎기를 서두르며 새벽길을 나섰다. 하지가 지난 지 한 달 가까이 되자 5시가 넘어서야 날이 밝는다. 우선 조부모님과 부모님을 모신 큰 반송 아래 잔디밭부터 깎기 시작했다. 다음 날이 30년 전에 돌아가신 아버지 기일이기도 했다. 지난해 돌아가신 어머니를 수목원에 수목장(樹木葬)으로 모시면서 아버지를 합장하고, 조부모님들도 함께 모셔왔다.

이곳은 인수전 앞 호숫가 오른편에 마련한 우리 형제들의 고즈넉한 성지(聖地)였다. 어쩌면 내가 창설한 한양 조씨 산서공파 포천 종중의 모태이기도 하다.

2021년 6월 부모님께 수목원을 바치는 수목장 현장에 함께한 여러분들이 조의를 표하면서도 이렇게 좋은 자리에 모신 부모님에 대한 부러움도 같이하며, 나의 효행을 말하기도 했다. 그중 두 분의 이야기가 오래 기억되었다.

부모님 수목장. 손자까지 3대가 모였다.

한양대 박사과정을 지도했던 아흔 살이 된 이강수 교수가 10년 동안 수목원을 못 와봤다며 어머니 수목장에 자리를 같이해 행사를 유심히 지켜본 모양이다. 다음 해 1월 사모님께서 갑자기 돌아가시자 나를 찾았다. 당신의 뜻도 확고했지만 30년 넘게 보아온 이수영 서강대 교수를 비롯해 온 가족이 박사인 선비 집안 자제들의 효심도 존중해 한양 조씨 종중 땅에 수목장으로 모시게 되었다. 이강수 교수는 여러 해 동안 고향 전북 남원에 조성했던 선산까지 수목장으로 옮기겠다며 주변의 반송 두세 그루를 미리 찜해 놓기도 했다.

2022년 6·25날에는 지난 3월 1일에 106세로 돌아가신 김병기 화백의 수목장이 수목원에서 있었다.

코로나 사태로 2년 동안 중단되었던 제20회 '지훈상' 시상식을 5월 14일(토요일) 수목원 책박물관 앞 잔디밭에서 열었다. 30년 넘게 친교하는 김형국 박사가 축사를 했다. 내가 조지훈 시인의 '혈통이 아닌 법통을 잇는다'는 격려가 고마웠다. 대작 〈박경리 이야기〉 출간으로 출판사를 자주 출입하던 김 박사가 작년 어머니 수목장이 인상 깊었다며 문화예술인을 모시는 주춧돌로 김병기 화백의 수목장을 협의했다. 저간의 경과는 다음 신문기사가 잘 말해 준다.

"김병기 화백 나남수목원 반송숲에 잠들다"

'106살 최고령 현역 화가'로 활동하다 지난 3월 1일 별세한 김병기 화백이 6월 25일 경기도 포천 나남수목원에서 영면에 들었다.

유족들은 이날 나남수목원의 반송숲에서 '태경 김병기(金秉騏) 화백 수목장'을 진행했다. 기독교 신앙이 깊었던 고인을 기리고자 셋째딸인 김주향·송기중 씨 부부 주관으로 간단한 추모 예배를 올렸다. 또 막내아들 김청윤 조각가는 아버지에게 영면의 자리를 마련해 준 수목원에 감사하다며 작품 〈기도〉를 수목원에 기증했다. 6미터가 넘는 강판을 용접한 대작으로 아버지의 눈길이 머무는 인수전 옆 널찍한 잔디밭에 우뚝 섰다.

특히 이날 표지석에는 고인이 별세 5일 전 한글과 한자로 직접 쓴 '김병기' 서명을 새겼다. 이번 수목장과 표지석 건립은 고인의 말년 평창동 시절 자별하게 지냈던 김형국 가나아트재단 이사장의 주선으로 이뤄졌다.

"김환기·김향안 부부가 잠들어 있는 미국 뉴욕주 발할

김병기 화백 수목장.

라 산마루의 켄시코(Kensico) 묘지에 20여 년 전 먼저 떠난 부인을 묻으면서 자신의 자리도 마련해 뒀다고 고인 생전에 들었어요. 그런데 유족들이 100세전을 계기로 국적을 회복하고 영구귀국한 부친의 뜻에 따라 한국에 모시기로 결정했어요. 마침 최근에 조상호 나남수목원 회장이 20년 가까이 키워온 3천여 그루의 반송숲에 양친을 이장했다는 얘기를 듣고 이곳에 수목장을 추천했어요."(《한겨레》, 2022.6.28.)

2016년 4월 '만 100세의 현역 화가' 김병기 화백의 회고전 '백세청풍'(百世淸風)이 서울에서 열렸다. 전시의 부제는 프랑스 시인 폴 발레리의 〈해변의 묘지〉에서 따온 '바람이 일어나다'였다. 100년 동안의 바람으로 100세에 신작으로 개인전을 여는 화가는 세계적으로도 드물다. 김형국 교수는 한국 현대미술의

김병기 화백의 막내아들 김청윤 조각가의 〈기도〉 조각.

프로메테우스인 김병기의 삶과 예술을 살피는 역작 〈바람이 일어나다〉라는 평전을 2년 후에 출판했다.

김병기 화백의 아들 김청윤 작가가 기증한 우람한 조각 〈기도〉의 근육질 강판이 풍기는 서구적 조형미가 고즈넉한 전통 한옥 '인수전'과 묘하게 어울렸다. 초록 잔디밭에 우뚝 선 간절한 기도를 올리는 조각상은 하늘을 향해 솟구친 뻘건 용암이 식어서 굳어 있는 것처럼 윤기 있는 검은 색이 이른 아침의 부드러운 햇살에 더욱 선명했다.

"민빠이가 방금 갔네!"

조선일보 강천석 전 주필의 기가 찬 듯 허탈한 전화였다. 40년 가까이 한 언론사에 같이 지낸 후배의 마지막을 지켜보는 회한을 억지로 누르려는 안쓰러움 이상의 목소리에 눈물이 묻어났다.

목요일 늦은 오후 4일간의 설날 연휴를 맞아 광릉집으로 가는 수도권순환고속도로 위에서였다. 보통 강 주필과 섣달 그믐쯤의 전화는, 이제는 세월이 내리꽂히는 폭포에 거슬러 올라갈 마음의 여유도 없어, 짐짓 유쾌한 목소리로 새해에도 건강하자는 덕담을 나누는 작은 위안이 계절의 감각이 된 지 제법 되었다. 책을 읽다 보면 더욱 침침해지는 눈꺼풀을 자주 비비게 되고, 귀도 닫히는지 작아지는 소리를 모아 보려고 귀를 쫑긋 세워야 하는데, 연부역강해야 할 후배가 먼저 갔다는 부음 소식을 받았다.

김민배 사장은 10년 가까운 대학후배이다. 조선일보 사회부장으로 활약하다가 TV조선 사장으로 큰 꿈을 이루었다. 코로나 팬데믹으로 우리 모두가 우울했던 마스크 쓴 비대면 시대의 흐름을 잘 읽어낸 '미스트롯', '미스터트롯'을 기획하여 장안을 흔들었다. 종편방송 4개사 중 유일하게 큰 흑자를 낸 창사 10년 만에 주주들에게 큰 배당을 할 수 있었다고 기뻐했다. 잠시 투병 중일 때에도 몸조리를 잘하면 떨쳐 일어나 읽고 싶은 책들을 맘껏 읽으리라고 희망차게 말하던 그였다.

이렇게 갑자기 가다니 가슴이 먹먹했다. 섣달그믐의 안타까움이나 회한이 피어날 사이도 없는 적막강산의 침묵으로 얼어붙었다. 한동안 회색빛 풍경만이 아무 의미 없이 고속으로 차창을 스쳐갔을 것이다.

"나남수목원에 묻히고 싶다고 했대!"

이 말이 환청처럼 맴돌고 나는 갑자기 바빠졌다.

설날 다음 날 정월 초이틀에 그이 모습을 닮은 건장한 반송 한 그루를 찾았다. 꽁꽁 얼어붙은 땅을 하루종일 힘들게 뚫었다. 후배를 모실 줄은 생각도 못 해선지 이런저런 생각에 자꾸 일손이 늦어졌다. 그렇게 그는 수목원에 잠들었다. 고향 진도 앞바다 울돌목의 회오리치는 파도 소리를 여기서 듣는지는 모를 일이다. 만권당(萬卷堂)을 꿈꾸었던 그의 책들도 책박물관 2층 아카이브에 자리를 잡았다.

지난 주말(2025.3.7.)에 KBS 사장을 지낸 양승동 후배가 대학 동기인 김민배 사장을 참배하는 길에 임병걸 전 부사장도 동행했다. 그이는 띠동갑이 넘는 법대 후배로 12년 전에 수목원을 방문하여 나에게 〈세상 가장 큰 책〉이라는 시를 써준 시인이었다. 이런 메시지를 받았다.

"잠시 눈길 주지 못한 사이 부쩍 자라 의젓해진 반송들이 그저 경이로웠습니다. 이토록 어엿하게 돌보고 키우시는 선배님의 땀과 열정에도 더욱 고개 숙여집니다. 저 반송 아래 잠든 영혼들은 더 이상 무섭지도 외롭지도 않고 다시 푸른 솔로 새 삶을 이어가는 행복한 영혼들이라 생각했습니다."

오늘의 나남수목원은 말로는 옮기기 힘든 감동이었다며 〈다시 푸르게 살리니 - 나남수목원 반송〉의 시 한 편을 주었다.

눈 맞아 얼까 / 비 맞아 젖을까
온몸으로 받친 솔우산 아래 / 내려놓은 시름

땅속 어둠 두려울까 / 솔잎에 달빛 낚아
갇힌 육신 답답할까 / 사방팔방 팔 뻗어

살아 다 풀지 못한 목마름
발아래 연못 / 어진 목숨들 대신 목 축여주고
살아 오르지 못한 하늘
봄날의 푸른 솔 / 까치발 대신 솟구치네

그러니 너무 설워 말라 / 이승의 못다 한 나들이
이승의 못다 피운 꿈 / 이승의 놓지 못한 인연

산산히 부서진 몸 / 다시 푸른 솔로 살아
윤슬로 반짝이리니
해마다 허물 벗고 / 날마다 붉게 살리니.

말벌의 습격

인수전 앞 잔디밭을 정리하며 상쾌한 기분으로 잔디자동차를 몰았다. 아침 상쾌한 공기를 가르며 한 시간 넘게 5백 평 가까운 이곳 잔디를 깎았다. 아침 녘이라 보릿대 모자도 쓰지 않은 머리 주변에 무언가 날것 두세 마리가 날아들었다. 손을 내저어 쫓았더니 따끔하게 팔을 쏘았다. 몇 년 동안 여러 번 벌에 쏘여 본 경험으로는 통증이 가볍지 않았다. 곧이어 머리 정수리에 서너 방 벌침이 박혔는지 따끔따끔거렸다.

그동안 벌에 쏘일 때마다 아무나 경험하지 못하는 '천연 봉침(蜂針)을 맞았다'고 자위했지만, 이번에는 말벌일지도 모르겠다는 생각도 스쳤다. 말벌은 다른 벌들과는 달리 바로 날아올라 덤비기 전에 헬리콥터처럼 그 자리에 멈춰서 윙윙거리며 공격 준비를 하는 모습을 보았기 때문이다.

주위를 살펴보니 인수전 처마에 말벌들이 분잡하게 윙윙거리는 커다란 하얀 말벌집이 눈에 들어왔다. 생각지도 못한 갑작스런 잔디깎이 자동차의 굉음에 놀란 말벌들이 습격한 모양이다.

20, 30분 더 잔디를 깎는데 얼굴이 화끈거리고 얼굴이 부어오르며 마침내 입술이 굳어져 가는 것을 느꼈다. 오랜 기간 치과치료를 받아본 경험이지만 마취주사를 맞고 난 다음의 그 느낌이었다. 이러다 입술이 굳으면 말도 힘들어질 것 같은 위기감이 스쳐 핸드폰으로 아내와 수목원 조용승 국장을 찾았다.

그때까지는 정신이 있었는지 내 힘으로 자동차에 실렸다. 20분 거리의 포천의료원은 응급실이 공사중이었고, 그 옆 강병원은 일과시간 전이라고 해서, 송우리 우리병원까지 또 30분을 더 갔던 모양이다. 정신을 잃었는지, 깜박 졸았는지 병원 응급실에서 눈을 떴다.

병원 응급실은 자주 가보았지만, 항상 가족들의 보호자 입장이었던 내가 당사자인 환자가 되어 보긴 처음이었다. 이젠 아내가 보호자의 자리에 섰다. 시트 뒤의 깜빡이는 맥박 그래프가 출렁이는 작은 컴퓨터 모니터가 낯설었고, 해독제를 넣은 링거병의 고무줄에 의존해 수액을 맞는 말벌에 쏘인 일흔 살 넘은 노인의 모습이 나라고 얼른 그려지지 않는 낯선 그림이었다. 한 시간 넘게 그렇게 또 잠들었던 모양이다.

응급실에서 내쫓긴 보호자인 아내는 응급실 문이 열릴 때마다 문틈으로 잠든 나를 살피며 애를 태웠다고 했다. 한 달 전 독일 출장을 나녀왔다는 대하장편 〈소설 예수〉의 윤석철 작가가 전파한 코로나를 내가 앓을 때 간호했던 마음씀이 되살아났기 때문일 수도 있다. 아플 시간도 없이 일했던 평생 건강체였던 남편이라 더욱 그러했으리라.

깨어나 병원 문을 나섰다. 수차례 건강검진에서 위내시경 검사를 하면서 수면마취에서 깨어났을 때와 비슷하게 어리둥절했다. 잠시 동안 필름이 끊겼다가 다시 정신이 든 것 같은, 당혹스럽지만 개운한 기분이었다. 컴퓨터 작업 때 가끔씩 버벅거리면 전원을 껐다가 재부팅하면 쉽게 정상을 되찾기도 하는 것과 같은 것인가. 고통스럽기는 했지만 우연한 말벌들의 독이 내 몸을 정화시켰는지도 모를 일이라고 생각했다.

수목원으로 돌아오면서 '기적 같은 별일 없는 하루의 행복'을 떠올렸다. 〈가끔은 고독할 필요가 있다〉는 지리산 구영회 작가의 잠언이다. 아침의 말벌소동이 없었다면 항상 그러하듯 이 시간이면 '조찬 모임'이라고 해서 조 국장과 해장국을 먹고, 하루 일과를 확인하고, 나는 10년 넘게 일상이 되어 버린 '보람찬 하루 일과' 그대로 반송 밭 어느 나무를 전지하며 바람길과 햇볕길을 열어 주고 있었을 것이다.

톱과 전지가위를 들고 다시 나무 앞에 섰다. 아내는 쉬라고 했지만 일상으로 돌아오는 일 이외에는 달리 할 일도 딱히 없었다. 해독제의 덕택으로 부었던 얼굴도 가라앉고 눈썹 사이에 아직 뭉쳐 있는 부기(浮氣)만 남아 있었다. 7, 8년 전부터 별일 없으면 토요일마다 나와 함께 반송 전지작업을 하여 이제는 '나무의 얼굴'까지 아는 홍성천 건축설계소장도 내 얼굴만 보고서는 아침의 말벌소동을 전혀 눈치 채지 못했다.

다음 날 일요일에 등산객 30여 명이 등산길에서 말벌들의 습격을 받아 병원으로 실려 갔다는 토막뉴스가 떴다. 길을 잘못 들어 말벌집을 건드렸을 것이다. 산중 등산길에서 병원은 가까웠는지, 이젠 남의 일 같지 않은 걱정을 했다. 나도 "포천 70대 A씨가 말벌에 쏘여…"라는 토막뉴스의 당사자가 될 뻔했기 때문이다. 요즘 세태처럼 유별난 폭염에 말벌들의 성화도 극을 치닫는 모양이다.

땅벌들의 습격

그다음 주 화요일은 열흘 전인가 〈고대신문〉의 인터뷰를 약속한 날이다. 졸업한 지 50년이 다 되는 졸업생인데 무슨 뉴스 밸류가 있느냐고 손사래를 쳤다. 두 면 심층취재라며 부득부득 우기는 어린 여학생 기자를 내칠 심사로 내 책 3권 ― 〈언론의병장의 꿈〉, 〈나무심는 마음〉, 〈숲에 산다〉 ― 를 보내주며 읽고 나서 다시 생각해 보라고 했다.

화요일 9시 전에 사진기자와 함께 출판사에 나타난 여학생 기자는 당찼다. 아들의 20년이 다 되는 후배들인데 잘생기고 총명함이 넘쳐 보이는 이른바 신인류 같다는 인상을 받았다.

내 책을 다 읽고 왔다니 기사 내용은 대충 미리 정리한 것 같아서 출판사의 일상과 수목원의 풍경을 보여주기로 했다. 영문학과 2학년이라는데 대부분 대학생이 비대면 코로나 사태로 허둥지둥 헤맬 때, 이이는 대학신문 기자 일로 보람찬 대학생활을 개척하는 것 같아 더욱 예뻐 보였다.

두 학생을 내 차에 태우고 한 시간 동안 수목원으로 가며 이런저런 이야기를 했다. 노인이 직접 운전하는 불안이 가셨는지, 그사이에도 메모하랴 녹음하랴 부지런을 떠는 모습도 제법 기자 티가 났다.

출판사에서는 인쇄매체에 익숙해선지 40년 넘는 업적에 크게 놀라지 않더니만, 20만 평의 수목원에는 처음 경험인지 경탄을 하는 듯했다. 중턱의 인수전 앞의 잘 가꾼 반송 밭에서 더욱 그러했다.

경쟁하듯 하얀색 붉은색으로 무리지어 곱게 피어올라온 수련을 설명해 주려고 호숫가의 벤치로 다가갔다. 수련은 수련(水蓮)이 아니고 수련(睡蓮)으로, 매일 오전에 꽃봉우리가 피었다가 오후에는 꽃봉우리가 오므라들어 다시 잠을 잔다는 이야기와 연꽃과 달리 잎을 물 위에 띄우고 산다는 이야기를 들려주고 싶었다.

그때 벌떼가 습격했다. 새봄 새빨간 꽃으로 그 자태가 아름다운 40년 넘는 철쭉나무 밑 풀밭에 둥지를 튼 땅벌들인 모양이다. 엊그제 말벌에게 쏘인 본능으로 두 학생을 감싸고 재빨리 피하기는 했지만, 나는 서너 방의 천연 봉침을 이마와 팔에 또 맞게 되었다. 서울내기의 연약한 여학생들이 놀라기는 했지만 벌에 쏘이지 않은 것이 천만다행이었다.

이런 일은 수목원에서 다반사로 일어나는 일인 것처럼 의연한 척했지만, 이들을 한 시간 동안 운전하여 출판사에 다시 데려다 줄 걱정이 태산 같았다. 통증이야 견디면 되겠지만, 말벌에 쏘였을 때와 같이 잇따른 졸음이 또 찾아오면 어떻게 해야 할 것인가. 10년 넘게 천 번 이상을 달렸을 이 길이 오늘은 왜 이리 멀기만 한지 몰랐다.

졸지 않으려고 시시한 이야기들도 계속해야 했다. 여학생 기자가 아버지는 방송국에 근무하며, 어머니는 신문방송학 박사를 마쳤다고 털어놓으면서 언론학 전문출판사인 나남이 자기에게는 예사롭지 않다면서 애정을 보이며 나를 위로하는 것 같았다. 한여름 말벌 습격으로 시작된 사흘간 소동의 이상한 대장정이 이렇게 끝났다. (2022.7.)

늙을수록 고귀해지는 것은
나무밖에 없다

나무는 스스로의 생명력으로 우리가 의도하지 않은 생태계의 숲을 만든다. 세상에 나이 들면서 점점 더 아름다워지는 것은 나무밖에 없다. 나도 나무처럼 늙고 싶다. 나무처럼 아름답게 늙고 싶다면 나무처럼 살아야 할 것이다. 나무처럼 사는 첫걸음은 뜻하는 처음의 입지(立志)를 이루는 일에 전념하는 일이다. 그리고 주변의 사사로운 관심에 초연해야 한다.

이제 이만큼 이루었다는 자만(自慢)에 잘난 척하고 싶고 속된 여유를 부리고 싶은 유혹을 떨쳐야 한다. 그 절대고독에 익숙해야 한다. 그리고 가 보지 않은 길을 늠름하게 헤쳐 나가야 한다.

그것이 아낌없이 주는 나무이거나 그 자체 존재만으로도 천년의 고독을 견딜 나무의 덕성이다. 바라옵기는 긴 세월의 풍파를 고스란히 알몸으로 이겨낸 뒤에 얻어질 초월(超越)과 해탈(解脫)을 위해서라도 그러하다.

손가락을 대면 파란 물감이 번질 것 같은 가을 하늘이 유난히 높던 날, 한국문화예술위원회가 이 책 〈숲에 산다〉를 '2019 문학나눔' 도서로 선정한다는 뉴스를 전했다. 명예만이 아니라, 다량 부수를 구입하여 도서관에 배포한다는 보상도 있다.

이 책은 2019년 5월 나남출판 40년과 나남수목원 10년을 기념하여 출판되어, 그사이 마음속에 나무와 숲을 꿈꾸는 열성적인 독자들의 사랑을 받았다. 부랴부랴 재판 발행을 서둘렀다.

나남 책들이 매년 몇 종씩 우수도서로 선정되어 저자들과 그 기쁨을 같이했지만, 정작 발행인인 내 에세이가 문학 동네에서 인정받은 것 같아 뿌듯했다. 이름 모를 어느 작가의 귀한 한자리를 내가 뺏은 것은 아닌지 모르겠다. 2005년 대통령으로부터 〈대한민국문화예술상〉을 받아 문화예술인으로 정부의 공인을 받은 이후 오랜만에 느끼는 잔잔한 감동도 뒤따랐다.

2019년 봄에는 나남수목원의 상징인 책박물관 앞 호수를 감싸도는 둘레길을 완성했다. 길은 연이어져 새로 조성한 넓은 허브 꽃밭에 이르게 한다. 몇 년간 벼르고 벼르던 일이었다. 넓어진 공간에 비로소 마음이 놓인다. 조금은 호사스럽다고 생각도 했지만 내친김에 산책길을 잔디로 덮었다.

이 길 중간에 손길이 쉽게 미치지 못했던 40년 넘는 반송이 이제야 바로 품에 들어온다. 수형(樹形)을 바로잡는 전지작업으로 10년 동안 혼자서도 늠름하게 자랐던 외로움을 달래주고,

호수를 가슴에 품는 수호목으로의 위상에 무게를 실어 주었다.

  10년 전 수목원 조성을 시작할 때 처음으로 심었던 장송들의 밑동을 헤치지 않으려고 두세 단 돌을 쌓고 작은 언덕 쪽에는 석축을 새로 쌓는 큰 공사였다. 호수가 더욱 넓게 보이며 손에 닿을 듯 가까워졌고, 건너편 책박물관을 바라보는 그림이 새로 생겨났다. 실체는 다름이 없는데 서 있는 곳을 달리해 바라보면 이렇게 새로운 풍경이 드러난다. 조그마한 시각의 차이는 스스로 완벽하다는 오래된 묵은 생각들을 갑자기 뒤집기도 한다.

  포천 산정호수 아래 넉넉한 귀촌의 터를 닦는 장동수 형을 알게 된 행운도 있었다. 외로운 사람끼리는 만나게 되어 있다. 〈숲에 산다〉를 읽고 내 마음을 이해한다는 우정으로 시작되었다. 몇 차례 수목원을 둘러보더니 호수에서 책박물관을 오르는 계단이 불편해 보인다며, 며칠 동안 뙤약볕 아래 손수 망치를 들고 현대건설 40년 고수의 손길로 천상에 이르는 멋진 작품을 선물한 속내 깊은 그이는 아름다운 괴짜다.

  날렵한 수형을 자랑하는 기품 있는 향나무와 달마상의 웃는 모습을 조각한 듯한 천연 바위를 선물로 받았다. 대형 크레인도 힘이 부친 듯 헤매는 이 거대한 바윗돌을 우정의 표시로 나남수목원에서 가장 잘 생긴 50년 넘는 느티나무 옆에 모셨다.

  백송과 앵두나무 사이의 넓은 까만 바윗돌 위에는 하얀 대리석

짐바브웨의 세계적 쇼나조각가인 본지시의 〈바람부는 날〉

기품있는 향나무가 날렵하게 안개 속에 묻혔다.

달마상을 닮은 미소에 화답해 보자.

좌대를 마련하여 10여 년 출판사 사무실에 갇혀 있던 짐바브웨의 세계적 쇼나조각가인 본지시(Bonjisi)의 〈바람부는 날〉 여인 조각상을 모셨다. 비로소 1억 년이 넘는 아프리카 특유의 스프링스톤에 새겨진 바람결에 휘날리는 여인의 머리카락을 손으로 만질 수도 있다. 천사의 영감이나 여신의 존엄을 느끼면 인지부조화에 불안했던 세속의 성냄이나 우울함도 사라질 것이다. 분수가 있는 풍경 속에 또 하나의 동상처럼 서서 둘러보아도 좋다.

마침 새로 구입한 김영중 조각가의 〈여인〉 브론즈 조각상도 나무계단 옆 바윗돌 위에 마련한 대리석 좌대에 올려 키 큰 여인으로 보이게 모셨다.

달마상의 미소와 두 조각상의 향기가 함께하여 잔디밭을 둘러싼 자연 갤러리의 얼개가 엮어진 것 같아 조그마한 평화가 왔다. 일흔 살이 넘어 외로움을 공유하는 벗들의 마음이 정직한 공간인 수목원에 하나씩 겹쳐지기 시작한 것 같다.

봄이 여름에게 자리를 내줄 무렵 포천 1기갑여단 김창수 장군의 배려로 부사관 병력 20여 명이 대민지원차 수목원 반송 전지작업을 도와주었다. 이 부대는 우수독서부대로 선정되기도 했고 부대도서관에 1천여 권의 나남 책을 기증하면서 우의를 맺었다. 김 장군은 덤으로 손자를 탱크에 탑승시켜 달리게 하여 할아버지의 위상을 높여주기도 했다.

전지작업 지원병력의 시범조교를 맡은 '이 상병'에게 배움

잔인한 가지치기로 반송들이 새로운 얼굴로 반긴다.

을 얻었다. 그는 아버지가 큰 조경회사를 한다고 했다. 세상일은 도처에 크고 작은 스승이 있기 마련이다. 사람들은 고정관념에 함몰되어 눈을 크게 뜨지 못해 그 찰나를 놓칠 뿐이다.

13년 된 반송 3천여 그루가 우리 수목원에 시집온 지 10년이 다 되어 이제 스무 살이 넘었다. 그동안 애지중지하며 잔가지를 다스렸는데, 이제는 무뚝뚝한 청년이 되어 강인함을 뽐내며 새카만 녹색의 위세로 나를 압도한다. 햇볕길과 바람길을 틔워 주지 않고서는 장마 때 병충해와 겨울 설해(雪害)를 견딜 것 같지 않았다. 해마다 전지하는 손길이 성장에 탄력이 붙은 이 녀석들을 따라가기 버거웠을 무렵이다.

'이 상병'에게 배운 대로 이른바 "혹독한 반송 전지작업"을 시작했다. 7할 정도는 벗겨낸 모양이다. 제법 금강송 모습 같은 장딴지보다 굵은 알통도 드러났다. 이런 구조조정이라면 인간사에서는 비명소리가 하늘을 덮었을 것이다. 나무는 아무 말이 없다. 진한 솔향기 속에서 견뎌낼 만한 체력을 이미 예비하고 있다고 늠름해 하고 있다.

책박물관을 설계 시공한 후 5년 넘게 반송 전지작업을 같이 하며 이제는 나무의 얼굴을 하나하나 알아보는 홍성천 건축가와, 나남 식구가 된 나무에 대한 눈썰미가 예사롭지 않은 김용태 주간과 함께 그렇게 한 해를 보내야 했다. 이제 이 녀석들이 다시 밥을 채울 때까지 한두 해는 전지가위로 부지런을 떨지 않아도 될 것 같다.

내친김에 수간거리를 생각해 정자 호수 앞 4백 그루를 키우는 시범단지의 반송 150그루를 뽑아 산등선 위쪽으로 널찍하게 이식했다. 분을 크게 떠서 옮기고, 차에 물을 싣고 곡예운전을 하고, 지형을 다시 다듬느라고 가을 한 달을 바쳤다. 시범단지에 남아 제자리를 찾은 나무들이 이제 서로 다투지 않고 앞으로 이삼십 년은 누릴 수 있는 공간을 확보한 셈이다. 나무들

이삼십 년은 활개치며 자랄 수 있는 공간을 확보해준 반송들이 늠름하게 자리 잡기 시작했다.

이야 당연히 좋겠지만, 바라보는 나도 확 뚫린 공간이 주는 해방감으로 더할 나위 없이 행복했다.

　반송 아래에 벌개미취의 야생화 꽃궁궐을 만들겠다는 희망은 아무래도 접어야 할 것 같다. 꽃들을 살리려다 보니 예초기를 함부로 돌릴 수도 없어 잡초제거에 품이 너무 많이 든다. 벌개미취는 가파른 경사면으로 옮겨 자생하도록 하고 넓은 이곳은 잔디밭으로 꾸몄다. 반송 밭 조성을 시작한 지 8년 만에 대대적인 리모델링을 시작한 것이다. 나머지 8할의 공간도 이렇게 정돈하려면 사오 년은 더 고생해야 할 것 같다.

　지난여름에는 아이들이 북유럽 스칸디나비아 제국으로 칠순여행을 보내주었다. 노르웨이 숲에 원 없이 안겼다. 덴마크에서는 불우했던 철학자 키르케고르의 좌상 옆에 우뚝 선 50년이 넘는 자작나무의 우락부락한 밑동이 눈에 띄었다. 자작나무 맞는가.
　자작나무는 발끝에서 머리까지 하얀 몸통이라는 고정관념이 깨졌다. 생태계의 당연한 질서인데도 오랜 시간 자작나무를 키워본 경험이 없는 허당이 부끄러웠다.
　새벽 산책길에서 예쁘게 꾸민 공원에서 마주친 무릎 높이의 주목나무 나무담은 신선한 충격이었다. 이 감동을 빨리 우리 수목원에 실현하고 싶어, 지난가을 동네에서 구입한 10년생 주목 1천 그루를 허리 높이로 잘라 수목원의 반송 밭 길가 이곳저곳을 나무담으로 만들기 시작했다.

코펜하겐 키르케고르 좌상 옆에서 발견한 매끈한 숲의 귀부인인 자작나무의 밑동이 나의 상상력을 뒤엎는 신선한 충격을 준다.

구순이 넘은 예춘호 선생이 수목원을 찾아오셨다. 20년 전 선생이 운영하는 한국사회과학연구소를 서초동 출판사 사무실에 삼사 년 같이 쓰게 해준 인연을 각별히 생각하신다. 민주화에 앞장선 지조와 신의의 정치인이자, 남 앞에 내세우지 않는 영도육영회를 통한 장학사업도 평생을 간다. 수목원 조성을 당신 일처럼 격려하시며, 큰 나무에 연연하지 말고 부지런히 묘목을 심으라는 말씀도 여러 번 하셨다.

붓글씨도 알 만한 사람은 다 아는 명필의 반열이다. 글씨가 그 사람이다. 이백이나 두보의 한시를 내 이름을 넣어 여러 편 하사하셨다. 2017년에 주신 도연명의 〈귀거래사〉 8폭 병풍은 수목원 내 사무실을 선생의 올곧은 뜻으로 밝히는 북극성이 되었다. 나도 이런 수목원을 꿈꾸었다며 그렇게 좋아하신다.

반송 밭 둘레에 주목나무로 나무담을 치기 시작했다.

가족들과 수목원을 찾은 예춘호 선생.

수목원에 안착한 백송 40그루의 꼿꼿한 모습.

30년 전에 은평구 기자촌 진관사 주변에 묘목을 심었던 백송 40그루를 선뜻 내주셔서 수목원 양지 녘에 선생의 얼굴을 보듯 모셨다. 꼿꼿한 백송처럼 건강하시길 빌어본다.

가을이 깊어갈 즈음에 아름다운 수형의 50년 넘는 주목 두 그루가 수목원 새 식구가 되었다. 지나간 시간을 돈으로 살 수 있다면 나무밖에 없다. 어디에 꽂아두어도 나무는 그 시간만큼 성장하겠지만 이제 나의 나무가 된 것이다. 그 세월의 나무들이 영생을 꿈꾸며 우리 수목원에 터를 잡았다.

몇 년 동안 오며 가며 탐냈던 나무가 동네사람들의 선의로 이제 내 품에 안겼다. 내 키의 세 배나 되는 우람한 주목나무와 절반 크기의 눈주목은 그 자리에 비닐하우스를 짓는다는 이웃 동네 농부가 나의 나무 심는 마음을 이해하여 수목원으로의 이주를 승낙한 것이다.

호수 둘레길에서 허브 꽃밭에 이르는 낙목한천(落木寒天)의 공간을 지배하는 50년이 넘는 녹색의 내공에 갑자기 수목원이 활기를 띤다. 이 거목을 흔쾌히 시집보낸 이웃의 우정에 사나이의 삶은 이런 거라며 큰절을 보낸다.

토요일마다 수목원 산책을 계속하여 알게 된 정현철 회장이 진두지휘하여 수목원의 어둠을 몰아내고 빛을 밝히는 가로등을 심어 주었다. 비밀의 정원에 걸맞은 요즘은 찾기 어려운 주물의

엔티크한 가로등이다. 책박물관까지 11불(燈)을 밝혀 수목원 3분의 1을 갑자기 광명천지로 만들었다. 10년 만에 수목원에서 한여름밤의 꿈도 꿀 수 있게 되었다.

2019년 한 해는 출판사 일도 유별나게 바빴다. 아직도 출판 원고를 직접 보느냐는 새삼스런 질문에 "수목원 묘목 값이라도 벌어야지요"라고 응수하며 부지런을 떨었지만, 아무래도 나는 출판 40년의 활화산이 새로운 지평으로 치솟는 불기둥의 한가운데 있을 때 가장 행복하다고 느꼈다. 아침잠이 없다는 핑계로 확보한 직원들 출근 전 서너 시간의 고요함과 컴퓨터 화면의 따가움을 견뎌주는 두 눈의 고마움 덕택으로 그 많은 원고를 읽어 낼 수 있었다.

우선 사회학회에 마지막 선물일 터너의 〈현대 사회학 이론〉(700p), 언론학회의 〈한국 언론학연구 60년〉(610p), 그리고 〈최

서면 회고록〉(1,300p), 송상현 회고록 〈세계를 향한 열정과 도전〉(1,200p) 등이 시간이 많이 걸리는 눈에 띄는 큰 책이다.

그러나 무엇보다도 열정을 바쳤던 책은 70대 중반의 오생근 교수가 고독한 수도승처럼 혼신의 힘을 바쳐 완역한 미셸 푸코의 마지막 대작 〈성의 역사④ ― 육체의 고백〉을 따라 읽으며 고통의 축제에 동참한 일이다. 두세 번 읽어가며 이 책에 공을 많이 들였다. 푸코 사후 34년 만인 2018년 2월 프랑스에서 출간되자마자 우리가 전 세계에서 처음으로 번역 출판했다. 인터넷에 독일의 주어캄프가 전자책으로 뒤따랐다는 소식이 떴다. 25년 전 푸코의 〈감시와 처벌〉을 출판할 때의 아련한 감동의 대폭발이었다.

푸코 전문가인 형과 어울려 춤추었던 지난 40년은 이 책으로 절정의 순간을 같이했다.

20년 전 〈토지〉 출간 때의 기억으로 이 책도 사전예약제를 실시했다. 40년 출판쟁이의 작은 자존심이었다. 출판이 갖는 당당한 사회적 신뢰와 지위를 인문사회 독자에게 물어 1천 명 고급독자의 뜨거운 반향도 받았다.

미셸 푸코 일러스트(한겨레 신문).

평생의 도반인 아내가 수목원에 정을 붙이기 시작하여 요즘은 나보다 더 열성적이다. 사진작품의 결실로 수목원 캘린더를 만들더니, 지난해에는 꽃무릇 군락지와 라벤더 허브 꽃밭을 당신의 허브 영토로 만드는 데 열정만이 아니라 숨겼던 거금을 쾌척하기도 한다. 이제는 정원을 가꾸는 놀라운 자연인의 기운이 하늘을 찌른다. 감사드릴 뿐이다. (2020.1.)

세상 가장 큰 책

언론출판 40년이 되었다. 천둥벌거숭이인 젊은이가 지성의 열풍지대를 꿈꾸었다. 사상의 자유가 편견 없이 교통할 수 있는 그런 열린 공간이다. 지성(知性)과 야성(野性)의 조화라는 김상협 총장님의 취임사는 대학생이 되고서 처음 겪는 우레와 같은 지적 충격이었다. 이 화두로 열병을 앓는 젊은 날을 보냈다. 그러나 지성은 아직도 칼집에 녹슬어 있고, 야성은 머리 깎인 삼손처럼 되었는지 모른다.

 누군들 불꽃처럼 격렬하고 화려하게, 포연(砲煙)처럼 치열하고 아름답게 살고 싶지 않았겠는가. 어느 시대나 격동의 시간이 아닌 때가 없겠지만, 사람들은 자신이 헤쳐 나온 거친 파도만을 기억하기 마련이다. 나도 다를 바 없다. 군사독재가 유신의 절정으로 치닫는 황량한 1970년대 초의 황무지 산비탈에 삽 한 자루만 들고 뛰어든 농부의 마음이었다. 학생운동에 앞장섰다 제적되었다고 해서, 직업선택의 자유가 박탈되었다고 해서 그냥 주저앉을 수만은 없었다. 그 몸부림으로 출판을 통한 언론창달의 소명을 이루는 우회로를 찾았다. 어린 나무를 심고 물을 줘가며 울창한 지성의 숲을 꿈꾸었다. 봉황이 깃을 칠 수 있는 그런 숲을 만들고 싶었다. 손주 대에나 과실을 얻을 수 있다는 독림가 (篤林家)의 자세로 나의 길을 40년을 간다.

책 속에서 내가 가지 못했던 길을 가는 사람들의 땀 냄새에 취하면서, 사람다운 사람을 만들고 책다운 책을 만들어야겠다는 자기암시로 견뎌낸 시간들이었다. 출판을 통해 어떤 권력에도 꺾이지 않고 정의의 강(江)처럼 한국사회의 밑바닥을 뜨거운 들불처럼 흐르는 어떤 힘의 주체를 그려보고자 했다.

"나남이 책을 만들고 책이 사람을 만듭니다"라는 창업의 깃발은 "나남출판사의 책은 쉽게 팔리지 않고 오래 팔립니다"라는 사훈과 함께 오늘도 힘차게 창공에 휘날린다.

나남출판이라는 지성의 저수지를 어떤 세파에도 무너지지 않게 튼튼하게 쌓으려면 먼저 낮은 곳에 임하는 겸손을 배워야 했다. 따르고 싶은 올곧은 선배들을 저자로 많이 모실 수 있는 행운도 같이했다. 나는 간이역의 외로운 역장 노릇이라도 충실히 했는지 모른다. 많은 사람들이 나남출판이라는 자유의 광장을 지나갔다. 길을 묻던 사람들에게도, 늠름하게 제 갈 길을 가던 사람들과도 어디서 무엇이 되어 다시 만나자고 했다.

나는 장엄하고 처절한 계절에 세월을 자맥질하는 해녀(海

女)처럼 허기지고 고독한 승리를 찾아야 했다. 분노의 파도에 휩쓸리는 욕망과 갈등의 자포자기도 있었다. 황야의 고독한 늑대의 모습으로 비치기도 했을 것이다.

글을 읽고 글을 쓰다 신물이 나면 통소를 불고, 생솔가지 낙엽 타는 내음에 묻혔다가, 꽃 피는 소리 비바람 냄새에 마음을 닦고 살고픈 소롯한 꿈이 내게는 왜 없었겠는가. 그러나 치열한 자본주의의 상업성을 함께 가져야 하는 '문화와 경영'이라는 야누스의 두 얼굴로 가슴앓이하기가 쉬운 일만은 아니었다.

나남출판은 내 스스로의 자연채무를 갚는 마음으로 출판의 창을 통해서 한국사회를 인식해 가는 작은 기록이며, 어쩌면 칭기즈칸의 말채찍을 빌려 지적 유배의 어두운 동굴을 박차고 나가고픈 자기 입증의 궤적일지도 모른다.

진흙 밭에 연꽃을 피우자는 꿈도 아니었는데 세상에 없는 것을 찾기 위해 그렇게도 함께 고민하며 뒹굴었던 3천 명 넘는 이 시대의 사람들과 동행한 출판의 대장정(大長征)이 그것이다. 아름다운 사람들과 함께한 시간들이었다. 출판의 길이 아니었다면 만나 뵐 수 없었던 북극성(北極星) 같은 분들을 모신 행운도 많았다. 원고 하나하나를 눈이 시리도록 읽어내는 고행(苦行)은 내가 자초한 길이었음에도 그분들은 질풍노도의 용광로에서 촌스러움의 껍질을 거듭거듭 벗어나는 나의 성장을 이끈 바로 스승들이었다.

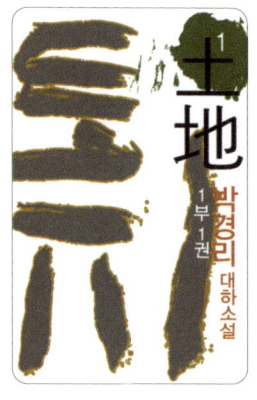
박경리 선생의 대하장편소설 〈토지〉를 통해서는 미친 세월이었던 산업화시대를 물불을 안 가리고 앞만 보고 달려 도시인의 소시민적 안락을 확보한 이들에게 생명의 강에서 불꽃을 태우기를 권유해야 했다. 그것이 거미줄로 만든 그네를 타는 일이 될지라도 말이다. 그러나 출판 창업 25년 만에 2백만 부 넘는 밀리언셀러를 경험한다. 이 선량한 자본으로 출판사가 안주할 지훈빌딩을 세우는 데 도움이 되었고, 수많은 가난한 사회과학자들의 저서가 출판될 수 있었다.

이제는 경기도 포천 신북의 20만 평 수목원에 3천여 그루의 아름다운 반송(盤松)과 2만 주 넘는 자작나무숲을 가꾸고 있는 나를 발견한다. 출판 본업을 지키고 세속권력의 유혹을 떨치기 위해 나무를 심었다. 어쩌면 책은 나무이기도 하기 때문이다. 우리들은 지구의 소풍이 끝나면 어느 별로 돌아가겠지만, 곱게 늙어가는 나무는 수백 년 지구의 주인답게 이 자리를 지킨다. 수목원 안에 자리 잡은 이 시대의 지적 성과로 자부하는 책박물관의 나남 책들이 그 시간만큼 형체를 보전할지는 모를 일이다.

수목원을 시작한 것이 퇴계(退溪)처럼 나이 들어 스스로 은거하는 만은(晩隱)을 택한 것은 아니었다. 수목원은 세속의 크고 작은 유혹을 견뎌내고 나 자신을 지키며 숨 쉴 수 있는 출구였다. 가끔은 천둥벌거숭이 아마추어가 세상을 뒤흔드는 역사를 이룬다고도 한다. 20년 가까이 준비한 수목원의 장관에 놀라는 사람들이 많아졌다. 그들의 도시적 상상력을 유쾌하게 배반할 수 있는 규모의 광폭성보다, 이를 부둥켜 앉고 몸부림친 나의 열정을 눈치챘는지도 모른다.

40년 동안 나남출판을 통해 지성의 향기를 나누었다면, 이제는 나남수목원으로 생명을 가꾸는 일이 '세상에서 가장 큰 책'을 만드는 일일지도 모르겠다. 언젠가 어느 나무 밑에 묻힐 때까지 이 길을 가야 한다. 2013년 한겨울 서설(瑞雪)을 찾아 수목원의 아무도 밟지 않은 눈길에 동행했던 임병걸 시인이 〈세상 가장 큰 책〉이라는 시를 즉석에서 선물했다. 퇴계는 자신의 묘비명을 제자나 지인이 쓸 경우, 꾸미고 과장되게 지어 부끄러울까 싶어 스스로 지었다고 한다. 나는 임병걸 시인의 영감을 나의 묘비명으로 그대로 받아들여도 좋겠다며 이 시를 다시 읽는다.

세상을 향해 종이 위에 침묵의 말 건네던 사람
언제부턴가 더 큰 침묵의 소리로 외치기 시작했다

그는 돌멩이로 모음을 쓰고 나뭇가지로 자음을 썼다

흐르는 계곡의 물과 능선을 넘어온 바람으로
줄거리를 만들었다

책은 나무가 산고 끝에 잉태한 아들
평생 책의 아들이었던 그는
연어가 태어난 곳으로 회귀하듯 나무 속으로 들어갔다

그는 세상의 유혹에 흔들릴 때 구상나무 심고
세상이 그리울 때 빠알간 복자기 심었다
세상이 답답할 때는 쭉쭉 뻗는 낙엽송 심었고
세상에 고함치고 싶을 때는 활활 타오르는 자작나무
심었다

때로 그를 시샘한 세상이
폭우를 쏟아부어 나무를 덮칠 때는
뒹굴던 돌을 쌓아 세상의 역류를 막고
흔들리는 마음 단단히 가두었다

마침내 세상 가장 큰 책을 쓰고는
흙 묻은 등산화에 낡은 청바지를 입은 그도
한 그루 느티나무 되어 책 속의 쉼표로 찍혔다
겨울에도 푸른 쉼표로.

2019년은 나남출판 창립 40주년이며, 수목원 설립 10년, '지훈상' 제정 20년이 되는 의미 있는 해이다. 그리고 개인적으로는 나이 일흔을 자축하고 싶은 인간적 욕망을 감출 수 없었다. 이를 기념하는 마음으로 이 책 〈숲에 산다〉를 발행한다.

20년 전인 1999년 박사논문을 책으로 풀어서 펴낸 〈한국언론과 출판저널리즘〉이 나의 첫 책이다. 이 책 〈숲에 산다〉는 10년 전 나남출판 30주년을 기념하며 회갑 무렵에 펴낸 〈언론 의병장의 꿈〉과, 수목원의 꿈이 영글어가던 5년 전 아름다운 숲을 꿈꾸며 펴낸 〈나무 심는 마음〉의 연장선에 있을 수밖에 없다.

이제 '세상에서 가장 큰 책'은 손으로 만지거나 가슴에 품을 수 없는 나무들의 합창인 숲에 있을 것 같다. 또 관찰 기록을 게을리하지 않는다면, 나남수목원에 살고 있는 나무, 꽃들에 대한 정보와 감상들을 모은 〈나남수목원 식물도감〉이 언제가 될지 모르는 나의 마지막 책이 될 수밖에 없을 것이다. (2019.4.)

봄날,
가 보지 않은 길을 간다

 봄날은 강물로 온다. 미루적거리며 자리를 내주기 싫다는 듯 꽃샘추위라는 겨울의 앙탈 속에서 잠자던 강물이 버들강아지의 솜털만큼 빠끔히 눈을 뜬다. 진통 속에 태어나는 아이와 함께 쏟아지는 산모(産母)의 양수(羊水)처럼 강물은 탁한 듯한 뿌연 질서로 이미 봄의 생명력으로 꿈틀거린다.

 버드나무 정맥엔 연둣빛 기운의 피돌기가 완연하다. 자작나무는 하얀 몸통에 낀 겨울의 때를 얇은 박지만큼 벗겨내기 시작했고, 가는 줄기에는 봄의 물이 오르는 흔적을 황톳빛으로 보여준다. 매화꽃 피기 전 통통한 꽃망울의 붉은 심장 같은 탄력성은 하늘을 들었다 놓는다. 한 생명의 탄생으로 부산한 봄날은 그렇게 시작한다.

 지난겨울도 따듯했다. 겨울 평균기온이 영하 2도라는 보고도 있다. 한강도 한 번 제대로 얼리지 못했다. 지구온난화로 인한 기후변화는 눈치챌 만큼 현재진행형이다. 겨울의 강추위가 없는 다음 여름은 병균이 창궐한다는 걱정은 따듯한 겨울을 보낸 사람들의 사치만은 아닐 것이다.

이른 봄 수목원 반송 가지치기를 하면서 녹색의 푸르름에 눈을 적신다. 왜 수목원을 하며 고생을 사서 하느냐고 물으면 이제 그냥 웃어야 한다. 가 보지 않은 길에 대한 환상이나 부러움은 생각하지 않기로 했다. 내가 선택한 길이 고달프더라도 이제 선택의 여지가 없는 막다른 길에 이른 나이 때문이다.

사람보다 사랑을 더 아는 것 같은 3천 그루 넘는 반송들이 제법 의젓하게 나를 반긴다. 말 못 하는 나무라고 내가 쏟아붓는 정성을 모를 리 없을 것이다. 나무는 사람보다 정직하다. 4년 동안 터 잡은 이곳에 17살의 청년 티가 날 만큼 튼실하게 뿌리 내려 이제는 내 키를 훌쩍 넘어선다.

햇볕을 차지하지 못해 스스로 죽은 가지를 솎아주고, 지난 가을 솔잎의 낙엽인 갈비가 엉킨 곳을 털어내며 바람길을 열어준다. 솔잎이 뭉쳐 있는 곳엔 햇볕길을 위해 생가지를 솎아내야 한다. 인간세상에서는 그렇게 어렵다는 반송들의 구조조정이다. 그들은 녹색의 비명을 지르며 희생을 감수한다. 이제는 수형(樹形)을 다듬기 위해 새순을 고른다.

지난해 새로 난 너댓 개의 순들 중에서 우뚝한 '대장 순'을 찾아 자른다. 나머지 순들에게 영양분이 고루 갈 것이다. 반송을 인위적으로 둥그런 수형으로 키우고 싶은 것은 인간의 욕

햇볕 길을 열어주는 가지치기는 반송들의 구조조정이다.

망 탓이다. 또 한 해를 이렇게 나무에 매달리며 녹색의 날숨과 들숨 속에 파묻혀 상상의 생태계를 꿈꾸는 것은 오로지 생명에 대한 애착 때문일 것이다.

자연은 이렇게 의연한데 사람들은 못난 대통령이 저지른 국정농단에 대한 자괴감을 광화문 광장의 촛불행진으로 표출하며 지난겨울을 견뎠다. 대통령이 나라를 사유화하는 분탕질에 자존심이 상한 시민들이 스스로의 자정(自淨)능력을 믿는 씻김굿의 제의(祭儀)에 동참하기 위해 다시 광장에 나섰다. 넉 달 동안 주말마다 만난 그들의 얼굴이 마냥 평화롭고 곱기도 했다.
　국회청문회에서 거짓증언을 일삼던 이른바 권력 주변에 기생하던 그들의 뻔뻔한 민낯에 우리는 분노보다 더 깊은 인간에 대한 연민에 젖기도 했다. 그리고 정말 우리라도 열심히 살아야겠다고 다짐할 뿐이다.

　1백 년 넘은 명문여대의 승마특기생 최순실의 딸 정유라의 부정입학 과정과 대학총장·학장의 영혼 없는 처신에 지성인의 권위가 몰락하는 과정을 씁쓸하게 지켜본다. 그 권위를 다시 일으켜 세우는 데 얼마나 많은 사람들이 오랫동안 밤을 지새워야 할지 모를 일이다.

　오히려 지난 봄여름 내내 대학의 가치를 힘들게 부르짖던 이름 모를 이대생들의 정직한 데모에 이제라도 박수를 보내야 한다. 당신들의 대학의 자존심을 되찾겠다는 의로운 '소리 없는 함성'이 의도하지 않은 결과인 무능하고 부패한 대통령의 파면까지 이르게 했으니 말이다. 항상 처음은 미미하지만 그 결과는 창대할 수 있다. 그리고 젊음은 그렇게 맑고 건강해서 부럽다.

박근혜 대통령 파면을 선고하는 이정미(李貞美) 헌법재판소장의 침착한 목소리가 천둥처럼 울린다. 자유의 종(鐘)이 난타하여 폭포처럼 넘친다. 헌법질서에 의한 새 시대의 팡파르이기도 하다. 헌법재판소 뒤뜰의 6백 년 넘는 백송(白松)이 타는 목마름으로 유별난 봄의 현장을 지켜보고 있다. 그리고 안심하는 듯하다.

　불편했던 한 시대가 간다. 지나간 것은 지나간 대로 그 의미가 있다고 전인권이 〈걱정말아요 그대〉를 열창하며 목이 멘다.

'우리 승리하리라'는 함성 속에서 50년 넘게 떠돌던 쿠데타 대통령 아버지와 그 딸의 희한한 유령과 이제야 결별한다. 박정희 군사문화의 악령에 희생되었던 반짝이던 대학생이었던 나는 이제 칠순을 앞둔 은발의 모습으로 거울 앞에 선다.

홀가분하지도 후회스럽지도 않다. 그들의 덫에 걸려 주술의 끈을 끊어내려고 열심히 살았는지도 모른다. 언론출판의 모서리였으면 어떠랴. 40년 가까이 정직한 3천 5백 권의 책과 그만큼의 좋은 사람들이 지성의 열풍지대에서 어깨 걸고 함께 춤추는데. 또 나무처럼 살고 싶어 고독한 나무가 되었으면 어떠랴. 나무가 모여 숲이 되고 푸른 지구의 한 자락에서 강 같은 평화를 꿈꾸는데.

다시 새롭게 떨쳐나서야 한다. 항상 그러했듯이 가 보지 않은 길을 민주공화국의 주인인 우리가 가야 한다.

한 줌도 안 되는 못난 권력의 껍질들은 부끄러워하게 내버려 두자. 이런 썩은 쓰레기들이 거름이라도 되었으면 하는 바람이 나무 심는 마음인가. 우리 손주들은 이런 세상을 경험하지 않도록 어깨 걸고 함께 격려하며, 외로운 대장정의 길에 한 발짝 내딛을 일이다. (2017.3.)

히어리 꽃은 노랗다

겨울의 자리를 밀쳐낸 수목원의 봄은 노란 색깔로 시작한다. 언제부터 노란색이 희망의 상징으로 사용됐는지는 모를 일이다. 3년 전 숱한 젊은 영혼을 삼킨 세월호의 참극을 애도하고 애타게 구원의 염원을 담은 리본도 노란색이었다. 오래된 영화〈빠삐용〉에서도 주인공이 죽음을 담보로 탈옥에 성공하여 꿈에 그리던 귀향을 환영해 주는 환상도 고향집 앞길에 도열한 참나무 가지에 휘날리던 노란 리본의 물결이었던 것으로 기억한다.

영춘화(迎春化)가 곡마단 천막 위의 깃발처럼 노란 꽃이 만개하면 우리 주변에 익숙한 개나리의 합창이 뒤따른다. 한 걸음 더 들어가 볼 일이다. 생강냄새를 연상하게 하는 짙은 향기로 협곡의 겨울 냉기를 몰아내는 생강나무의 노란 꽃은 산수유와 많이 닮았다. 겨울 냄새로 황량한 겨울나무들 사이에서 제일 먼저 노란 꽃을 피워내야 하는 의지가 생강냄새로 결정되었나 싶어 코

끝이 '알싸한 그리고 향긋한 그 내음새'의 착각을 갖게 한다. 김유정의 소설 〈동백꽃〉은 춘천지역의 사투리로, 남도의 빨간 동백꽃이 아닌 바로 노란 생강나무꽃이다. 그 정취를 같이하려고 수목원에 생강나무 10여 그루를 따로 모아 두었다.

산수유의 꽃은 노란 보석이 박힌 왕관이다. 한 나무에 수천 개의 왕관이 함께 어우러진다. 이 꽃이 가을이 되면 왕관보다 더 많은 새빨간 열매를 준비한다고는 미처 상상하지 못한다. 표피도 아름답고 단풍도 곱다. 얼마 전 작고하신 김종길 시인의 표현처럼 "불현듯 아버지의 서느런 옷자락을 느끼는 것은 눈 속에서 따오신 산수유 붉은 알알이 아직도 내 혈액 속에 녹아 흐르는 까닭일까" 하는 감동이다. 산수유는 지금 심장 속의 박동과 함께한다.

'히어리'는 그 이름만으로도 신선해서인지 외국종을 연상하지만 순수토종이다. 상사화가 맨 처음 파초 같은 잎을 내밀 무렵 봄을 알리는 전령사로 히어리의 노란 꽃은 거꾸로 매달린 보리이삭이나 청초한 신부의 노란 귀걸이 같아 더욱 정겹다. 이창복 박사가 순천 송광사 부근에서 이 나무를 발견할 때 전라도 사투리인 '시오리'(十五里)를 '히어리'로 들었다는 말도 있다. 북한산의 토종 수수꽃다리가 미국으로 건너가 '미스킴 라일락'이 되어 세계적으로 인기 있는 라일락의 이름을 얻어 이제는 우리가 이를 수입한다. 자생식물을 홀대하여 종자전쟁이라는 제국주의의 희생자를 자처한 꼴이다. 이제는 이런 어리석음을 범하지 않겠다고 히어리의 번식연구를 같이했다는 강화도 한수조경 한경구 선배의 배려로 15년 전 광릉집에 히어리를 심었다.

거름을 따로 한 것도 아닌데 양지바른 햇볕만으로도 잘 자라 자랑스럽게도 내 키를 훌쩍 넘어 열세 줄기의 큰키나무가 되었다. 꽃 지고 돋아난 투박하면서도 두툼한 여름 한철의 유별난 잎들도 정감이 간다.

우연히 인터넷 검색을 하다가 낙과(落果)가 되어서도 작은 박격포처럼 몇 초 동안 씨앗을 방출하는 모습을 포착한 호기심 많은 사람의 동영상을 구경했다. 처음 보는 자연의 신비였다.

이런 과정을 거쳤는지 그동안 생겨난 아들 손주 히어리까지 세 그루를 이번 봄에 수목원으로 옮겼다. 많은 사람들과 귀

광릉집에서 18년을 자란 히어리.

한 히어리의 봄날을 공유하자는 뜻을 망설이며 이 나무를 내어 준 아내가 고마웠다. 열 살 먹은 블루베리와 아로니아 40그루를 광릉집에서 잘 키워 보라고 선물하여 서운함을 달래주었다.

이제는 히어리 번식도 일반화되어 작은 나무는 여러 곳에서 눈에 띈다. 수목원에서 가까운 감악산에서 히어리 군락지가 발견되기도 했다.

어제 오랜만에 함께한 저녁자리에서 숲 친구인 조선일보 김민철 기자가 내 글을 봤다며 한국 토종인 히어리를 화제로 삼자 광릉수목원장인 이유미 박사가 조심스런 정보를 건넸다. 일본 후쿠오카에서도 DNA검사까지 마친 히어리가 발견되었다는 연구보고서가 있어 우리나라의 특산식물 목록에 올랐지만 보존희귀종의 자리는 흔들린다고 한다. 제주도 왕벚이 일본에

봄은 노란색으로 온다. 산수유, 히어리, 개나리, 생강나무의 꽃이 그것이다.
2018년의 봄은 이상기후로 히어리꽃이 눈 속에 묻히기도 했다.

건너가 사쿠라가 되었듯이 히어리나무들이 대한해협을 언제 어떻게 건넜는지는 모를 일이다. 아니면 학자들의 연구를 더 지켜보아야 한다. 힘든 일을 하는 연구자들의 일은 그들의 몫이다. 내가 사랑하는 히어리의 꽃은 오늘도 노랗다.

노란색의 봄이 열리면 이제는 하얀 꽃, 연분홍 꽃들의 차례이다. 봄날이 가끔씩 초여름 날씨가 되기도 하는 기상이변의 어수선한 요즈음은 꽃 피는 차례도 꼭 지켜지는 것은 아니다. 가녀린 여인 몸매의 귀한 미선나무가 소복한 하얀 꽃을 먼저 선보인다. 미선나무는 어떤 이의도 없는 우리 토종이다.

    돌 틈에 꽂아 두었던 돌단풍의 하얀 여린 꽃들이 짧은 봄이 안타까운 목련 꽃그늘의 영접을 준비한다.

    그사이 참꽃인 진달래가 삭막한 이른 봄, 아직 겨울옷을 떨쳐버리지 못한 산에 활기를 불어 넣는다. 잿빛 나무들 사이에 혼자인 듯 여럿인 듯 연분홍의 존재감으로 더욱 두드러진다. 나중에 피어날 화사한 철쭉의 붉은 꽃은 화장을 처음 시작한 소녀의 입술처럼 어색하게 붉기만 한 것이다.

수목원의 40년 넘은 진달래는 4~5미터 높이의 하늘을 캔버스로 하여 꽃춤을 춘다. 고개를 젖혀야 볼 수 있는 하늘에 떠 있는 진달래꽃의 군무(群舞)가 봄이 성숙하고 있음을 알린다. 산책로를 만들다 우연히 깊은 산속의 나무그늘 아래 숨어 있던 진달

하늘을 캔버스로 춤추는 진달래꽃의 군무(群舞).

래 군락지를 발견했다. 햇볕 차지하기 전쟁을 치르며 몸살을 앓던 키 큰 진달래나무 십여 그루를 인수전(仁壽殿) 정자 앞 탁 트인 호숫가에 옮겨 심은 보람을 느낀다.

오래전 진도의 어느 미술관에서 보았던 거목의 무궁화꽃들이 한여름의 하늘에 둥둥 떠다니며 뱃길을 수놓는 감동이 아련했기 때문이다. 해서 진달래나무 원형 그대로 하늘을 향해 곧추뻗으며 성장할 수 있도록 가꾸었기에 이런 작은 행복도 함께하는 것이다.

3년 전 울진 대왕금강송을 찾아가던 길에 삼척의 영경묘에 들러 큰절을 올렸다. 25년 전 우연히 들른 나에게 소나무에 대한 천둥 같은 깨달음을 준 황장목 미인송인 장송들을 반가운 마음으로 오랜만에 다시 접견했다. 세상을 다른 눈높이로 보며 치열한 삶을 지치지 않고 견디게 한 인식의 전환이 시작된 곳이기 때문이다.

여기 한구석에서 우연히 내 키를 훨씬 넘는 회양목을 발견한 감동은 신선한 충격이었다. '도장나무'라고 단단하고 더디 자라는 나무가 이렇게 큰 나무가 되기에는 얼마나 오랜 세월을 견뎠는지는 알 수 없다. 회양목도 이렇게 자연스럽게 자라면 이런 나무가 되는구나 하는 깨달음으로 성목이 된 큰 회양목의 자태가 오랫동안 각인되었다.

지난해부터 수목원의 여러 군데 돌계단을 따라 밀식하여 무릎 높이로 잘라 경계를 표시했던 화살나무나 둥그런 모양으로 가꾸었던 소사나무도 넓게 다시 심어 나무 원형대로 자라게 했다. 야만의 주술이 풀린 나무들의 활기찬 새로운 수형(樹形)이 고정관념을 무너뜨리는 낯섦에도 불구하고 그렇게 반가울 수가 없다.

자연 생태계 질서는 있는 그대로가 자연스러울 수 있음은 당연하다. 어찌 보면 지구의 주인은 나무들이며 우리들은 잠시 스쳐가는 소풍객들인데, 사람이 별도의 눈높이로 자연을 재단해서는 안 되기 때문이다.

눈 속에서도 피어난다는 설중매(雪中梅)는 말로만 들었고 이곳 포천은 매화꽃이 늦게 핀다. 꽃을 좋아하는 사람은 '매화나무'라 하고, 열매를 탐하는 사람은 '매실나무'라고 한다. 아무래도

야광나무는 야광주(夜光珠)와 같이 한밤중에도 빛을 낸다.
화려하고 예쁜 꽃으로 벌 나비를 부르며 무르익는 봄을 온통 흰 꽃으로 뒤덮는다.
특히 수목원의 이 나무는 10미터 넘는 큰 나무로 바위를 감싼 뿌리를 드러내며
당찬 생명력을 보여준다. 새잎이 길게 갈라지는 아그배나무와 비슷하다.

일찍 매화꽃을 만끽하려면 따듯한 섬진강 가의 광양까지 발품을 팔 일이다. 그곳 산수유의 꽃궁궐은 덤이다.

흰색과 연분홍이 조화를 이룬 산벚의 화사한 꽃장관이 봄비에 씻겨 새싹에게 자리를 물려주며 꽃비를 내린다. 이미 구룡(九龍)이 넘실댄다는 수세(樹勢)의 귀룽나무는 제일 먼저 싹을 내밀어 우람한 초록의 연꽃봉오리를 만들고 하얀 꽃구름을 준비한다. 산사나무의 하얀 꽃은 가을에 아기 태양 같은 빨간 산사 열매를 예비하기에 신록예찬의 중심에 서는지도 모른다. 연이어 팥알같이 작다는 하얀 배꽃이 뭉게구름처럼 일어나는 팥배나무꽃과 야광나무꽃이 그 자리를 대신한다.

이제 꽃이 진다. 바람 탓만은 아닐 것이다. 꽃이 지는 마음을 우리는 알 수 없다. 이렇게 봄날은 간다. 조지훈 시인의 〈낙화(落花)〉는 기립박수를 받을 만큼 절창이다.

    꽃이 지기로소니 / 바람을 탓하랴
    주렴 밖에 성긴 별이 / 하나둘 스러지고
    귀촉도 울음 뒤에 / 머언 산이 다가서다.
    촛불을 꺼야 하리 / 꽃이 지는데
    꽃 지는 그림자 / 뜰에 어리어
    하이얀 미닫이가 / 우련 붉어라.
    묻혀서 사는 이의 / 고운 마음을
    아는 이 있을까 / 저어하노니
    꽃이 지는 아침은 / 울고 싶어라.

(2017.4.)

나무는 수직으로 자란다

나무는 수직으로 자란다. 이즈음 박차고 솟아오르는 소나무 새순들을 보면 더욱 그러하다. 가지 끝이 어디에 자리 잡았건 돋아나는 새순은 신기하게도 하늘을 향해 곧게 솟는다. 캄캄한 바다에서 북극성을 바라보며 항해의 길을 찾듯, 나무들은 하늘의 어디를 기준점으로 해서 새순을 내는 것일까. 지구의 중력을 수직으로 거스르는 본능이 있는지도 모른다.

잘 자란 반송들은 한 뼘이 넘는 수많은 새순의 커다란 왕관을 머리에 쓰고 있다. 기다란 총을 곧추세운 듯 열병식을 한다. 새순에 잎이 채워지면서 금년에 그 키만큼 자랄 것을 예고한다. 3천 그루 넘는 반송에서 비슷한 크기로 돋아난 초록 왕관은 각각 하나의 보석이 되어 합체하면서 반송 밭 전체가 또 하나의 산만큼 큰 왕관이 된다. 해마다 생명의 환희를 보여주는 장관이다.

몇 년 전 영국 버킹엄궁 앞에서 만난 제국의 후예, 근위병들이 한껏 멋을 부렸던 근엄한 열병식은 이 생명들 앞에서는 오히려 초라하다.

5월이면 소나무의 줄기 끝에서 꽃이 핀다. 소나무는 꽃잎이 없으며 가지 끝에 암꽃과 수꽃이 한 가지에 위아래로 따로 핀다. 소나무는 암수동체이지만 같은 나무의 꽃가루로 수정하지 않는다. 소나무는 꽃가루가 바람에 잘 날릴 수 있도록 암꽃에 비해 두세 배 큰 수꽃덩어리를 피워 꽃가루받이의 성공률을 높인다. 바람이 불면 수꽃의 노란 꽃가루는 화산처럼 터져 노란 송홧가루 바람이 일어난다. 바람결에 실려 온 다른 소나무의 꽃가루를 받아 솔방울을 맺는다. 오래된 왕조의 몰락이 문란한 근친상간의 열패(劣敗) 때문이었음을 아는 듯 이를 극복하고 늠름하게 생태계에서 살아남는 지혜를 갖고 있나 보다.

소나무꽃의 짝짓기는 너무 신중해서 수꽃의 꽃가루가 그 짧은 암꽃 속을 들어가는 데 수개월이 걸린다고 한다. 지난봄에

5월 지구의 중력을 거스르며 치솟는 반송의 새순들.

수정에 성공한 꽃들이 이제야 푸릇푸릇하고 단단한 솔방울을 달고 있다. 그러니 올해 꽃에서 열매를 보기 위해서는 1년 정도 더 기다려야 한다.

      송홧가루 날리는 / 외딴 봉우리
      윤사월 해 길다 / 꾀꼬리 울면
      산지기 외딴집 / 눈 먼 처녀사
      문설주에 귀 대이고 / 엿듣고 있다.

박목월 시인의 〈윤사월〉이 푸르디푸른 하늘을 휘젓는 끈질긴 생명력의 금빛가루인 송홧가루와 함께 그렇게 지나가고 있다. 황사나 미세먼지의 공해에 시달리는 이즈음에는 약재뿐만 아니라 궁중음식으로까지 대접받던 송홧가루의 존재는 더욱 신선하다.

자연은 이렇게 풍요로운데 옛날 농촌에서는 이즈음에는 양식이 바닥난 춘궁기(春窮期)를 보내야 하는 고난의 시절이기도 했다. 이팝나무의 하얀 꽃이 쌀밥처럼 터지기 시작하면 모내기를 준비한다. 숲 어디에도 흐드러지게 피어나는 아카시꽃 향기는 밤이면 여인의 체취처럼 더욱 짙어지는지 허기진 마음에도 꿀처럼 달았다.

    이팝나무는 복개된 서울 청계천 가의 가로수로 자리를 차지하더니 이젠 배고픔의 전설 대신 여유를 부리는 낭만으로 한여름 도회지 길가를 하얀 꽃으로 수놓고 있다. 사방사업과 땔감공급의 임무가 끝났다는 얄팍한 계산으로 수종교체 대상이 되어버린 아카시나무는 안타깝게도 "동구 밖 과수원길 아카시아꽃이 활짝 폈네"라는 동요에 갇혀 버리고 말았다.

나무는 뿌리내린 땅의 경사와 관계없이 하늘로 곧게 치솟는다. 숲의 스카이라인은 나무 키만큼의 뿌리내린 땅바닥의 모양 그대로이다. 우리 삶이 그러하듯 평지의 숲과 산구릉의 숲은 외관상으로는 비슷하지만 딛고 선 환경을 극복한 과정은 다를 수밖에 없다. 사람들은 '기울어진 운동장'이라 하면서 자신이 처한 조건만을 탓한다. 마치 산비탈에 자라는 나무는 기울어진 채 자랄 수밖에 없다는 착각에 빠진 것처럼.

경사가 급한 산비탈에 뿌리를 박고 우뚝 서 수직으로 자라며 숲을 이루는 나무들의 맨바닥을 찾아볼 일이다. 그곳에 꿈틀거리는 생명의 현장을 보면 감동을 받지 않을 수 없다.

경북 울진 소광리의 황장목(黃腸木) 군락지 옆의 서낭당 너머 오른쪽 산등을 타고 한 시간쯤 어렵게 오르면 6백 년이 넘는 대왕금강송(金剛松)을 만날 수 있다. 2~3백 년 된 금강송들의 사열을 받으며 약초꾼이나 다니는 길을 헤쳐 올라야 한다.

그 위용에 무릎을 꿇을 수밖에 없다. 사람이 접근하기도 어

울진 '대왕금강송'.

탄탄한 뿌리들이 얽혀 낭떠러지의 경사면을 극복하며 대왕송이 하늘을 향해 곧게 솟을 수 있도록 다잡아주는 현장이다. 평형을 유지하며 처절한 생존을 위한 투쟁에서 살아남게 한 몸부림의 흔적에 가슴 뭉클하다. 잠깐 스치는 우리의 삶도 비뚤어진 세상에 우리가 똑바로 설 수 있도록 수많은 이런 뿌리들이 각자의 가슴속에 얽히고설켜 있는지도 모른다.

려운 가파른 경사면에 싹을 틔웠기 때문에 천수를 누리며 사람들의 톱날을 피해 살아남았는지 모른다. 그 긴 세월을 넘어지지 않고 견디기 위해서 경사면 반대편까지 사람몸통에 가까운 굵은 뿌리를 내린 현장은 경외감을 넘는 신비감까지 들게 한다.

며칠 동안 미세먼지가 하늘을 가렸다. 숨이 막혔다. 30년 전 헝가리 부다페스트 상공에서 본 대기오염의 풍경이 떠올랐다. 소련제 라다 승용차가 불완전연소하며 배출한 가스 때문이라고 했다. 1952년 12월, 영국 런던에서는 짙은 안개가 공장들에서 내뿜은 매연과 섞이며 발생한 최악의 스모그로 1만여 명이 숨지기도 했다.

아무런 환경대책이 없는 중국의 급격한 공업화와 화석연료인 석탄 난방의 찌꺼기가 황사바람에 실려 왔다. 기대하지도 않지만 이웃의 덕도 없는 우리다. 기후변화로 가속화된 몽골 주변의 사막화로 인한 황사는 어제오늘의 일은 아니다. 우리 민간단체들은 그곳에 나무심기를 벌써 몇 년째 계속하고 있다. 푸른 산을 만들려는 노력은 우리에게 환경의 중요성을 일깨우려는 열정이기도 하다.

눈의 계엄령은 더러운 것을 잠시 덮어주지만, 하늘을 덮은 공해의 찌꺼기를 머리에 이고 살면서 바람의 방향이 바뀌기를 기도해야 하는 오늘이 안타깝다.

어느 숲이든 나무들은 햇볕을 차지하기 위한 치열한 생존경쟁의 의식을 치러야 한다. 빽빽하게 심은 나무는 시루 안 콩나물처럼 가녀린 채 햇볕을 향해 위로만 치솟는다. 수간거리가 확보되지 못해 모두 고생만 하다가 쓸모 없는 나무가 된다. 밀집된 도시의 탐욕을 쫓아 무한경쟁하는 공간인 아파트에 사는 우리 모습이 스친다.

이제는 살아남기 위해 참나무류에 쫓겨 산 능선으로 올라간 소나무들을 보며 엄혹한 생태계의 현실을 되새겨야 한다. 발 없는 나무도 살기 위해서는 움직여야 한다. 부지런히 씨앗을 퍼뜨려 햇빛이 많은 산 능선 쪽으로 걸음을 옮겨야 한다.

굽은 수형(樹形)은 햇볕을 차지하기 위해 몸부림치다 살아남은 궤적이다. 그래서 귀한 대접을 받는다는 뒤틀린 와불(臥佛) 소나무는 사람들의 허위의식이 만든 사치품이다. 모양을 낸다며 굵은 철사 줄로 가지를 동여맨 분재 소나무는 잔인한 식물학대일 수 있다. 나무는 땅에 뿌리박고 곧게 크도록 태어났기 때문이다. 어떤 상황에서든 이를 이겨내는 나무처럼 곧게 살고 싶다.

수목원 책박물관 앞 실개천 가에는 바위를 품고 강인한 뿌리를 산기슭에 굳건히 뻗고 수직으로 크는 70년이 넘는 잣나무가 좋은 선례가 된다. (2017.6.)

가로수는 권력이다

맨 처음 기억하는 가로수는 신작로의 포플러나무와 초등학교 운동장 둘레에 심어진 플라타너스이다. 녹색에 대한 그리움의 원형이다. 하늘 높은 줄 모르고 수직으로 치솟는 포플러와 넉넉한 품을 내어주는 플라타너스의 교차점 어딘가에 소년의 꿈이 있었을 것이다.

뙤약볕에 자라는 벼 들판을 가로지르며 곧게 뚫린 신작로에 열병식을 하는 포플러는 가난하고 힘든 농촌생활을 잠시 잊게 하는 녹색깃발이었다. 한여름 고단한 노동의 열기를 식히는 유일한 그늘이기도 했다. 지금 목가적 농촌풍경으로 노래하는 가로수 그늘 밑은 그때 가난에 찌든 농부들의 서러움을 외면하는 사치일 수 있다.

하루 두세 번 대처(大處)로 나가는 버스가 비포장 신작로에 일으키는 먼지는 또 다른 뭉게구름을 만들었다. 저 구름 너머에는 어떤 세상이 있을까. 그리고 나는 지금 무엇을 기다리고 있는 걸까. 그 포플러 가로수 길은 각박한 농촌을 탈출하는 지평선 너머 새로운 세상을 꿈꾸게 하는 이정표이기도 했다.

포플러는 다만 푸르고 오직 곧게만 자란다. 다른 나무들처럼 수세(樹勢)를 자랑하며 주변 초목을 압박하지도 않고 술책을 부리지도 않는다. 1924년 김교신은 〈포플러나무 예찬〉에서 가지가 줄기에 붙어 하늘로 치솟으며 자신의 길을 가는 포플러의 기상을 호주의 유칼립투스를 떠올리며 신앙의 모습으로 읽었다.

또 30년이 지나면 1954년 백상(百想) 장기영은 '정정당당한 보도'를 기치로 〈한국일보〉를 창간한다. 고정관념의 족쇄를 끊고 하늘로만 치닫는 새롭고 젊은 포플러를 닮고 싶어 녹색의 사기(社旗)를 휘날렸지 싶다. 강호의 인재를 모으고 '대장 기자'로서의 헌신은 한국 저널리즘의 큰 획을 그은 녹색 돌풍이었다. 포플러나무 심기의 캠페인에 앞장선 것도 깊은 뜻이 있었지 싶다. 그 포플러의 푸르름이 마음속에 아직도 자라고 있는지 젊은 날 기자의 꿈을 꾸며 사숙(私淑)한 백상이 창간한 신문에 일흔이 다 되어 이 칼럼을 쓰고 있다.

가로수는 권력이다. 권력자는 가로수의 수종(樹種)을 독점한다. 박정희 시대에는 성과를 빨리 보여주고 싶은 조바심에서 심은 속성수 이태리포플러와 현사시나무가 전국의 길을 덮는다. 가난한 시절 꽃이 쌀밥 같아 좋아했다는 이팝나무가 박정희의 생가 앞까지 가로수가 된다. 대를 이어 청와대에 입성한 딸도 이 팝나무를 기념식수한다. 청계천을 되살린 서울시장도 천변에 이팝나무 가로수 길을 만들었다.

관광객 유치라는 어설픈 명목으로 번지는 벚나무도 있다지만 이제는 여유 있게 백합나무, 산딸나무, 대왕참나무를 가로수의 주종으로 세대교체하는 오늘이다.

조밀한 도시는 콘크리트 같은 탐욕이 항상 먼저이다. 녹색공간이었던 가로수는 상가 간판을 가리거나 고압전선의 방해물로 취급된다. 해마다 플라타너스의 몸통만 남기고 무자비하게 가지치기하는 만행을 저지르고 자연스러운 열매 냄새가 불편하다고 은행나무를 베어 낸다. 자동차 우선주의에 내몰린 좁은 인도를 넓힐 생각은 뒷전이다.

30년 전 톨스토이 생가를 찾아가던 러시아의 도로와 생활공간 사이에 겹겹이 넓은 녹색 띠를 두른 가로수의 기억이 새롭다. 그 녹색공간에 가난하지만 여유 있는 사람들의 삶이 엿보였다. 미국 보스턴 MIT대학 앞 넓은 길가에 촘촘하게 심어진 독일 참나무인 '핀오크' 가로수 길은 숲길 같았다. 언제까지 땅 넓은 나라의 풍경일 뿐이라고 부러워해야 할까.

30년 전 한강을 따라 뚫린 백 리 길 88올림픽도로에는 귀하다는 느티나무와 학자수(學者樹)인 회화나무가 가로수로 등장했

88올림픽대로의 가로수로 등장한 느티나무들.

다. 넓은 대로의 양쪽엔 태양을 한가슴 안고 뻗어갈 수 있으며 가지치기의 학대도 받지 않는 원형 그대로의 우람한 녹색공간이 펼쳐졌다. 공공재인 가로수에도 예의를 차려 나무를 심은 선각자를 가진 행복에 감사해야 한다.

　차 막힌다고 짜증날 때마다, 무슨 탐욕을 찾아 서두르기에 이렇게 바쁜가를 되뇌어 보자. 눈을 들어 잠시 하늘을 보고, 잘 자란 이 나무들의 안부도 물을 일이다. 가로수의 세련된 권력을 기대해 본다. (2017.6.)

한여름 백일의
배롱나무 꽃그늘

나무 심는 마음으로 죽기 전에 하고 싶은 버킷리스트 중에 배롱나무와 대나무를 가까이에 가꾸는 일을 넣었다. 모두 남녘에서 자라는 나무이니 유년의 어떤 기억들을 이곳 경기 북부에서 실체화하고 싶은 욕심이었을 것이다. 이곳에 따듯한 남쪽의 겨울바람까지 옮겨올 수는 없는 일인데도 말이다.

남도의 흔한 풍경이지만, 고향 집 뒤는 조그만 대밭이다. 한겨울 밤 북풍에 푸른 댓잎이 부딪쳐 내는 소리의 오묘한 운율 속에서 꿈꾸며 자랐다. 원시적 태고의 음향이었거나 더 큰 세상의 문을 두드리는 비밀신호였는지도 모른다.

초등학교 무렵 무뚝뚝한 아버지가 가는 대나무인 시누대로 방패연을 만들어 주었다. 동무들과 함께 한겨울 언덕에 올라 연을 날린다. 찬바람을 맞으며 연을 서로 높이 올리려고 얼레를 풀어 연줄을 당기며 추위도 잊는다. 산 너머 어딘가로 꿈을 날린다. 바람을 품은 연이 올라가는 높이의 하늘이 내가 처음 만져본 하늘이었다. 이제 내가 도시의 아이인 손주에게 연을 만들어 주며 그때 내 모습을 애써 그려보지만 아버지의 그리움만 샘솟아나는 세월의 안타까움뿐이었다.

출판사를 시작하고 한두 해 지나 종로1가 1번지에 문을 연 교보문고의 1층 넓고 높은 로비에 왕대나무밭이 생겼다. 화려한 현대식 교보빌딩에 이런 과감한 녹색공간을 만든 신용호 설립자의 마음속 어딘가에도 그이의 고향 전남 영암의 대밭처럼 해마다 희망의 죽순이 솟아났을 것이다. 자신만이 아는 마음의 평화를 만든 신의 한 수가 부러웠다. 시간이 되면 찾는 교보문고는 직업으로의 책보기는 둘째가 되고 이 대나무 찾는 일이 우선이 되었다.

대나무숲의 바람소리를 꿈꾸며 파주 출판사 4층에 마련한 공간.

이런 공간을 욕망하기 시작한 지 20년 만에 파주 사옥을 지으면서 건물 안에 마련한 반(半)유리온실 속에 하늘로 치솟는 자그만 대밭을 만들어 가슴에 품었다. 또 20년이 지나면 수목원에 왕대나무가 자랄 커다란 온실을 지을 꿈을 꾸고 있다.

한여름의 꽃그늘은 귀하다. 여름이 깊어가고 녹색이 사나워지는 뜨거운 여름이다. 그 백일 동안 피고지고를 계속하는 배롱나무의 붉은 꽃들이 화사한 충격을 준다.

나무는 우리들이 견디기 힘들어 지칠 수밖에 없는 한여름의 무더위 속에서 부쩍 자란다. 나무처럼 늙고 싶으면 나무처럼 살아야 한다. 여름을 나무처럼 견뎌야 하는데 이때 배롱나무의 꽃그늘은 하늘이 준 선물이다.

지구온난화의 영향인지 요즘에는 남쪽에서 자라는 배롱나무를 서울 시내 길가에서 자주 마주치기도 한다. 며칠 전 일본을 다녀오면서 영종도 인천공항에서 본, 벌써 15년째 건강하게 잘 자라는 배롱나무들이 반가웠다. 하기는 이곳 파주출판도시에도 여러 그루가 자란다.

30년 전 독일 프랑크푸르트역 앞 광장에서 감동스럽게 보았던 미국 조너선 보로프스키의 작품 〈망치질하는 사람〉이 키 22미터, 무게 50톤의 거대 공공설치물로 광화문 신문로의 흥국생명빌딩 앞에 모습을 보인 것은 2002년 월드컵이 있던 해였다.

인천공항 주차장 주변의 배롱나무들.
어떤 선지자가 공항에 의미를 부여하려고 이 나무를 선택했을 것이다.

파주출판도시 어떤 선한 출판사 앞에서도 잘 자라는 배롱나무. 오직 부러울 뿐이다.

노동의 신성함을 생각한 작가의 의도를 살려 확 트인 광장이었으면 그 의미가 더 컸겠지만 우리의 망치질하는 사람들의 현주소처럼 좁은 공간에 갇힐 수밖에 없는 안타까움이 있었다.

바로 이웃한 정동 상림원에 살면서 집에 가는 길은 나만의 행복한 지름길이었다. 이 빌딩 로비에 있는 강익주의 거작 벽화 〈아름다운 강산〉을 일별하고 뒤로 나가면 거목의 와불 소나무와 수령이 오래된 아름다운 배롱나무들을 만나기 때문이다. 지나칠 때마다 고향길 가로수로도 심은 나무들이 반갑기도 하고 이 나무를 정성스럽게 가꾸는 혜안을 가진 건축주에게 절이라도 하고 싶었다.

배롱나무에 대한 첫기억은 초등학교 때 장흥 억불산 소풍 길에서 마주친 무릉도원 같은 풍경이었다. 임진왜란 때 호남의 최초이자 최대의 의병을 일으킨 고경명 의병장 집안 고택(霧溪古宅)의 연못(松百井)가를 두른 오래된 50여 그루 아름드리 배롱나무 군락이다. 멋대로 구부러지며 자란 배롱나무 가지 끝은 매혹적인 자홍빛 꽃이 무성하게 달렸다. 꿈인 듯 비현실적 모습에 입을 다물 수 없었다.

매끄럽고 두툼한 줄기가 이리저리 꺾인 모습이 근육질 남성의 팔뚝 같았다. 진분홍색 일색인 여느 배롱나무꽃과 달리 송백정에는 4가지 색의 꽃이 핀다. 분홍, 보라, 연보라, 하양. 눈부신 색채의 꽃궁궐이었다.

담양 명옥헌 원림(園林)의 배롱나무 군락.

 안동 병산서원의 4백 년 가까이 잘 자란 배롱나무들의 미끈한 기품은 어떠한가. 한없이 그 품에 안기고 싶었던 전남 담양 명옥헌 원림(園林)의 3백 년 넘는 배롱나무 군락의 꽃대궐은 이제 국가명승의 화관을 썼다.

 어머니가 평생 다니셨던 천년고찰 장흥 보림사 대웅전 곁의 배롱나무도 잊을 수 없다. 보림사는 400년생 비자나무 600여 그루가 울창한 군락을 이뤘다. 대웅보전 앞에도 커다란 배롱나무 한 그루가 운치 있게 서 있다. 자홍색 꽃은 푸른 하늘에 대비돼 더욱 농염한 모습이다.

 수목원에 남도의 배롱나무를 품고 싶었지만, 경기 북부의 추위를 견디기 어려울 것이라며 생각을 접어야 했다. 그 안타까움을 장마가 시작되기 전에 붉은 꽃을 피우는 흔하디 흔해 그냥 지나쳤던 싸리나무에서 찾았다. 배롱나무꽃의 환영(幻影)을 보듯 피어오른 꽃무리인 싸리꽃으로 대신해야 했다. 그러나 작고 몽롱한 듯한 싸리꽃으로는 한여름 땡볕과 정면승부하며 더욱 화사해지는 배롱나무꽃에 대한 그리움을 가릴 수 없었다.

지난가을 경기도 양평에서 5년을 키웠다는 배롱나무 55그루를 어렵게 구해 수목원 인수전 앞 호숫가에 심었다. 비슷한 추위에서 묘목부터 자랐다니 이곳에서도 충분히 견딜 수 있으리란 믿음이 있었다. 영하 20도를 넘나드는 겨울나기를 위해 몸통과 줄기를 베로 감고 2미터 남짓의 나무 전체를 비닐로 덮어 감쌌다. 겨우내 어울리지 않게 비닐막을 뒤집어 쓰고 보초를 서면서 찬바람을 이겨냈다.

초조하게 봄날 새싹을 기다리는 마음에 애간장이 탔다. 조그만 꿈의 실현이라도 기다림을 견딜 인내심을 준비하지 않고는 함부로 시도할 일이 아니다. 그것이 생명에 관한 일일 때는 더욱 그러하다.

배롱나무의 새순도 대추나무처럼 늦는 모양인지 봄날이 다 가고서야 그 모습을 보였다. 반갑고 기뻤다. 이제 참새혓바닥(雀舌) 같은 여린 잎에서 벌써 화사한 붉은 꽃을 상상해 본다. 몇 그루는 마지막까지 눈을 뜨지 못했고, 힘이 부친 녀석들은 물을 빨아들이지 못한 몸통 대신에 뿌리 부근에서 새 줄기를

나남수목원에서 자라는 배롱나무.

다시 밀어냈다. 또 한두 해 비닐막 속에서 겨울을 더 지새운다면 그다음 해에는 호숫가 배롱나무 꽃궁궐에 파묻힌 나를 발견할 수 있을 것 같다. 작은 꿈이라도 꿈꾸는 자가 창조한다고 했다. (2017.7.)

시간은 쌓인다

　시간은 흐른다. 흐르는 강물처럼 역사가 흐른다. 시간이 쌓이는 곳도 있다. 숲이다. 세월의 부피만큼 나무는 성장한다. 시중에서 거래되는 나무의 값이란, 지나가버린 시간들을 돈으로 환산하여 되찾는 유일한 셈법에 다름 아니다. 어느 나무인들 어느 곳에 꽂혀 그만큼의 세월이 지나면 그 시간만큼 성장하지 않겠는가. 그 시간의 쌓임을 돈을 주고 사는 것이다. 지금부터 덧붙여지는 시간까지를 나무를 통해 소유하는 것이다.
　나무의 나이테는 시간이 쌓이는 등고선(等高線)이다. 삶의 지도를 입체적으로 보여준다. 나이테의 숫자가 그러하거니와 그 폭의 넓고 좁음에서 시간들의 평화와 고통까지도 극명하게 증언한다. 우리들의 얼굴에도 시간이 쌓이는 궤적이 그려진다. 시간의 숫자와 그 깊이까지 주름살로 표식을 하는지도 모르기 때문이다. 그것이 훈장이거나 삶의 멍에의 흔적이어도 할 수 없다. 자신의 삶을 책임지는 얼굴은 각자의 몫이다.

기후변화가 심상치 않다는 지금, 나무가 여름을 통과하는 성장 의식을 곁에서 지켜보아야 한다. 입추(立秋)가 지났지만 무더위는 여전하다. '입춘 추위'가 한겨울 추위보다 더 맹렬하듯, '입추 더위'도 그러하다. "이제 입추이니 조금만 더위를 견뎌내면 가을이다"라는 자기암시는 무더위의 절정에 입추라는 절기를 그려놓은 선조들의 지혜일 수 있다.

이즈음은 나무들에게는 금년 마지막 성장의 용틀임을 해야 하는 야생의 시간들이다. 이제는 일상이 되어 가는 봄가뭄의 타는 목마름에 몸살을 앓았기 때문에 더욱 그러하다.

구름 한 점 없이 공활한 가을 하늘을 흉내낸 하늘에서 햇살이 화살처럼 내리꽂힌다. 바람 한 점 없다. 기압골을 그리며 고기압과 저기압의 흐름을 과학적으로 설명하는 일기예보도 이 무더위에 위로가 되지 않는다. 정밀(靜謐)한 정적이다. 나무들이 헉헉 토해내는 산소들에도 숨이 막힌다. 땡볕인 묘목밭의 풀을 뽑는다고 조금만 움직여도 땀이 비 오듯 한다. 숲의 여유를 찾으라는 아내의 충고도 크게 도움이 되지 않는다.

우선은 일사병의 위험을 건너뛸 수 있을 만큼 욕망을 내려놓아야 한다. 그리고 문명의 에어컨 바람에 약해진 면역체계를 탓하며 서늘한 숲속으로 잠시 발길을 옮긴다. 여름 숲은 항상 축축하다. 밤에 낮아진 대기 중의 포화수증기량 때문에 물 분자들이 방울이 되고 빗물이 되어 아침 숲을 적신다. 대기 중의 열

수목원의 한여름. 정밀한 공간에 정중동(靜中動)의 흐름이 있다.

을 흡수하여 증발시킨 숲은 항상 서늘할 수밖에 없다. 숲은 물과 빛의 조화가 이루어지는 현장이다.

사람들이 가장 힘들어 하는 지금이 나무들에게는 최적의 성장 환경이다. 나무들이 지금 무더위 속에서 이렇듯 미친 듯(狂) 성장열차를 타지 않고서는 한겨울을 나목(裸木)으로 견딜 내공을 쌓을 수 없다. 그렇게 성장하는 나무의 거친 기관차 같은 숨소리가 교직(交織)하는데, 사나운 여름은 오히려 무섭게 적막하다. 먹이를 탐하는 산새들의 노래에 한눈 팔 새가 없다. 공기 중의 질소를 자연비료로 만들어 준다는 몇 번의 천둥벼락이 채찍질할 뿐이다.

시간이 쌓이려면 우선 잠시 멈춰야 한다. 이 위대한 여름을 온몸으로 안아야 한다. 지금은 사람이 자연의 운행에 끼어들 틈이 없다. 그냥 자연스럽게 자연에 맡기고 지켜볼 뿐이다. 항상 지나친 것이 못 미침보다 못하다(過猶不及)는 것은 백 년을 못 사는 사람들의 한가한 예의(禮儀)일 뿐이다. 나무들은 사람의 기준으로는 지나쳐도 한참을 지나치는 성장통(成長痛)을 앓으면서 경외감을 일으키는 큰 숲을 만들고 있다. 미쳐야(狂) 미친다(及)는 실천을 몇백 년을 되풀이하는 생태계의 현장이기 때문이다.

시간의 매듭을 찾아 의미를 부여하려는 한가한 생각은 유한한 삶을 사는 우리들의 안타까움에 다름 아니다.

이제는 나무와 함께 살면서 얻은 것이 많아진다. 삶에서 무슨 일이든 사계절의 비바람과 폭염과 장대비와 혹한이 열 번은 넘어야 비로소 조금 보이기 시작한다는 것을 배운다. '10년이면 강산도 변한다'는 농경사회의 셈법이 그것이다. 이곳 경기도 포천 신북면 갈월리 20만 평 산에 수목원 건설의 삽을 뜬 지 10년이 다 되어 간다.

우선 시간에 대한 개념이다. 스물두 살의 자서전에는 학생운동의 열풍 속에 소용돌이치던 내가 어느 날 강원도 화천 최전방 고지의 낙숫물 떨어지는 내무반 처마 밑에 이등병 모습답게 쪼그리고 앉아 있다. 가끔씩 고드름이 떨어졌으니 따뜻한 봄볕에 지붕의 눈이 녹으며 떨어지는 눈물을 하나둘 하릴 없이 헤아렸지 싶다. 눈이 녹으면 물이 된다. 아니 눈이 녹으면 봄이 온다. 그 길목이었을 것이다.

내가 왜 여기에 있는가, 나는 누구인가의 되풀이되는 통속적 상념 속에 천둥번개 같은 깨달음이 스쳐갔다.

대학 도서관에서 청운의 큰 뜻이라도 움켜쥐려고 책 앞에 앉았던 젊은이가 중앙정보부에 쫓기고 제적되고 입대하여 세상과 소식이 끊긴 지 여섯 달이었다. 여섯 달이라는 시간은 그렇게 혼자서 몇 차례나 환호하고 절망하고 애타게 기다리고 또 한숨 쉬며 포기하기도 하는 길이와 폭이라는 것을 깨달았다. 과장한다면 시간의 허리춤을 잡고 그 치수를 쟀던 경험에 다름 아니다.

하늘이 손수건만큼만 보이는 첩첩산중의 연병장에서 아침 점호가 끝나면 10킬로미터 단독군장의 구보가 시작된다. 엊그제까지 선언문의 붓대를 잡던 대학생은 나약한 체력으로 공포의 뜀박질에 광기가 스친다. 구령에 편승해 세상에 욕이라도 내뱉다가 차츰 무거운 철모를, 나중에는 어깨에 길게 걸친 미군이 남기고 간 기다란 M1 소총도 내동댕이치고 싶은 생각까지도 치민다. 그러나 내가 왜 이 짓을 해야 하는가 하는 분노는 가냘픈 거미줄로 짜인 그네뜀기만을 몇 차례나 반복하며 다스릴 수밖에 없다.

혼자 뛰기에도 벅찰 텐데 옆의 선임이 내 철모를 받아준다. 반환점을 돌아올 무렵에는 무거운 M1 소총도 받아준다. 탈락자가 생기면 단체기합을 받는다는 두려움이 아니라 오히려 '처음에는 다 그래' 하는 격려의 미소가 엿보인다. 나는 언제 옆 사람에게 이런 도움의 손길을 한 번이라도 내밀어 본 적이 있었던가. 고맙기도 했지만 생각해 보면 민망하기 이를 데 없었다.

그렇게 여섯 달이 지나면 동이 트는 새 아침에 헉헉대며 구보하는 신병의 철모를, 소총을 받아주는 허벅지가 탄탄해지고 가슴이 넓어진 나를 발견한다.

꼭 그만큼의 시간이 지나야 하는지는 모르지만, 최전방 방책선으로 유배보낸 독재자의 의도와는 달리 그때부터 50년은 더 버틸 체력과 마음씀씀이를 이때 길러준 결과가 되었다. 꿈꾸는 자가 창조한다고 했다. 꿈꾸는 여유도 갖지 못한다면 이들에게 지는 것이다. 그리운 것은 그리워하자고 했다. 군사독재의 칼날에 좌절하고 살 수만은 없었다.

원시시대가 갖는 태고의 음향이나, 비무장지대의 생태계 속에 산(山)사람처럼 나무들의 숨소리와 꽃바람을 이렇게 가까이 껴안고 뒹굴며 세 번씩이나 사계절을 보낼 수 있는 행운이라고 다짐해야 했다. 20대 초반의 가난한 몸과 마음이 혹독한 훈련과 비겁한 감시 속에서도 인간 본연에 더욱 정직할 수 있었던 것도 이런 이유에서였다.

강원도 화천 최전방 백암산에서 겪었던 체화(體化)된 계절의 감각이어서인지 의도하지 않았는데도 어쩌면 자연스럽게 60대가 되면 이렇게 수목원의 나무들 앞에 서 있는지도 모른다.

이때 깨달은 시간의 길이가 갖는 의미는 오랫동안 나를 지배했다. 수목원 탄생을 위해 일할 수 있는 시간은 1년의 절반에 불과

하다는 것을 새삼스럽게 알았다. 4개월은 땅이 얼어붙고, 한 달 반은 장마에 시달리고 가끔씩 쏟아지는 빗줄기에도 하루 이틀은 놀란 흙 위에서 일할 수 없다. 말로는 농부의 마음을 갖는다고 했지만 아직도 똬리 틀고 있는 도회지의 조급한 욕망의 찌꺼기를 극복하지 못한 마음을 다스려야 했다. 그렇게 보낸 수목원에서의 9년은 뼛속까지 자연의 생태계에 적응해 보려고 몸부림친 시간들이었다.

이제는 나무와 함께 살면서 삶에서 무슨 일이든 사계절을 열 번은 견뎌내야 비로소 보이기 시작한다는 것을 배운다. 처음 엄나무 1천 그루 묘목을 키우면서 보았던 뾰쪽한 어린 가시들의 인상적인 변화도 그렇다. 가시는 처음에는 자신을 보호하는 장치였다. 아카시나무도 그렇다. 그러나 10년이 넘어서면 엄나무 몸통에는 가시가 흔적만 남고 감쪽같이 사라진다. 이제는 스스로 지킬 수 있으니 그런 가시가 필요 없게 된 것이다.

시간이 쌓여 가는 숲속에서 역사의 위대한 어떤 장면은 사회관행의 울타리를 뛰어넘어 보려는 아마추어의 유쾌한 반란이 성공한 힘겨운 몸부림의 그림이었음을 되새긴다. 그렇게 시간이 쌓이면서 수목원의 위대한 여름이 가고 있다. 엊그제는 귀뚜라미가 울기 시작하는 처서(處暑)다. 비 내리는 처서에 벼가 제대로 팰까를 걱정하는 농부의 시름도 들리는 듯하다.

(2017.8.)

'손기정참나무' 혹은 '손참나무'

숲에는 향기가 있다. 숲향기가 그것이다. 수목원을 찾는 사람마다 항상 처음으로 하는 말은 '역시 공기가 다르네요!' 하는 탄성이다. 숲향기와 함께 산새소리와 계곡 물소리에 욕망에 찌든 저잣거리의 먼지를 털어내는 경계를 넘는다는 신호이다. 숲향기는 꼭 집어 무슨 향기라고 말할 수 없는 숲에 배어 어우러진 공기로 느끼는 합창이다. 벌써 눈은 들국화라고 불리는 베이지색보다는 하얀, 키 큰 구절초 꽃들이 흐드러지게 피었던 벌개미취 꽃 자리를 대신 채우는 초가을에 압도되고 있다.

스스로 향기를 발산하는 나무로 계수나무와 '대왕참나무'를 꼽는다. 수목원에도 여러 곳에 계수나무를 심고 항상 물이 마르지 않는 작지 않은 계곡길을 따라 '대왕참나무' 50여 그루를 키우며 숲향기를 꿈꾼다.

성장과정에서 내게 의미가 있었던 나무들을 찾아 직접 키우려고 수목원을 욕망하기 시작했다. 어느 나무 밑에 묻힐 때까지 계속될 일이다. 나무를 통한 나의 스토리텔링의 궤적이 작은 역사가 될 것이기 때문이다. 부분의 합이 훨씬 큰 전체가 되어 의도하지 않았던 위대한 숲이 될지도 모를 일이다.

'대왕참나무'의 수해(樹海)를 가슴 뜨겁게 안은 것은 10년 전 미국 보스턴의 MIT대학을 구경하고 나오던 언덕 위에서 갑자기 눈앞에 펼쳐진 바다 같은 이 나무의 가로수 길 숲을 마주쳤을 때였다. 아들이 유학하던 코넬대학에 있는 뉴욕대 농대의 수목원을 찾아가던 길에 들른 것이다.

갑자기 새빨갛게 단풍이 드는 복자기단풍보다 초록이 느릿느릿 물들어 가는 '대왕참나무'의 단풍에서 가을이 가는 시간을 지켜본다. 느슨한 별모양의 잎도 유별나지만 낙엽이 지기 전 떨어진 까만 껍질에 소중하게 싸인 큰 흑진주 같은 도토리는 그

미국 보스턴 MIT공대의 언덕에서 바라본 핀오크 숲.

렇게 앙증스럽다.

내가 '대왕참나무'와 사랑에 빠져들기 전에 이 나무는 서울에 들어온 지 벌써 80년이 지난 것을 알았다. 나무사랑의 눈썰미가 고수인 〈한국일보〉 이계성 논설실장의 귀띔 때문이었다. 그는 지난 5월 나남책박물관 개관식 때 세련된 산악인의 차림으로 수목원을 스스럼없이 찾았다. 나는 수목원 현장의 경험으로, 그는 인문학적 상상력을 바탕으로 여러 나무들에 얽힌 이야기로 귀한 시간을 공유했다. 숲은 사람들의 체면이나 허세를 무장해제시키는 묘한 힘이 있는 모양이다.

1936년 8월 9일, 독일 베를린의 한여름은 무척 무더웠을 것이다. 히틀러 총통의 2차 세계대전의 야욕이 올림픽의 깃발 속에 꿈틀거렸기 때문이다. 세상이 지켜보는 영광의 절정인 베를린 올림픽 마라톤 시상대에 우뚝 선 조선의 건각 손기정(孫基禎) 청년은 독일 사진가의 표현처럼 '세상에서 가장 슬픈 표정'의 사진으로 기록된다.

2시간 넘게 이를 악물며 달려 자신을 이겨낸 장거리 주자(走者)의 고독도 조국이 없는 안타까움에 비할 바가 아니다. 결승점에서 1백 미터 뒤져 동메달을 받은 남승룡 선수도 그러했을 것이다. 고개를 떨군 승자들. 가슴에 주홍글씨처럼 새겨진 일장기 때문이다. 식민지 청년이 온몸으로 감당해야 하는 비극의 절정이다. 내심 아리안족 백인의 우승을 기대했던 히틀러 총통

1936년 베를린 올림픽에서 우승한 손기정.

은 일독(日獨) 동맹을 떠올렸는지 일장기를 단 손기정에게 자신의 일인 양 기뻐하며 축하의 월계관을 씌워준다. 그리고 싱싱한 독일 참나무 묘목 화분을 부상(副賞)으로 가슴에 안긴다. 이 화분으로 가슴의 일장기를 가리자 손기정의 얼굴에 인간승리의 기쁨이 배어났다. 올림픽 마라톤 금메달의 감동이 뒤늦게 번졌는지도 모른다.

서울에서 손기정의 감격적 우승을 보도하는 〈조선중앙일보〉와 〈동아일보〉(1936.8.13.)의 목숨을 건 일장기 사진 말소사건은 며칠 뒤의 일이다. 사진 아래에는 "머리에 월계관을 쓰고 손에 상수리나무를 든 마라톤 패왕"이라는 설명도 있었다. 독립운동으로 옥고를 치렀던 〈동아일보〉 이길용(李吉用) 기자가 사진부 신낙균(申樂均) 등과 의논하여 동판사진 중 일장기 부분을 청산가리 농액으로 말소하여 보도하는 모험을 감행한다. 또 하나의 독립운동이었다. 이 사건으로 〈동아일보〉는 9개월간의 장기정간을 당했다.

손기정은 이 화분의 나무를 서울역 뒤 중림동 만리재 언덕에 있는 모교인 양정고에 심었다. 오늘의 영광은 이 교정에서 시작

일본 〈오사카 아사히〉 신문(8월 23일 자, 왼쪽)과 〈동아일보〉(8월 25일 자) 보도사진.

되었다는 상징은 식민지 시절을 넘어 푸르게 기상을 떨쳤다.

이제는 손기정기념관이 된 그 자리에서 '월계관 나무'로 불리며 90년 넘는 거목으로 자랐다. 역사의 행간을 읽는 의미로 '서울시 기념물 제5호'의 영광도 안았다.

이 나무가 '대왕참나무'라고 불리는 '핀오크'(Pin Oak)이다. 손기정의 월계관도 물론 이 나무의 잎과 가지로 만든 것이다. 우리의 무궁화처럼 독일 동전에도 그려진 독일사람들이 사랑하는 독일 참나무이다. 1980년 이후 이 나무가 백합나무처럼 미국에서 수입되어 이제는 가로수 길에서도 눈에 띄게 일반화되고 있다. 그러나 '핀오크'의 번역으로 근거를 찾을 수 없는 '대왕참나무'라는 이름은 어색하기 이를 데 없다.

'참나무'라는 별도의 나무는 없다. 열매인 도토리가 가장 큰 상수리나무, 도토리가 가장 작은 졸참나무, 잎을 떡 찔 때 쓴다는 떡갈나무, 짚신에 덧깐다는 신갈나무, 나무에 골이 깊이 파인 굴참나무 6형제 '참나무류'를 '참나무'라고 부른다. 가을꽃을 이르는 '들국화'도 별도로 있는 것이 아니라 야생의 구절초, 벌개미취, 쑥부쟁이, 황국, 감국을 아울러 부르는 말이다.

이제 이 나무를 '손기정 참나무' 혹은 '손참나무'라고 이름을 부르자. 이 이름이어야 우리 젊은이들이 그 역사성의 치열함을 다시 깨치고 거목의 품에서 전설의 부활을 꿈꿀 수 있다. 정명법

나무 크기를 가늠하기 위해
직접 나무 앞에 서 보았다.

그때의 월계관 나무가 이만큼 자랐다.
생전에 양정고 교정을 찾아 기념나무를
껴안은 손기정 옹.

(正名法)은 형이상학의 거대담론에 있는 것이 아니다. 김춘수 시인처럼 "내가 그의 이름을 불러 주었을 때 그는 나에게로 와서 꽃이 되"기 때문이다.

서울올림픽 다음에 열린 1992년 스페인 바르셀로나올림픽 마라톤에서 황영조(黃永祚) 선수는 악마의 구간인 몬주익 언덕을 넘으면서 고통을 이겨내려 '손기정'을 외쳤다 한다. 4년 전 서울올림픽 성화봉송의 마지막 주자인 76세 역사의 거인 손기정의 피맺힌 염원이 주술처럼 그의 등을 든든하게 받쳐 주었는지도 모른다. 그리고 그 꿈을 이루어냈다.

태극기를 가슴에 새기고 월계관을 쓴 그의 기관차 같은 심장은 또 다른 '손기정'의 꽃이었다. 시상대 위에서 태극기 밑에 일장기와 독일국기가 오르는 것을 보고 66년 전 손기정 선수의 감동과 고뇌가 떠올랐다는 그다. 손기정 옹은 "오늘은 내 국적을 찾은 날이야. 내가 노래에 소질이 있다면 운동장 한복판에서 애국가를 우렁차게 불러보고 싶다"고 화답했다.

현대 물질문명의 편한 것만 찾아 자꾸 왜소해지는 세태 때문만은 아니겠지만, 우리 역사에 처음이자 마지막이 될지도 모르는 '손기정 참나무'의 위대한 부활에서 도도한 시간의 흐름을 읽는다. 나무는 바로 역사다. (2017.10.)

"오메 단풍 들것네"

이마에 스치는 삽상한 기운이 가을이다. 한번은 고개를 들어 공활한 하늘에 잠긴 산이라도 둘러볼 일이다. 계절의 감각을 찾아 욕망의 다람쥐 쳇바퀴를 벗어나는 작은 반란이라도 조심스럽게 감행할 일이다. 계절이 다른 색깔로 색칠한 익숙한 것들의 새삼스런 변화에 눈이 부시다.

위대한 여름의 천둥 몇 개씩이나 품었던 열매를 맺고는 내년 봄의 나무건강을 위해서 잎을 떨굴 준비를 하는 빛과 색의 향연이 절정이다. 계곡의 물소리도 한층 맑고 청아하다.

자연의 아름다움 앞에 겸손해야 한다는 다짐 속에 또 한 해가 지나는 쓸쓸함도 언뜻 스친다. 잎을 떨군 정직한 나목(裸木)의 모습대로 한겨울을 견뎌내고 봄을 준비해야 하는 나무들의 결연함도 예비되어 있다. "시몬, 너는 좋으냐? 낙엽 밟는 소리가"라는 낭만은 나무들의 살신성인(殺身成仁)의 메아리일 수 있다. 버리지 못하면 새로 얻지 못한다. 낡은 인연에서 헤어나지

2017년 가을, 나남수목원 책박물관 앞 호숫가에서.

수목원 안에 〈닥터 지바고〉의 자작나무숲을 꿈꾸어 본다.
파주 적성농장에서 키웠던 최초의 자작나무들이 수목원에 자리를 잡았다.

못하고 익숙한 일상에 가까스로 안심하는 우리들에게 해마다 내리치는 나무들의 죽비소리인지도 모른다. 항상 푸르다는 소나무도 솔잎 몇몇은 노란 낙엽인 갈비를 바람에 흩날린다.

누이가 서성거리는 뒤뜰 장독대에 날아든 붉은 감잎 한 장에 가을이 무르익는다. 모란이 피기까지는 찬란한 슬픔의 봄을 기다리겠다는 김영랑 시인이 가을을 맞는다. 〈누이의 마음아 나를 보아라〉에 가득 찬 가을 풍경은 "오메 단풍 들것네!"라는 탄성이다. 누이와 시인의 합창인지도 모른다.

감나무는 고향이다. 오늘따라 아버지가 장대 끝이 미치지 못해 까치밥으로 남긴 마지막 빨간 감 하나가 그립다. 산 너머 신기루를 쫓아 무엇인가를 이루는 동안 고향에 다시 돌아가지도 못한 채 소년은 그렇게 성장했다.

가을은 불면의 밤이기도 하다. 고등학교 교과서에 실렸던 서정주 시인이 1947년에 발표한 〈국화 옆에서〉는 지금도 짙게 마음에 각인되어 있다.

'들국화'라고 불리는 벌개미취, 쑥부쟁이, 구절초가 자취를 감출 무렵에 유별나게 향기 짙은 작은 야생 황국(黃菊)인 산국(山菊)이나 감국(甘菊)에서 누님의 모습을 읽었는지 모른다. 내면의 나를 대입시키며 자위하는 것은 아닐까. 요즘 비닐하우스에서 재배한 색색의 개량국화들은 꽃도 크고 아름답다는 사치를 부리지만, 노천에서 천둥과 무서리를 이겨낸 이 향기가 없다.

3천 그루의 반송 밭에 노란 은행잎과 홍단풍의 풍경이 콘트라스트를 이룬다.

　도회지의 날렵한 사냥꾼이 되어 갈수록 눈에 보이지 않고 손에 잡히지도 않는 아버지의 향기와 겹치는 이 국향(菊香)을 가을만 되면 되찾고 싶어 안달한다. 아무래도 가을은 "괴로움과 혼돈이 꽃피는 고요에로 거두어들여진" 시간이 쌓인다.

어느새 담쟁이덩굴이 붉게 물들었다!
　정현종 시인은 "살 만하지 않은가, 내 심장은 / 빨간 담쟁이 덩굴과 함께 두근거리니!…시간의 정령, 변화의 정령, 바람의 정령들 함께 잎을 흔들며 / 저렇게 물을 들여놓았으니, 세상의 심장이여 / 오, 나의 심장이여"라고 노래한다.
　13년 전인 2004년 파주출판도시에 나남 사옥을 완공했다. 이 건물의 북쪽 면은 한강 하류 파주들녘의 찬바람을 막기 위해 거대한 콘크리트 성벽을 올렸다. 3백 평이 넘는 이 공간을 관리하려면 삼사 년마다 몇천만 원을 들여 도색해야 한다고 했다. 이곳에 담쟁이를 심기로 했다. 현대식 건물을 망친다고 팔을 붙드는 우리의 건축가를 뿌리치고 10년만 기다리라고 했다. 이젠 담쟁이의 힘찬 푸르름이 이 회색의 벽면을 거의 뒤덮으며 주인이 되었다. 안도 다다오의 노출콘크리트 기법의 값비싼 다른 벽면도 담쟁이덩굴의 세상이 되었다.

담쟁이는 손으로 벽을 타고 올라가는 것이 아니라 뿌리로 올라간다. 담쟁이는 보조뿌리에 해당하는 부정근(不定根)을 이용해서 벽을 타고 올라간다고 한다. 이른 봄 담쟁이가 벽을 타고 올라가는 모습에 감탄이 절로 나온다. 아주 가느다란 부정근을 벽에 붙이고 잎을 만들어가는 모습이 애처롭기도 하지만, 절실하게 살아가는 모습이 성(聖)스럽다.

    담쟁이의 치열한 삶 덕분에 에너지를 많이 절약할 수 있는 이른바 '벽면녹화'가 가능하다. 고속도로 주변 소음방지벽에는 담쟁이를 심어 보기 흉한 모습을 가리기도 한다. 담쟁이는 이런 역할 때문에 '땅의 비단', 지금(地錦)이라는 아름다운 이름도 있다. 담쟁이 덩굴의 또 다른 한자 이름인 파산호(爬山虎)는 산에 오르는 호랑이라는 뜻으로 강인함을 상징한다.

    담쟁이의 특징인 큰 잎은 부모인 포도를 닮았다. 벽에 기대 살면서 잎이 작으면 햇볕이라는 영양분을 빨리 빨아들이기 어

나남출판사 사옥의 담쟁이덩굴. 뿌리로 벽을 타고 오르는 모습은 성스럽기까지 하다.

려울 것이다. 더욱이 잎을 크게 만들지 않으면 줄기가 햇볕에 노출되어 화상을 입을지도 모를 일이다.

　더운 여름날 벽면에 무성한 담쟁이 덩굴이 바람에 흔들리면서 만들어내는 부드러운 파도물결 따라 하늘을 오르는 것 같다. 담쟁이는 다른 나무와 풀이 범접할 수 없는 바위 절벽까지도 망설이지 않는 개척정신이 있다. 가끔은 이웃에 버티고 선 거목에게 자신의 소박한 몸을 의지하기도 한다. 그러나 분수를 지켜 절대로 가지 끝까지 오르는 법이 없다. 나무를 덮어 고사시키는 칡덩굴 같은 교만함은 찾을 수 없다.

넓은 담쟁이 잎들이 뿜어내는 출판사 사옥의 붉은 가을단풍은 아마추어 사진가들이 찾는 명소가 되었다. 담쟁이 덩굴이 잎을 떨구고 나면 세상 가장 큰 캔버스에 맘껏 펼친, 속인들이 감히 흉내 낼 수도 없는 우주의 형상이 드러난다, 나목(裸木)이 이렇게 아름다울 수 있다는 웅변에 다름 아니다. 시간이 쌓일수록 그 모습은 더욱 현란해질 수밖에 없다.

나의 담쟁이 실천을 못내 부러운 마음으로 훔쳐보던 우리의 건축가는 어느 성당을 설계하고 영생을 간구하는 신부님을 설득하여 10년만 지나면 예술이 따로 없다고 벽면에 담쟁이를 정성스럽게 심게 했다고 계면쩍게 고백했다. 무슨 일이든 10년은 몸부림쳐야 한다. 가끔 지나치다 올려보는 제법 자란 그 성당의 담쟁이덩굴을 보는 나만의 기쁨도 있다. (2017.11.)

숲에도 눈이 내린다

잎을 떨군 나목(裸木)들 키만큼 산이 낮아졌다. 무성한 잎들이 무장해제하자 감추어졌던 본래의 산 등고선이 '나 여기 있다'고 손짓하며 민낯을 드러낸다. 우선 반갑고 시원하다. 푹신한 낙엽을 만든 나무들도 홀쭉하게 보인다. 백 일 동안 묵언수행에 들어가는 조금은 비장한 표정이다. 겨울의 휴지기(休止期)를 보낼 준비가 다 된 것이다.

작은 것이 아름답다고 했다. 낮아진 큰 산이 포근하게 안기는 듯 가깝다. 지난여름 사나운 녹색의 위세는 간곳없다. 숲의 신선한 겨울 풍경이다. 나무들 사이로 열린 넓은 공간이 끝 간 데 없이 광활하게 다가온다. 적막할 뿐이다. 동면에 들어간 산짐승들도 갑자기 궁금하다. 산새 소리도 끊겼다. 태곳적부터 불던 원시의 바람만 반긴다. 겨울 한철까지 부지런을 떠는 사람만이 자연에 역행하며 홀로 서 있다. 눈 우산을 쓴 소나무, 잣나무, 주목들은 겨울을 지키는 초병(哨兵)처럼 변하지 않고 더욱 푸르다.

나남수목원의 산들이 폭설마저 품더니 하얀 고깔을 썼다.

숲에도 눈이 내린다. 도회지의 눈처럼 계엄령이 내리듯 몰래 오지 않고 자연의 의식(儀式)처럼 자연스럽다. 이곳에서는 폭설도 그렇게 큰 의미가 없다. 해납백천(海納百川)하는 바다같이 모든 것을 품어 주는 산들이 있기 때문이다. 산들이 하얀 고깔을 썼다. 피 한 방울 흘리지 않고 제국의 통일은 이렇게 하는 것이라고 눈 이불을 덮고 시치미를 떼고 있다. 계곡을 감추고 바위까지 눈으로 덮은 산등성이도 부드러운 곡선을 뽐낸다.

설원(雪原)에 부딪혀 꺾인 햇살이 눈을 찌른다. 애지중지 기르는 자작나무들의 하얀 몸통에 반사된 빛인지도 모른다.

   그 빛들은 몇 년 전 설날에 찾은 바이칼 호수에서 경험했다. 블라디보스토크에서 떠난 시베리아 횡단열차가 사흘 동안 달려 온 이르쿠츠크역의 온도계는 영하 35도를 가리켰다. 기차가 삶을 느리게 살라고 하지 않아도 자연의 일부가 되어 눈 덮인 자작나무숲과 시베리아의 달빛에 젖었다.

바이칼 호수는 하얀 산까지 아우른 무지막지한 고독에 포박된 원시의 설국(雪國) 그 자체였다. 신령한 민족의 시원(始原)인 거대한 자궁에 예를 표했다. 그물에 걸리지 않는 바람처럼, 진흙에 더럽혀지지 않는 연꽃처럼 어디에도 걸림이 없는 광대무변(廣大無邊)이었다. 가없는 빙판에 반사되는 별들의 폭포도 금방 얼어붙었다.

그때의 데자뷔처럼 두껍게 얼음으로 덮인 수목원의 넓은 호수 위를 거닌다. 지금 물 위를 걸을 수 있는 겨울의 마법이 펼쳐진다. 여름날 물의 제국이었던 이곳의 빗장이 쉽게 열렸다. 발밑에 잠든 수련들이 상하지 않을까 걱정하고, 겨울잠을 자는 금잉어들이 깰까 봐 조심조심 걷는다.

〈주역〉 곤(坤) 괘의 이상견빙지(履霜堅氷至)의 계절이다. 겨울의 시작으로 서리를 밟은 것이 엊그제인데 지금 꽁꽁 얼어붙은 얼음 위에 서 있다. 그리고 동지(冬至)로 치닫고 있다. 곧 일양내복(一陽來復)의 새해를 준비해야 한다. 은미(隱微)한 변화도 신중하게 생각해 향후의 일을 미리 대비하라는 뜻으로 읽을 수도 있겠다. 그러나 그 근본으로 선(善)을 쌓으면 반드시 좋은 일이 생긴다[積善之家必有餘慶]는 가르침은 3천 년이 지난 지금도 여전히 유효하다.

나남수목원의 겨울 반송은 세한도(歲寒圖)처럼 겨울에 더 푸르다.

수목원의 또 다른 모습이 앵글에 담긴다. 호수 한가운데 서서 주변 나무들과 문인석들의 열병을 받는다. 시각 교정은 쌓일수록 더욱 입체적이 된다. 무인기를 띄워 비싼 비용으로 찍었던 영상보다 손으로 만질 수 있는 지금 풍경이 훨씬 마음에 와닿는다.

도회지의 눈들은 잠시라도 더러운 탐욕까지 덮어야 한다지만 숲에서는 깨끗한 자연 그대로 쌓이면 된다. 어쩌면 눈빛에 묻힌 하얀 산새가 지나갔는지 모른다. 그리고 다시 혼자다. (2017.12.)

휘청거리는 봄날에

 땅이 풀리기를 기다린다. 계절의 순환은 보챈다고 되는 일도 아니다. 유난히 추웠던 지난겨울 내내 계획했던 봄날 일에 마음만 급하다. 해토(解土)는 봄비가 한참을 더 내려야 하는데 또 춘설(春雪)이 쌓인다. 봄에게 자리를 내주기 싫은 겨울 냄새가 아직도 남았다. 녹았다가 다시 얼기를 반복해 질척거리는 산길이 지난겨울을 넘긴 반송들의 안부를 확인하러 다가가려는 발목을 잡는다.
 눈을 헤치고 고개를 내민 복수초의 노란 꽃이 가녀리다. 꽃의 체온만으로도 눈을 녹일 수 있는 자연의 신비를 지금 보고 있다. 이름만으로도 반가운 영춘화(迎春花)가 꽃망울을 부풀리고 있다. 언뜻 보면 개나리꽃 비슷한데 재스민 종류의 다른 꽃이다. 개나리보다 2, 3주 먼저 핀다. 80년 고목이 된 호숫가의 왕버들 가지 끝에 뿌연 초록 띠가 성채(城砦) 같은 아우라를 과시하며 겨울을 밀쳐내고 있다.

겨우내 햇볕을 반사하며 꿋꿋이 버텼던 희디흰 자작나무 줄기에는 황토색의 물이 오른다. 남녘에는 만개했다는 소식도 있는데 포천에는 이제야 매화 꽃봉오리가 봉긋해졌다. 붉은 물이 터질 듯 가득 차면 고고한 함성을 울리며 꽃이 핀다. 봄의 전령사를 자임하는 산수유와 히어리, 생강나무의 노란 꽃들이 순서 없이 다투어 내는 꽃망울 터지는 소리가 신생아의 울음처럼 울리며 고요한 산중이 갑자기 왁자지껄해진다. 눈 녹는 계곡 물소리가 더해져서일까.

지난 주말 대학후배 몇이서 시산제(始山祭)를 핑계로 수목원을 찾았다. 짧은 산행이지만 마음은 스무 살 젊음으로 돌아가 겨울 숲의 호연지기(浩然之氣)를 같이하며 수목원을 걸었다. 새싹이 나기 전이라 나무에 대한 스토리텔링은 아무래도 추상적이기 십상이다. 눈도 호사를 누리고 귀도 호강했다는 감사 인사가 도시생활에 주눅 들어 소시민이 되어 가는 안타까움으로 들렸다. 이제 연금에 의존해 살아가는 그들에겐 공허하겠지만, 내팽개쳐 놓은 고향 빈 밭에 묘목이라도 심어 생명의 애착을 느껴 보라고 권했다.

농부의 시간은 1년이 여덟 달밖에 없다. 땅이 얼고 비가 내리는 기간 때문이다. 그들이 가고 남겨진 서너 시간 조바심으로 반송 가지를 다듬었다. 조금이라도 해찰을 부리면 또 1년이 훌쩍 가버린다. 탄력이 붙은 나무는 나의 의지와 상관없이 자기 방식대로 성장하기 때문이다.

 요즘 아이들은 무엇을 배우는지가 궁금해 새로 나온 고등학교 교과서를 넘기다가 찾은 이른 봄날의 정경을 잘 그린 정지용의 시 〈춘설〉을 여기에 옮긴다.

문 열자 선뜻!
먼 산이 이마에 차다.
우수절(雨水節) 들어
바로 초하루 아침.
새삼스레 눈이 덮인 멧부리와
서늘옵고 빛난 이마받이하다.
얼음 금 가고 바람 새로 따르거니
흰 옷고름 절로 향기로워라.
옹송그리고 살아난 양이
아아 꿈같기에 설어라.
미나리 파릇한 새순 돋고
움짓 아니 기던 고기 입이 오물거리는,
꽃 피기 전 철 아닌 눈에
핫옷 벗고 도로 춥고 싶어라.

(2018.3.)

노각나무의
하얀 꽃그늘

출판사 사무실에서 20년째 화분에 키우는 철쭉이 화사한 꽃잎을 벌려 제일 먼저 봄을 알린다. 답답한 화분 속에 갇혀 있어도 계절의 감각은 본능이다.

40년 전 이웃 할아버지에게서 물려받은 수령 반백 년이 넘은 아홉 줄기의 수형(樹形)이 아름다운 영산홍 화분은 이제 잎만 무성하고 꽃이 맺히지 않는다. 꽃을 낼 만한 양분이 화분 속에서는 부족하다 했다. 가끔은 물주기를 게을리하여 몸살을 앓거나 햇볕 방향으로만 가지를 뻗는 모양이 안쓰러웠다. 큰 화분으로 옮기기를 반복하며 바로 손안에 두고 꽃을 쉽게 보려 한 나의 사치스런 이기심을 탓해야 한다. 값을 따질 수 없는 귀한 나무라고 애지중지하며 너무 오래 실내에 두었다. 가장 아끼는 것은 오히려 자연 그대로 혼자 견디게 해야 한다. 갇힌 자의 고독은 영산홍이 아니라 바로 나의 몫인지도 모른다.

이번 봄에 수목원 양지 바른 호숫가로 돌려보냈다. 야생의 바람 속에서 자연에 뿌리내려 다시 꽃을 피울 웅자(雄姿)를 벌써 그려 본다. 어릴 때부터 실내에서 자랐으니 몸살은 하겠지만 추운 겨울을 스스로 견디며 야생의 본능을 찾아야 한다. 자생할 때까지 두세 해는 겨울철에 나무 전체를 두꺼운 비닐로 감싸 한파를 막아주면 될 일이다. 남쪽의 배롱나무 50그루도 그렇게 조심하면서 두 해째 수목원에 활착시키고 있다.

20년 전 포천 광릉집을 마련하면서 귀하다는 노각나무를 심었다. 히어리 나무를 소개했던 강화도 한수조경의 권유였다. 남도 숲 계곡에서 자라는 이 나무가 중부 이북에서도 살아날 수 있을까 걱정했다. 더디 자랐지만 기후온난화의 덕택인지 몇 년 전부터 함박나무꽃같이 향기로운 흰 꽃을 피워냈다. 초여름 장마철 꽃이 귀한 때라 차나무 하얀 꽃처럼 반가웠다.

노각나무는 꽃만 아름다운 것이 아니라 배롱나무처럼 줄기가 매끈하고, 모과나무, 백송(白松)처럼 몸통이 아름답다. 줄기무늬가 사슴무늬를 닮아서 '녹각(鹿角)나무'라 불리다가 '노각나무'로 되었다는 말도 있고, 중국에서는 비단결처럼 아름답다 하여 '비단나무'라고도 한다.

혼자 보기 아까워 올봄 수목원 호수 앞에 옮겨 심었다. 이곳 기후에 충분히 적응했으리라 믿고 많은 사람들의 사랑을 받으면서 더디지만 큰 나무로 자라 하얀 꽃그늘을 자랑하기를 기원했다. 마침 부지런한 후배가 집터를 만든다며 경기도 구리시 토

하얀 꽃그늘을 자랑하는 노각나무.

평에서 키우던 5년생 노각나무 1백 그루를 보내주어 한식구가 되었다. 계수나무, 목련, 복자기단풍 등 3백 그루까지 시집보낸 그의 나무사랑 덕으로 수목원이 풍성해지겠다.

지난가을에는 5년 전에 심은 밤나무 3백 그루에서 탐스런 밤을 수확했다. 양묘업자의 약속처럼 알도 굵고 당도도 높았다. 여러 해가 지나야 결실을 보기 때문에 착한 양묘업자를 만나는 것도 행운에 속한다. 종자로 쓸 수 없게 유전자를 변형하여 폭리를 취한다는 다국적 기업의 탐욕에 농심(農心)이 멍드는 현실에서는 더욱 그러하다.

반송 다듬는 일에 우선순위를 두며 해찰을 부리다가 칡넝쿨의 공격을 받은 엄나무 5백 그루가 거의 고사했다. 묘목 밭을 갈아

엎었다. 처음 겪는 일에 못다 핀 생명에 대한 연민으로 괴롭고 나의 불찰이 미웠다. 비용도 그렇지만 지나간 시간들을 보상받을 수 없는 안타까움이 더욱 컸다.

  3년 전 식목일 주변에 엄나무를 기념식수 했던 출판사 직원들이 생명의 경외심으로 같은 자리에 자신의 이름표를 달아 밤나무 묘목 3백 그루를 다시 심었다. 사오 년 후 알토란 같은 밤을 수확하려면 가끔씩 찾아와 안부를 물으라고 당부했다. 나무들은 주인의 발자국 소리를 듣고 자라기 때문이다. (2018.4.)

나무의 얼굴

풍수(風水)는 바람의 얼굴과 물의 마음을 읽는 일이라 한다. 자연과의 교감으로 마음의 평정을 찾는 동양사회의 오래된 풍속이다. 살 집을 짓거나 음택(陰宅)을 마련할 때 명당자리를 찾는 풍수를 본다. 자연에 포근하게 안기고 싶은 염원에 다름 아니다. 나무들이 살 집인 수목원을 설계하면서 왠지 허전한 구석에는 큰 나무를 심어 균형을 맞췄다. 기(氣)가 빠져나가는 것 같은 기분이 드는 곳에는 일부러 돌담장을 쌓아 비보(裨補)하면 고즈넉한 평화가 온다. 설명할 수 있는 이론적 기준보다는 느끼는 대로 실천에 옮길 뿐이다.

눈에 거슬리는 풍경은 여러 해 사계절을 지켜보면서 원인을 찾기도 하지만 사람이 할 수 있는 일이 전부는 아니다. 오히려 나무들이 자라면서 스스로 자연 치유하는 생태계의 능력은 우리가 상상할 수 있는 한계를 훨씬 넘어선 유쾌한 배반을 한다. 나무들마다 햇볕을 차지하려는 경쟁에 알맞은 자기 수형(樹形)

20년 후의 수형을 그리며 옮겨 심은 반송들이 신선한 풍경을 채워줄 날을 기다린다.

을 만들며 연출하는 숲의 풍경은 신비롭기도 하다. 서로서로 경계를 넘지 않으면서도 자신을 지켜내는 조화가 그것이다.

   나무의 시간과 사람의 시간이 달라서일 것이다. 발에 밟힐 뻔한 아기 소나무도 두 해 동안 영글었던 솔방울이 한 해 땅에 묻혔다가 세상에 고개를 내밀었으니 이미 삼사 년의 시간을 비축하고 있다. 돌을 앞둔 손주 녀석의 앙증스러운 발버둥을 여기서 보며 가슴이 뛴다.

반송은 초가집처럼 둥글게 생긴 소나무다. 소나무의 곧게 뻗은 직근(直根)을 자르고 측근(側根)만을 남긴 것으로 반송이란 수종이 따로 있는 것은 아니다. 곧게 뻗은 소나무의 기상은 말할 것도 없지만 옛날 선비들은 반송에게서 겸손을 배우려 했는지

꿈꾸던 수목원의 평화에 안긴다.

도 모른다.

　나남수목원에 반송 3천여 그루를 키운 지도 벌써 7년이 되었다. 12~3년생 반송들이 시집와서 뿌리를 활짝 내리고 탄력을 받았는지 그 수세가 늠름해졌다. 눈 아래 내려다보이던 녀석이 이제는 당당하게 자라 나를 압도한다. 솜털이 보송보송하던 아들이 중학교를 마치자 코 밑에 수염을 실하게 보이며 내 앞에 튼실하게 마주했던 기억과 겹친다.

　이곳에 정착하는 모습을 흐뭇하게 지켜보다 가지치기를 게을리한 대부분의 반송들이 아래가지가 땅을 뒤덮는 '다복솔'이 되었다. 두세 해는 바람길을 열어주는 가지치기로 몸살을 앓았다. 수형을 어떻게 정하여 나무를 키우는가는 나무의 뜻보다는 사람의 얄팍한 눈높이에 맞출 수밖에 없다.

　세상을 뒤흔든 판문점의 남북정상회담이 3주일밖에 지나지 않앉는데도 오래된 것 같은 느낌은 갈구하던 환희의 폭포수 때문인지 모른다. 태어나면서 전쟁을 겪은 한평생을 갇혀 지낸 분단의 음습한 동굴 속을 뚫은 빛줄기였다. 전쟁의 공포를 떨쳐내는 평화의 상징으로 두 정상이 군사분계선에 반송을 기념식수하는 모습에 가슴이 뭉클했다.

"평화와 번영을 심다"는 돌에 새긴 민족의 염원이 이 나무의 얼굴이었다. 방송에서는 '소나무'라고 했지만, 바른 이름은 65년 된 '반송'(盤松)이다. 20년 전 현대 정주영 회장이 1,001마리의 소떼를 몰고 고향을 찾아 휴전선을 넘던 길목이 그곳이다. 길은 선각자의 한 걸음부터 시작된다.

비무장지대의 그곳에 걸맞게 가지도 손질되지 않은 원형 자체의 나무얼굴이다. 처음부터 키를 낮춰 키웠는지 하늘을 향해 비상하고픈 용틀임을 억누르는 겸손하고 다소곳한 모습이 우리를 닮았다.

천형(天刑)의 족쇄가 풀릴 때까지 수많은 천둥과 비바람이 이 나무를 흔들어 댈 것이다. 비겁하고 편견에 가득 찬 잔가지는 과감하게 잘라내 바람길도 열어주며 늠름한 거목으로 키울 일은 우리들의 몫이다. (2018.5.)

구본무 회장의 수목장

사람은 자연으로 돌아간다. 신비로운 탄생의 고고한 울음은 백 년을 가기 어렵다. 삶을 어떻게 사느냐는 각자의 몫이다. 지구별에 잠깐 소풍왔다 가는 기록을 자서전으로 남기는 일도 유한한 삶의 안타까운 몸부림일 수 있다. 그러나 쉽지 않은 일이긴 하지만 모두 내려놓을 일이다.

LG그룹 구본무 회장께서 당신이 사랑한 나무 밑에 묻혔다. 유언으로 좌청룡 우백호의 명당이라는 선영(先塋)이 아닌 수목장(樹木葬)을 택했다. 세계적 기업을 운영한 최고경영자의 마지막 가는 길이 예사롭지 않다. 살다 간 조그만 흔적을 자연에 동화되면서 나무 밑에 남기는 그 거인의 겸손이 감동으로 전해진다.

구 회장은 이윤의 극대화로 치닫는 치열한 경쟁의 현장에서 인품 있는 경영철학으로 늠름하게 나무처럼 사셨는지도 모른다. 오랫동안 손수 가꾸었던 곤지암 골프장의 2천 그루가 넘는 명품 소나무와, 회사의 상징목으로 사랑했던 수백 그루 거목의 느티나무들이 떠오르지만 어디를 택했는지는 알 수 없다. 나무사랑의 완성으로 20여 년 심혈을 기울였던 골프장 옆 화담숲 주변의 어느 나무라는 보도만 있다.

화장률이 9할에 가까운 시속의 변화도 있지만 통 큰 선택이라기보다 자연에 묻힌 구 회장의 나무사랑이 지극했음을 짐작한다. 국민의 6할이 아파트 위아래 옆 칸에 누가 사는지도 모르며 인간의 존엄보다는 푸시버튼의 편리함만을 추구하며 산다.

후손들의 어떤 사치나 편리성 때문에 죽어서까지 축소된 아파트 같은 층층이 포갠 납골당으로도 간다. 조그만 유리상자에 갇힌 망자의 답답함은 어디서 보상받을 수 있는지 알 바 아니다. 남겨진 유족들의 편의성을 추구한 결과이기도 하다.

이제 자연으로 돌아가는 선구적 실천이 구 회장의 수목장으로 나타난 것이다. 살아 있는 나무는 고인의 살아 있는 아바타이다. 비석을 세우지 않아도 사람보다 더 오래 남을 그 나무는 손주가 보고 싶은 할아버지의 기를 받을 수 있는 또 다른 얼굴이기 때문이다.

수목원을 구상하면서 국내외 수목원을 찾아다니며 발품을 팔았다. 말 못 하는 나무들과의 교감이기도 했고, 이를 디자인한 사람들의 마음을 헤아리기 위해서였다. 구본무 회장의 조경을 사숙(私淑)하게 된 인연은 우연이었다.

19년 전 구두회 대학동창회 회장께서 올곧은 선비정신 구현

곤지암골프장 양잔디에 군집한 장송의 우람한 기상.

을 위해 내가 제정한 〈지훈상〉(芝薰賞)을 격려하면서 곤지암 골프장 주중회원권을 주셨다.

골퍼들이 찾고 싶은 품격 있는 꿈의 필드이지만 나는 운동보다 구 회장의 거대한 수목원을 꿈꾸는 조경에 빠져들었다. 잘 가꾼 광활한 양잔디에 군집한 장송의 우람한 기상과 도열한 느티나무의 넉넉한 품이 그러했다. 영산홍 군락지, 억새밭, 장송 사이에 악센트를 주는 홍단풍의 팁은 절창이었다.

운동 중에 가끔 마주치는 조경사들도 나의 스승이었다. 활엽수도 가지를 솎아내 빛과 바람의 길을 만들어야 한다는 것도 이때 배웠다. 10여 년 수목원에 나무를 심으면서 항상 느꼈던 허기진 갈증은 너무 높은 선각자의 꿈을 따르고 싶은 기준으로 잡았기 때문인지도 모른다.

구 회장님, 나무와 함께 평안히 영면하소서. (2018.6.)

최종현 회장의
나무 심는 마음

세상을 아름답게 하는 모든 것들은 누군가의 꿈에서 시작된다. 그 꿈은 처음에는 작고 미미하지만 대범한 발걸음에 위대한 현실이 되기도 한다. 일반에 공개되지 않은 최종현 SK 회장이 가꾼 생명의 숲을 사후 20주기를 앞두고 찾았다.

40여 년 전에는 더욱 오지였을 충주호 주변의 인등산(人登山) 중턱에 'SK임업'이란 감추어진 듯한 조그만 표지판이 수줍게 반긴다. 지나다니는 길손들은 이곳이 연매출 1백조 원에 가까운 에너지와 정보통신, 종합화학의 세계적 대기업 SK의 임업회사라고 상상하지 못할 것이다.

그 겸손과 고집의 최 회장은 국가도 엄두를 내지 못하는 척박한 민둥산에 꿈나무인 묘목을 심었다. 이때 새마을사업으로 동네마다 초가지붕을 슬레이트로 바꾸면서 생겨난 처치 곤란한 몇십 년 묵은 대량의 '썩은새'를 모아 거름으로 사용했다는 반짝이는 전설도 있다.

1970년대 초반은 오일쇼크로 세계경제가 어수선했고, 회사는 석유사업 진출로 강행군을 펼칠 때다. 그 와중에 최고경영자가 한가롭게 보일 만큼 묘목을 심었다. 헐벗은 산에 나무를 심는 것이 나라를 살리는 길이라는 신념이 범상치 않았기 때문일 것이다. 한국고등교육재단을 설립하여 한국을 이끌 젊은 엘리트를 키우듯 나무를 길러 거대한 숲을 이루어 더 나은 미래를 만들고자 했던 굳은 의지가 그것이다. 그 꿈의 결실이 이곳 인등산 360만 평에 1백만 그루 가까운 자작나무와 가래나무의 거대한 생명의 숲으로 우리 앞에 장엄하게 다가온다.

나무 심는 고독한 망중한에는 선비가 한양으로 과거보러 가는 길에 넘는다는 바로 앞에 보이는 천등산 박달재의 금동이 설화가 스쳤을지도 모른다. 나무 심는 일은 끈질기게 인내해야 하는 스스로 선택한 외로움 자체이다. 자연에 맞서거나 서둘러서도 안 되고, 그 목표를 놓치지 않으려는 호시우행(虎視牛行)의 몸가짐으로 열정을 잃지 않아야 한다.

최 회장은 '수도권에 토지를 확보하면 나중에 조림지에도 보태고 많은 도움이 되겠다'는 주변의 권유를 '내가 땅장수인 줄 아느냐'며 냉정하게 내쳤다고 한다. 수도권에 토지를 확보해 나무를 심고 가꾸다 이삼십 년이 지나 수도권이 확대 개발되면 부동산 가치는 엄청나겠지만 그때까지 가꾼 나무들이 하루아침에 갈 곳이 없어질 것을 걱정해서였다. 이익만을 추구하는 비즈

최종현 SK 회장이 부동산 수익이 보장되는 수도권을 버리고
멀리 산골 오지를 뒤져 조성한 충주 인등산 중턱의 SK임업의 1백만 그루 자작나무와
가래나무의 거대한 생명의 숲.

니스의 울타리를 훨씬 뛰어넘는 더 큰 가치를 나무사랑에서 찾은 선각자의 결단이었다.

해서 부동산 수익이 보장되는 수도권을 버리고 멀리 오지 산골을 뒤졌다. 도(道)와 도의 가파른 경계지점인 충주 인등산, 천안 광덕산, 영동 시항산, 오산 등의 1천 2백만여 평 임야가 그것이다. 이곳에 자작나무, 가래나무, 흑호두나무, 루브라참나무 등 80여 종 330만 그루가 거대한 숲을 이룬다.

나는 20여 년 전 파주 적성에 자작나무 묘목 5백 주를 심었다. 나무심기의 첫걸음은 이렇게 미약했다. 도로가 신설되면서 10년을 잘 키운 나무를 옮겨야 했다. 생명에 대한 애착 때문에서 일 것이다. 조금은 불편하더라도 개발로 빼앗기지 않을 땅을 찾아야 했다. 나무들이 영생할 녹색공간을 마련한 것이 경기도 포천의 20만 평 나남수목원의 시작이었다.

국가의 미래를 나무와 숲이라고 여기고 40년 넘게 열정을 바쳐 만든 훌륭한 숲을 우리에게 선물한 큰바위 얼굴들이 계셔서 우리는 살 만한 사회에서 사는 보람을 갖는다.

최종현 회장에 이어 〈대한민국 녹색대상〉을 받은 백제약품 창업자 김기운 회장(1920~2018)의 전남 강진 초당림(草堂林) 3백만 평에는 3백만 그루 가까운 삼나무, 편백나무, 백합나무가 비밀의 정원을 이룬다. 임종국 선생(1915~1987)이 가꾼 전남 장성 축령산 260만 평의 250만 그루의 편백나무숲은 피톤치드의 세례를 받는 성지가 되었다. 무림제지가 강원도 인제에 조성한 180만 평 자작나무숲도 우아함의 극치다.

선각자들의 꿈은 이처럼 하늘같이 높기만 하다. (2018.6.)

태양에 맞서는
여름나무꽃들

계절의 감각은 바람이다. 태풍이 지나자 가을바람이 얼굴을 내민다. 지난여름은 위대했다. 불화살처럼 내리꽂히는 태양의 열기를 한 달 넘게 맨몸으로 이겨내야 했다. 처음 겪는 이 여름의 땡볕을 견뎌낸 사람들이 더 위대한지도 모르겠다.

이 뜨거운 삼복더위 태양의 세례를 통과하지 못하면 과일이 영글 수 없다. 땀도 흘리지 않고 가을의 수확을 바랄 수는 없는 일이다. 유별난 이 여름의 불볕더위에 불에 덴 것같이 타 들어가는 과일들의 모습에 풍요로운 가을은 기대하기 어렵다.

한여름 수목원의 나무들 앞에서 타는 목마름으로 소나기라도 기대하며 하늘을 쳐다보는 날들이 많았다. 자연 앞에 자꾸만 작아지는 것은 겸손이 아닌 현실이다.

지구온난화로 이제는 날씨가 불순한 것을 넘어 난폭해졌다. 치열한 경쟁에서 낙오되지 않으려는 사람들의 심성이 거칠어지고 탐욕의 질주가 계속되자 자연환경도 극단으로 치닫는다. 과유불급(過猶不及)의 경계를 한참 넘어섰다.

자연에 순응해야 하는 생체 면역력 기르기 훈련은 이제 시작일 뿐이다. 조금 편히 살자는 인간들의 못난 욕망이 자초한 자연학대 때문에 반복되는 폭우, 폭설, 폭염, 대규모 산불이 지구촌 어디를 가리지 않고 불임(不姙) 시대를 낳고 있다. 여의도 면적의 이삼십 배를 휩쓰는 스웨덴의 산불은 겨울철 눈이 와야 그친다는 특파원 보도도 있다.

예전에 등장했던 여름날의 후덥지근한 불쾌지수 몇 퍼센트라는 날씨정보는 차라리 낭만이었는지도 모른다. 화내지 말고 욕심을 내려놓고 견디라는 당부의 수준이었다. 이제 체온을 훌쩍 넘어서는 살인적 더위는 목숨이 달린 현실이 되었다.

한 달 넘게 계속되는 열대야(熱帶夜)는 '초(超)'열대야가 되고, 미세먼지 예보에 '초'미세먼지라는 단어도 등장했다. 화석연료를 사용하는 산업화의 오염과 자동차 배기가스와 온실가스의 공해물질이 가득 찬 미세먼지는 문명의 화려함을 담보한 살인가스에 다름 아니다.

푸시버튼으로 모든 일을 해결할 수 있을 것 같은 스마트한 정보사회라고 하지만, 모든 원시적 자연재해는 동시다발적으로 모든 사람들을 덮친다. 사회적 안전망에서 소외된 가난하고 힘없는 사회적 약자들의 희생이 더욱 두드러진다. 가까운 미래의 불안은 물질만능의 허황된 빛과 인간상실의 그림자가 갈수록 짙어지는 '초'고속 압축성장의 후유증이다. 숫자로 명료하게 예측되는 생명주기를 무시하고 대책 없이 허둥대며 맞이하는 고령사회의 현실이 더욱 그러하다. 어디로 가는지 방향성을 잃고 빠름만 강조하는 '초'고속열차의 폭주(暴走)처럼 인간의 욕망과 자연의 질서도 우리가 감당할 수 있는 임계점(臨界點)을 넘고 있다.

과학적으로 밝혀진 많은 환경문제의 원인을 해결하려는 인간의 행보는 여전히 더디다. 이제는 기압골의 흐름이나 북극 제트기류의 불균형을 걱정만 할 것이 아니라 과학적으로 밝혀진 그 원인을 극복하기 위해 환경을 사랑하는 작은 실천이라도 시작해야 한다.

인간의 욕망은 한이 없다지만, 잠시 소풍 나온 지구에 살다 어느 별로 돌아갈 우리들이라면 후손들에게 건강한 녹색지구를 올곧게 넘겨주기 위해 각자의 마음에 녹색공간 하나씩을 꿈꾸고 가꾸는 착한 욕망을 가졌으면 싶다. 물은 양지건 음지건 소외된 빈 곳을 모두 채우고 나서야 흘러간다. 뒷물결이 앞물결을 앞서지 않는다. 그래서 상선약수(上善若水)라 한다. 이제는 더욱 물처럼 더불어 살아야 하는지도 모른다.

지난겨울은 봄에게 자리를 내주기 싫은지 몹시 앙탈을 부렸다. 꽃피는 춘삼월에 내린 눈에 꽃이 얼어붙었던 블루베리는 거의 열매를 맺지 못했다. 지난해 일찍 시작한 강추위는 짧은 장마 끝의 땡볕 더위와 짝을 같이하는 모양이다.

  수목원의 여름나무들은 잔뜩 성이 나 있다. 사람들이 견디기 어려워하는 가마솥더위가 맹위를 떨치는 여름이 나무들에겐 성장의 최적시간이다. 폭주하는 기관차가 내뿜는 씩씩거리는 소리로 산소를 내뱉는다. 거대한 침묵처럼 보이는 숲이 지금 한창 파시(波市)의 절정처럼 야단법석이다. 나무의 금년 나이테는 제법 넓을 것 같다.

3천여 그루의 녹색 초가지붕 같은 반송(盤松)이 한 뼘 넘게 초록 띠를 더 두르고 의기양양해 한다. 주위에서는 더위 먹는다고 말리지만 여름의 땀방울에 뒤범벅이 된 채 나무들의 얼굴을 하나하나 다시 확인하며 안부를 전하는 무념무상의 시간들의 행복을 전부 알지는 못할 것이다.

  몇 년 전에야 알아챘지만, 느티나무가 새로 밀어내는 여름 새순들이 애기씨의 연초록 긴 댕기처럼 신선하다. 여름이 정점으로 치닫는다. 연못에는 탐스런 꽃봉오리를 여는 수련(睡蓮)이 스스로 잠자고 깨어나길 반복한다. 매미들의 합창도 거세어졌다. 5~7년을 땅속에서 은인자중하다 우화등선(羽化登仙)하여 두세 주 동안 짝을 찾아 종족을 보존해야 하는 비창(悲愴)의 몸부림이다. 벌들도 극성스러워졌다. 벌에 쏘이는 일도 다반사지만 금년 봉침(蜂針)은 더욱 깊이 박히는 것 같다.

올해는 삼사 년 봄 가뭄에 시달렸던 나무들에게 쏟아졌던 서너 차례의 빗줄기가 그렇게도 기뻤다. 나무만 잘 자란 게 아니고 풀들도 덩달아 억세게 창궐했다. 칡넝쿨도 세상 만난 듯 활개쳤다. 풀은 베고 돌아서면 또 고개를 치켜든다. 풀베기에 여름날 하루가 너무 짧다.

처음에는 놀란 흙을 다잡으려 2만 평 반송 밭에 심었던 벌개미취가 삼사 년 지나자 제법 들국화 군락을 연출한다. 손길이 자주 가는 수목원 초입의 길가에 구절초가 먼저 제자리를 잡는다. 늦여름의 꽃궁궐을 꿈꾸는 욕망으로 한 차례의 꽃구경을 하자고 이렇게 풀 뽑는 데 땀을 흘려야 하느냐는 푸념은 생명에 대한 연민 속에 묻히기 마련이다.

고개를 들면 여름의 숲은 녹색의 향연만 있는 것은 아니다. 여

제법 들국화 군락을 연출하는 반송밭의 벌개미취.

팝콘처럼 터지는 이팝나무 하얀 꽃들.
수목원에 자리 잡은 지 10년 만에 그 자태가 풍성해졌다.

름나무의 꽃구경은 이팝나무의 하얀 꽃부터 시작한다. 팝콘처럼 터지는 이 꽃에서 쌀밥을 연상하며 춘궁기를 넘는 모내기를 시작한다. 이팝꽃 필 무렵이면 양식 걱정으로 사랑하는 딸네집 출입도 자제해야 하는 빈곤의 절정기였다. 2005년 완공한 11킬로미터 청계천 복원 길의 가로수로 이팝나무가 등장한다. 당시 서울시장이 어린 시절 배고팠던 기억으로 이 나무를 선택했는지도 모른다.

여름 한철 백일 가까이 피고 지기를 반복하며 태양에 맞서는 붉은 배롱나무의 꽃그늘로 여름은 조금 화려해진다. 추석 무렵까지 붉고 화사한 자태를 뽐낸다. 남쪽만이 아니라 강원도 강릉의 가로수 길에서도 쉽게 만날 수 있는 이 나무는 포천 수목원에서는 겨울을 날 수 없다. 유년시절 가슴에 새겼던 배롱나무꽃

태양에 맞서는 붉은 배롱나무의 꽃그늘은 추석까지 백 일 동안 피고 진다.

의 그리움을 어디에나 자생하는 싸리나무꽃으로 대신하며 위안을 찾을 수밖에 없다. 수묵화의 안개에 싸인 듯한 싸리나무의 작고 연붉은 꽃들은 몽환적이기도 한다.

귀하다는 노각나무가 하얀 동백꽃 같은 작은 꽃들을 떨어트리고 나면 형형색색의 무궁화나무꽃이 뜨거운 여름과 대적하며, 추석 무렵까지 그 여름의 추억을 전한다. 애기씨 같은 연약한 줄기에 흐드러지게 핀 으아리의 흰 꽃들은 덤이다. 처서(處暑) 주변에 선비목이라는 회화나무가 하얀 꽃을 피우면 여름은 간다. 나무처럼 늠름하게 살기가 더욱 힘들었던 그 여름이 가을바람에 밀려간다. (2018.8.)

그대 다시 고향에
가지 못하리

 고향 가는 길은 항상 정직한 길이다. 조상들의 기침소리가 여전히 울리는 듯하고 태어난 태(胎)자리가 아직도 선연하기 때문이다. 중추가절(仲秋佳節)의 풍요를 마음으로 나누는 추억을 찾아 민족대이동의 행렬에 가족 전체가 나선다. 도회지의 꿈을 좇아 고향을 탈출한 사람들이 부모님에게 작은 성공이라도 보여주는 귀향길이다. 그리고 치열한 경쟁의 틈바구니에서 외롭고 고단한 상처받은 삶을 고향의 품에서 잠시 위안받고 싶기도 했을 것이다.
 삼사십 년 전 추석날 고향 찾는 길은 매년 반복되는 고난의 행군이었다. 귀향 기차표 구입은 하늘의 별 따기였다. 자랑하고픈 마이카로도 스무 시간이 걸린 기억도 새롭다. 거대한 주차장이 된 고속도로 아스팔트 위나 발 디딜 틈 없는 휴게소에서 소식이 끊겼던 아는 사람들과의 우연한 만남은 다반사였다. 조금 빨리 가겠다고 경기·충청의 낯선 샛길을 찾는 달 밝은 밤의 국토순례로 낯 모르는 이들의 고향땅을 먼저 스치기도 했다.

집 뒤의 감나무 꼭대기에 남은 붉은 홍시는 까치밥이 아닌 아들에게 주려고 남겨놓은 아버지의 마음을 웅변으로 보여준다. 무엇 하러 먼 길을 힘들게 왔느냐는 아버지의 반가움을 감추지 못하는 반어법은 손주를 덥석 안는 혈육의 정에 묻힌다.

가끔 세상과의 불화로 강퍅해진 나는 무뚝뚝한 아버지의 환한 웃음 하나로 다시 자신을 얻는다. 고향을 찾는 마음은 도회지의 욕망을 잠시 내려놓는 성찰의 시간이다. 고향에서는 마음의 눈으로 아름다운 영혼인 자신을 되찾는 그런 시간이어야 한다.

박경리의 대하장편소설 〈토지〉는 110여 년 전의 한가위 날로부터 시작한다. "까치들이 울타리 안 감나무에 와서 아침 인사를 하기도 전에, 무색옷에 댕기꼬리를 늘인 아이들은 송편을 입에 물고 마을길을 쏘다니며 기뻐서 날뛴다. 어른들은 해가 중천에서 좀 기울어질 무렵이래야, 차례를 치러야 했고 성묘를 해야 했고 이웃끼리 음식을 나누다 보면 한나절은 넘는다. 이때부터 타작마당에 사람들이 모이기 시작하고 들뜨기 시작하고.…빠른 장단의 꽹과리 소리, 느린 장단의 둔중한 여음으로 울려 퍼지는 징소리….".

이제는 사라진, 경련처럼 이는 그리운 풍경이다.

정지용의 시 〈향수(鄕愁)〉는 90여 년 전 일제강점기인 1927년 〈조선지광(朝鮮之光)〉에 발표된 작품이다. 휘문고보를 마치고 유학한 일본 교토 도시샤대학 영문과 졸업 전이다. 충북 옥천 가난한 집안의 일본 유학생에게 고향은 아름답고 평화로운 안식을 줄 수 있는 공간이어야 했을 것이다.

1988년 서울올림픽 무렵 해금작가가 된 정지용의 시에 대중가요 작곡가 김희갑이 곡을 붙였다. 가수 이동원과 서울대 음대 교수인 성악가 박인수가 이 노래를 불렀다. 그 시절 박인수는 클래식의 품위를 떨어트렸다고 국립오페라단에서 제명당하는 해프닝도 있었다. 이 노래는 고향을 그리워하는 많은 사람들의 마음에 공명을 울려 "그곳이 차마 꿈엔들 잊힐리야" 하는 고향의 노래로 〈그리운 금강산〉과 함께 제자리를 잡았다.

정지용이 그리는 고향은 '넓은 벌 동쪽 끝으로 / 옛이야기 지줄대는 실개천이 휘돌아 나가'는 농촌 풍경으로, 그곳에는 '얼룩백이 황소가 / 해설피 금빛 게으른 울음'이 울려 퍼지며, 농사일에 지친 밤, '질화로에 재가 식어지면 / 빈 밭에 밤바람 소리 말을 달리고 / 엷은 졸음에 겨운 / 늙으신 아버지가 짚배개를 돋아 고이'신다.

가난에 찌든 고향은 가을 추수가 끝나면 '전설바다에 춤추던 밤물결 같은 / 검은 귀밑머리 날리는 어린 누이와 / 아무렇지도 않고 예쁠 것도 없는 / 사철 발 벗은 아내가 / 따가운 햇살을 등에 지고 / 이삭 줍던' 고단한 삶의 현장이다.

'이삭'은 가을걷이가 끝나고 논에 떨어진 낙수(落穗)이다. 자신의 논이 없는 가난한 사람들은 남의 논에서 이삭을 주어 생계에 도움을 받기도 했다.

고향에서 힘든 농사일에 찌든 꿈 많은 어린 누이와 남편을 일본에 유학보낸 아내에게 부끄럽기도 하고 미안했으리라. 당장 자신이 해줄 수 있는 일은 어디에도 없는 무기력함에 짓눌렸을 것이다. 원초적 자연채무 같은 부채의식이 그것이다. 혈연(血緣), 지연(地緣)의 도움 없이 낯선 도회지에서 경쟁에 이기기 위해 '작두 칼날 위에서 춤추는' 듯한 긴장의 연속은 내세울 것도 없는 오로지 그의 몫이다.

누구나 그러하듯이 고향에 남은 사람들이 자신들과 다른 삶을 추구하는 출세를 위해 넥타이를 맨 출향인사들에게 거는 기대치는 항상 높다. 가난한 고향을 떠날 기회까지 박탈당한 소외감의 보상심리가 숨어 있을 수도 있다.

그러나 위안을 얻고자 고향을 찾은 천재시인은 '흙에서 자란 내 마음 / 파란 하늘빛이 그리워 / 함부로 쏜 화살을 찾으려 / 풀섶 이슬에 함추른 휘적시던' 낭만의 공간으로만 고향을 기억하고 싶은 것이다.

이 시에 등장하지 않은 어머니는 '하늘에는 성근 별 / 알 수도 없는 모래성으로 발을 옮기고 / 서리 까마귀 우지짖고 지나가는 초라한 지붕 / 흐릿한 불빛에 돌아앉아 도란도란 거리던' 고향 그 자체의 그리움일 것이다.

그래서 시인은 〈고향〉이란 시에서 '고향에 고향에 돌아와도 / 그리던 고향은 아니러뇨'라고 한숨을 내쉰다. 자신의 성장에 걸맞게 아름답게 변하여 포근히 안길 수 있을 그런 고향은 없다. '어린 시절에 불던 풀피리 소리 아니 나고 / 메마른 입술에 쓰디쓰다' 할 수밖에 없다. '그리던 하늘만이 높푸'를 뿐이다.

할아버지 산소를 성묘하러 아버지의 뒤를 따라 가던 그 길을 이제는 내가 훌쩍 커버린 아들을 앞세우고 아버지 산소를 찾아간다. 그렇게 3대가 순서를 지키며 그 길을 순환할 것이다.

10년 넘게 20만 평의 아름다운 숲 수목원 조성에 몰두하는 것은 그리운 아버지의 나이를 넘어 더 살면서 또 다른 마음속의 고향을 스스로 만들고 싶어서인지도 모른다. 늙을수록 품위가 더하는 것은 나무밖에 없다. 나무처럼 늙고 싶다면 나무처럼 살아야 할 것이다. 자신의 콤플렉스를 덮으려는 작은 이해관계에 연연해서는 안 될 일이다. 손안에 틀어쥔 욕망의 찌꺼기를 포기해야 탐욕의 호리병에서 손을 빼내 거듭날 수 있다. 자신의 부끄러움을 위대한 콤플렉스로 승화시키려면 나무처럼 더욱 고독하게 자신을 닦달해야 한다.

나남수목원 반송 밭 호수.

이제는 선배들이 포천 나남수목원에 정성 들여 키우는 20년이 다 되는 3천여 그루의 반송(盤松)들을 탐내기 시작한다. 나무처럼 살다가 나무 밑에 묻히려는 나에게 당신도 함께하고 싶다고 한다. 대자연 속에 수목장(樹木葬)을 하겠다고 채근한다.

   이번 추석에는 내 나무를 마음속에 정하는 일보다 할아버지와 아버지를 이곳에 모실 나무부터 정해야겠다는 생각이 앞선다.

   토마스 울프의 장편소설 제목만을 빌려 말한다면 이제는 '그대 다시 고향에 가지 못하리'라고 해야 하나 보다. (2018.9)

나무 바로 세우기

　무궁화꽃이 파란 하늘을 캔버스 삼아 두둥실 떠다닌다. 고개를 젖혀 시린 하늘에 떠 있는 꽃들의 군무(群舞)를 지켜보는 첫 경험의 현기증으로 가슴이 먹먹해졌다. 이십여 년 전 전남 진도의 폐교한 초등학교를 인수하여 미술관과 정원을 꾸민 매제(妹弟) 이상은의 집에서 받았던 충격이다.

　학교 숙직실 자리 곁에 꽃이 만개한 50년 넘는 거목의 무궁화나무에 정신을 빼았겼다. 이렇게 큰 무궁화나무를 처음 보는 경외감에 압도되었다. 교사 앞의 백 년이 넘는 동백나무 군락을 자랑하는 이 서방의 숨찬 목소리는 귀에 들어오지 않았다.

　수많은 선생님과 학생들이 지나쳤겠지만 아무도 이 나무에 관심이 없었을 것이고 정성스럽게 키우지도 않았을 것이다. 학교 뒤뜰 구석 후미진 곳에서 고독하게 자신만의 존재를 되새기며 '나절로' 인고의 세월을 보냈을 것이다.

　이제까지 무궁화나무는 학교 가는 길의 경계목 정도의 키

작은 나무로만 알던 나에게 사람 키의 두세 배가 넘는 무궁화나무의 존재는 코페르니쿠스적 전환의 깨달음이었다. 사람들의 어떤 사치를 부린 가위질이 아니라면 무궁화나무는 이런 거목이 될 수 있는 자연 그대로의 나무 그 자체이다.

두세 해 전 태풍으로 쓰러져 다시 볼 수 없다는 이 진도 무궁화나무의 그리움으로 수목원 곳곳에 심어두었던 무궁화를 키 큰 나무로 키우기 위해 가지치기를 부지런히 하고 있다. 밑동부터 다닥다닥 붙어나오는 잔가지들을 잘라내야 양분이 키로 갈 것이기 때문이다. 벌써 내 키를 훌쩍 넘는 녀석도 많다.

 몇십 그루는 동아일보사가 20년째 매년 식목일마다 한 사람에 한두 그루씩 광화문 네거리에서 나눠주는 무궁화나무 묘목들을 받아 몇 해째 심었던 것이다. 그 의미를 구현하듯 이곳에서 잘 자란 뜻깊은 현장이다. 남이 알아주건 말건 개의치 않고 일제(日帝) 35년의 기간만큼 무궁화 나무 묘목 나누기 사업을 수행한다고 하니 한 신문사의 의병(義兵)의 기개가 들불처럼 번질 이 사회가 그래서 살 만한지 모른다.

나무는 말이 없다. 나를 어떻게 키울 거냐고 묻지도 따지지도 않는다. 내가 의도하는 수형(樹形)을 잡아주고 무단 침입하는 덩굴들을 걷어주면 그다음부터 커가는 것은 나무의 몫이다. 나무에게 고맙다고 말하지만 수십만 년 계속되는 생태계의 순환

속에 주인공은 그들 나무이고 우리는 잠시 지나가는 나그네일 뿐이라는 회한도 스친다.

　나무처럼 살고 늙어가기가 쉬운 일은 아니지만, 인물이 되기 위해서는 인간적 욕망의 자질구레한 잡사는 애써 외면하거나 희생하는 결단이 있어야 한다. 스스로 선택하는 자유가 인간의 존엄을 높이는 일이지만, 크건 작건 간에 목표를 세운 일을 성취한다는 것은 그렇게 고독한 일일 수밖에 없다.

　몇 년 전에 정책적 예산지원을 받아 군부대에 무궁화동산을 꾸미는 사업이 전국적으로 일었다. 군인들에게 국화(國花)를 보급해서 충성심을 고취시킬 목적이었지 싶다. 당시 대통령 이름에 '무궁화 근(槿)' 자가 있어서 이 사업이 더욱 탄력을 받았다는 우스개도 있었다. 그전에는 건강에 좋다는 블루베리 열풍에 사람들이 몰려 묘목장사가 한탕을 했다더니만, 이번에는 눈치 빠른 사람들이 돈이 된다는 무궁화 묘목 군납품 사업에 뛰어든 모양이다.

　어떤 무궁화 선양사업회라는 곳에서 수목원의 묘포장인 비닐하우스를 빌려 달라고 했다. 묘목 재배를 배워보려는 욕심으로 지켜보았다. 손가락 크기 정도의 묘목 1천 개를 삽목하고 몇 차례 들락거리며 사진을 찍더니만 소식이 없었다.

　호수 위쪽 수목원 묘목밭 5백 평에 무궁화 묘목 150종(種)을 5그루씩 심어 만든 무궁화동산 시범전시장도 내팽개쳐지기는 마찬가지였다. 납품계약에 필요한 요식행위였거나 더 크게 돈 벌 기회를 찾아 나선 모양이다. 생명의 가치를 돈으로 환산하는 천박한 세태를 탓할 수밖에 없는 착한 농부의 마음이 아렸다.

3년이 지난 이번 여름에 형형색색의 무궁화꽃이 피어났다. 보살펴주지도 않았는데 묘목밭의 무궁화 묘목 중 절반 가까이가 스스로 생존하여 화사한 꽃을 달고 생환한 것이다. 새삼스럽게 아기 무궁화가 크는 재미에 빠졌다.

    한곳에 모아놓고 보니 무궁화의 종류도 다양했다. 꽃의 중심부에 붉은색(丹心)이 없어 꽃 전체가 흰색인 배달계인지, 단심이 있는 단심계인지, 단심과 함께 꽃잎에 붉은색 띠무늬가

책박물관 가는 길에 키를 크게 키우는 무궁화나무에 꽃이 피었습니다.

있는 아사달계인지 판별하는 일도 재미있다. 꽃도 겹꽃·반겹꽃·홑꽃이 있고, 색깔도 순백색·백색·담홍색·진홍색·분홍색·담청색·청색 등 우리의 색깔이며, 그 이름도 대부분이 눈보라·배달·새한·옥토끼·새빛·한마음·한얼·꽃보라·새아침·에밀레·영광·파랑새·평화·화랑 등 영어에 오염되기 전의 우리말을 달고 있어 더욱 반가웠다.

자연과 벗하여 나무를 심다 보면 의도하지 않았던 이런 꽃동산을 품는 기쁨도 생기는 모양이다. 훌쩍 커버린 무궁화 나무들을 적당한 간격으로 재배치하여 무궁화 동산으로 만들어야 하는 일도 나의 몫이 되었다.

5년 전에 임도작업을 하다 수목원 중턱에서 진달래 군락지를

하늘을 캔버스로 춤추는 진달래꽃의 군무(群舞).

발견했다. 키가 작은 나무로만 알았던 진달래의 키가 3미터나 되었다. 태고의 음향 속에 잠들었던 십여 그루를 호숫가에 옮겨 심었다. 상식의 반전은 항상 유쾌하다. 지금까지 내려다보았던 진달래를 이제는 고개를 젖히고 한참을 올려다보아야 한다.

봄날 하늘에 둥둥 떠 있는 진달래꽃의 군무(群舞)는 박경리 〈토지〉에서 참꽃으로 화전(花煎)을 부쳐 먹고 싶다던 별당아씨의 금기의 사랑에 도전한 괴로운 환희를 다시 보는 그리움이다.

이때부터 나지막하게 키우던 광릉집의 철쭉과 회양목들도 키 큰 나무로 키우기 위해 아래가지를 모두 쳐내고 위로 키우기 시작했다. 제법 줄기가 굵어지고 키도 자라 억눌렸던 나무의 본능이 유감없이 드러난다.

수목원의 소사나무도 정원의 조연처럼 둥그렇게 전지(剪枝)하였던 무의식적 관행을 깨트렸다. 자연 그대로의 나무로 키우기로 했다. 이제까지의 답답함을 보상받으려는지 활기차게 뻗는 수세(樹勢)가 느티나무를 닮으려 한다.

추석 전에 동네 이웃인 허균 사장이 산속에 묵어 있는 철쭉나무를 주겠다고 했다. 작년 이맘때 포천미래포럼에서 '나무 심는 마음'의 특강을 들었다며 수목원을 찾아왔다. 수목원 정자에서 수담(手談)을 나눈 우아한 바둑 한 판의 우정이었다. 그이가 친구가 되자고 했다. 서울의 직장을 관두고 종중을 지키는 한 20년의 전원생활에 많이 외로웠던 모양이다.

반송 밭 호수 중앙에 자리 잡은 철쭉의 하얀 꽃망울에는 지금 50년 만의 봄이 가득 찼다.

　내 키를 훌쩍 넘는 50년은 넘어 보이는 우람한 철쭉나무를 내 품에 안을 때까지 보름 넘게 밤을 설쳤다. 잘 키운 반송이나 오래된 눈주목이 연상되는 생전 처음 보는 웅자(雄姿)에 감동을 갈무리하기 쉽지 않아서인지 가을이 오는지도 몰랐다.

　오랜 세월 한 뿌리에서 수십 개의 줄기를 내밀며 보무당당한 자태를 뽐내는 철쭉나무 세 그루를 정자 앞 호숫가에 심었다. 산중에 갇혔던 빛 같은 어둠을 걷어내고 쏟아지는 맑은 햇살에 맘껏 어깨 펴고 하늘로 치솟기를 바랐다. 봄날 키 큰 진달래나무꽃과 어떤 앙상블을 이룰지도 궁금하다.

　두 그루는 사방댐 호숫가 중간의 늙은 밤나무를 베어낸 허전한 자리를 대신하게 했다. 이제야 안온한 공간의 평화가 왔다. 책박물관 앞의 호숫가에도 세 그루를 모셨다. 장송 숲과 자작나무 숲길의 매력 포인트에 자리를 내주었다. 초록공간인 잔디밭이 훨씬 넓어 보인다. 수풀에 갇혀 햇볕 차지하기 경쟁으로 한쪽으로만 기울어진 녀석은 안쓰러운 마음으로 비탈진 곳에 심어 균형을 잡게 했다.

제일 잘난 한 그루는 수목원 초입에 자리를 잡은 고졸한 오층석탑을 양손으로 마주 잡고 수목원을 찾아오는 사람들을 반갑게 맞이하라고 했다.

붉은 구름바다 같은 철쭉나무꽃들과 여한이 없는 사랑에 빠질 것 같은 찬란한 봄 4월을 벌써 기다린다. (2018.10)

밤나무는 밥나무이다

밤은 밥이다. 6년 전 수목원에 심었던 3백 그루 밤나무가 올가을 대풍년을 맞았다. 몇 가마를 수확했는지 모른다. 처음 유실수 단지를 만들면서 언젠가 결실을 보리라는 희망으로 내친김에 밤알이 굵고 당도가 높다는 묘목을 구입했다. 함께 심었던 헛개나무, 음나무 1천 그루 묘목 값보다 두세 배 더 들었다. 내년이면 헛개나무 열매인 산호를 닮은 달콤한 과병(果柄)도 맛볼 수 있을 것 같은 예감도 든다.

그동안 반송 3천여 그루 가꾸기에 정신이 팔려 소가 닭 보듯 무심히 지나쳤던 밤나무들이 저 혼자 자랐다. 거름을 따로 주거나 농약을 치지도 않았는데 나 보란 듯이 늠름하게 알밤의 존재감을 자랑한다. 살다 보면 의도하지 않은 착한 결실을 얻기도 한다. 자연 생태계의 장엄한 운항을 인간의 잣대로 재려는 조급함을 유쾌하게 배반한다.

가을빛에 영롱하게 반사되는 밤 한 톨의 결정체 속에 한여름 뙤약볕과 천둥 몇 개를 품었는지도 모른다. 쩍쩍 벌어진 밤송이 가시를 피해 가며 굵은 알밤을 줍는 첫 수확의 기쁨에 들떠선지 가을 햇볕이 짧다. 작은 행복을 크게 생각하며 살라고 웅변하는 것 같다. 풍년은 밤나무가 만들었는데 이웃에게 밤을 나눠주는 기쁨은 내가 차지하는 가을날이 되었다.

    과실나무는 묘목을 심고 오육 년이 지나서야 결실을 확인할 수밖에 없는 일이다. 농부의 신뢰를 저버리지 않은, 얼굴도 모르는 묘목장수의 약속이 고맙기도 하다. 땅을 믿고, 나무를 믿고, 사람을 믿고 살아야 한다. 밤나무도 유실수인 사과나 배나무처럼 삼사십 년이 되면 고목으로 주저앉을 것이다. 그 무렵에는 튼튼한 묘목을 다시 심어야 한다고 손주에게 당부하는 것도 잊지 않을 것이다. 올겨울은 몇날 며칠을 삶거나 구워서 밥 대신 밤을 먹을 것 같다.

밤은 영양가가 쌀의 절반을 차지할 정도로 각종 비타민을 풍부하게 함유한 대용식량 자원이다. 산에는 밤알은 잘지만 달콤한 자생 산밤이 있고, 동네마다 가난을 벗어나기 위해 심은 밤나무가 숲을 이루기도 한다. 경향 각지에 동네이름으로 '밤나무골'이 있다. 임진강 변 화석정(花石亭) 아래 율곡 이이의 율곡리, 율촌 로펌, 율산 그룹 등은 밤나무가 많은 고향을 그리며 작명했는지도 모른다. 허균의 '홍길동전'에서 그린 이상국(理想國)도 밤나무가 많을 것 같은 '율도국'이다.

밤나무는 밥나무이다. 묘목을 심은 지 6년이 지나자 우렁찬 밤톨의 포효를 시작한다.

오랫동안 우리 곁에 살아온 기록도 백제, 고려 때까지 거슬러 올라간다. 지금도 충남 공주밤이 유명한 것은 백제 전성기의 흔적이다. 그때부터 집단적으로 밤을 심어 왔던 유산이 아닐까 싶다. 고려 때는 왕명으로 밤나무를 심게 하여 구휼(救恤)식량으로 예비한 기록도 있다. 도토리를 맺는 참나무들 중 알이 제일 굵은 상수리나무는 임진왜란 때 쫓기며 어려움을 겪던 선조의 수라상에 올려져 '상수리'라는 이름을 얻었다고 한다. 밤나무는 부족한 식량을 보완하여 백성들의 굶주림을 극복하게 한 효자들임에 틀림없다.

밤송이에는 대개 3정승을 뜻하는 밤알 3톨이 가지런하게 들어 있다. 가운데 녀석이 몸집을 부풀리면 양쪽 밤알은 찌그러들 수밖에 없는 것은 사람 사는 세상과 같다. 묘목을 심고 싹이 트고 자란 후 밤나무를 헤쳐 보면 뿌리에 밤 껍질이 남아 있음을 볼 수 있다. 이것을 후손의 번성과 절개 그리고 순수한 혈통이라는 의미로 읽어 밤나무가 숭조(崇祖)의 상징목이 되었다. 과실은 전통적 관혼상제에 쓰이는 귀중한 상징이었다.

　제사 준비 때 생율(生栗)을 치는 일은 남자들의 유일한 몫이었다. 고등학교 때쯤, 이제는 네가 하라며 장성한 아들에게 밤을 치는 칼을 넘겨주던 아버지의 따뜻한 눈길을 생각하면 지금도 그리움의 경련이 인다.

　도회지의 초여름은 삭막한 도시에 계절의 감각을 일깨우는 아까시나무의 향기에 포위된다. 그냥 지나쳤던 뒷산이나 유휴지에 번창하는 아까시나무가 하얀 꽃들을 무더기로 달고, 달콤한 꿀과 향기에 취한 벌 나비들과의 무도회가 한창일 때이다.

　이 향기의 여운이 가시고 뒤이어 메밀꽃 필 무렵이면 더욱 짙어진 밤꽃 향기가 뒤를 잇는다. 원초적 본능 같은 향기라고 얼굴을 붉히는 사람은 혼삿날 늙으신 아버지가 며느리 치마 위

향기 짙은 밤나무꽃.

에 다남(多男)을 기원하며 대추와 함께 던져주었던 알밤의 아련한 추억을 떠올렸기 때문일 것이다.

이종화 시인은 〈밤나무꽃 숲속에서〉라는 시에서 '하얀 꽃향 은은한데 / 산속에는 하얀 물결 정든 님을 부르네 / 하얀 물결 은빛 바다 옛 추억의 달콤함에… / 자연 속에 살고파서 밤꽃 향에 안기련다'고 노래하기도 한다. 시인은 가지가 휘어질 만큼 피어난 밤꽃물결에서 은빛바다를 떠올리고, 자연을 밤꽃 향기와 짝 짓는 젊은 날을 그리워한다.

나무는 가지 하나하나가 또 하나의 나무다. 거목의 밤나무 하나가 향기 짙은 밤나무숲이 될 수 있는 이유다.

'나도밤나무', '너도밤나무'라는 나무는 설화(說話)에 물들어 있다. 율곡 이이가 어렸을 때, 탁발 온 스님이 율곡을 보고 호랑이에게 물려죽을 상이라 했다. 놀란 어머니 신사임당에게 이 재앙을 피하려면 뒷산에 밤나무 1천 그루를 심으라 했다. 나중에 스님으로 변장한 호랑이가 다시 와서 율곡을 데려가겠다고 하자 신사임당이 약속대로 심은 밤나무밭을 보여주었다. 두 그루가 죽어 998그루만 남아 있었다. 호랑이가 본색을 드러내 율곡을 물어가려 하자 그곳에 있던 나무가 '나도 밤나무다'라고 했고, 옆에 있던 나무에게 '너도 밤나무잖아'라고 하여 호랑이가 물러갔다고 한다.

너도밤나무는 울릉도 성인봉의 높은 곳에만 자란다. 마가목과 함께 울릉도를 대표하는 나무이다. 조그마한 세모꼴의 도토리를 달며, 잎은 밤나무보다 약간 작고 통통하게 생겼다.

나도밤나무는 밤나무와는 다르다. 밤나무보다 잎이 약간 크고 콩알만 한 새빨간 열매가 줄줄이 매달리며, 남쪽 해안 어디에나 자란다. 사랑의 약속에 증인이 되기도 하는 '마로니에'라고도 불리는 칠엽수의 맨들맨들한 껍질 속의 까만 열매도 앙증스럽게 귀여운 작은 밤과 같다. 그러나 독성이 있다.

이 가을을 지키는 밤나무만이 우리의 밥나무이다. (2018.11)

수목원의 사계四季

20만 평 수목원 조성에 매달린 지 10년을 넘기자 철마다 연출하는 숲의 풍경들이 풍성해졌다. 내가 의도하지 않았던 생태계 모습들이 경이롭기도 하다. 그동안 내 눈높이가 부지불식간에 자연에 많이 가까워졌는지도 모른다.

나무들과 씨름하며 그들과 생명의 호흡을 같이하다가, 잠시 찾아오는 망중한에 불현듯 스치는 생각으로 수목원 풍경을 스마트폰에 담기도 했다. 이때를 놓치면 다시 찾을 수 없는 장면들이다. 하루 중에는 동트기 전의 빛이 순하게 곱고, 해질녘의 빛은 신비하게 사진을 받쳐 준다.

사진공부를 하는 아내의 작품까지 협찬 받아, 지난해와 마찬가지로 수목원 사계절 모습 52컷을 엮어 새해 주간(週間)달력으로 만들기도 하고, 수요가 자꾸 늘어 나중에는 큰 월력(月曆)으로 만들어 나누어 가졌다. 묵은해를 보내고 새해를 맞는 나만의 의식이다. 달력 인심도 강퍅해진 세태 탓인지 작년에는 수목원 달

력의 인기에 시달리기도 했다. 사진 밑에 몇 자 적은 단상(斷想) 들을 다시 펼쳐 읽으면서 수목원의 파노라마를 떠올린다.

새해 겨울, 폭설 뒷날의 고즈넉한 나남 책박물관의 풍경이 첫 장이다. 이곳은 나남출판 40년의 땀에 밴 4천 권이 다 되는 책 들이 한국 현대지성을 증언하고 있다. 책박물관 북카페 입구의 심정수 청동조각상 〈물고기는 하늘을 날고, 나는 배를 저어간 다〉가 얼어붙은 호수가 풀리기를 기다리며 어떤 그리움을 더한 다. 그렇다. 그리운 것은 그리워하자.

책박물관 앞 넓은 테라스의 눈 덮인 빈 의자가 희망의 담론을 나눌 누군가를 기다리고 있다.
　이름 모를 도공이 쌓은 5층 석탑도 장송 밑에서 봄을 꿈꾸며 머리에 눈을 얹고 있다. 호수 앞 거목이 된 느티나무는 나목에

피어 있는 눈꽃도 아름답다. 눈을 뒤집어 쓴 인수전(仁壽殿) 앞의 석등이 오히려 평화롭다. 3천여 그루 반송들에게 무명(無明)의 바다를 밝히는 등불인 셈이다. 석등의 옥개석은 조선 후기로 오면 팔각지붕을 연출하여 장명등으로 화려함을 뽐낸다.

호수를 휘돌아가는 굽은 계단의 아무도 밟지 않은 눈길에

책박물관 북카페 입구의 심정수 청동조각상.

나남 책박물관 내부.

책박물관 호숫가에 조그마한 쉼터를 마련하고 추사 김정희의 글씨 "豊士室"을 담았다.
선비로 꽉 찬 풍경을 그려본다.

한겨울 철쭉나무에 핀 눈꽃.

작은 발자국이라도 남기고 싶다. 후학들이 그 길을 뒤따를 테니 함부로 걸어서는 안 될 일이다. 추사(秋史) 김정희의 풍사실(豊士室) 글귀처럼 호수 옆의 공간에 어진 선비들이 가득 차길 기대한다. 동네 친구의 배려로 지난해 수목원의 새 식구가 된 50년이 넘는 10그루 우람한 철쭉나무에도 눈꽃이 피어 다른 얼굴로 반긴다.

아홉 가지 산벚의 웅자.

그리고 수목원의 봄 풍경이다. 인수전 앞 호숫가 중앙에 자리 잡은 철쭉의 하얀 꽃망울에는 지금 50년 만의 봄이 가득 찼다. 철쭉의 현란한 향기가 하얀 꽃, 붉은 꽃 속에 춤춘다. 날렵한 처마 끝에 걸린 눈들이, 우아했던 정자의 기와지붕이 이제 봄의 향기에 더욱 고와 보인다.

　오랜 세월 그 자리를 지킨 토종 산벚의 위용이 3천여 그루 반송들을 보듬고 있다. 커다란 바위 곁의 이 거대한 산벚나무 아래에서 외롭게 수목원 그랜드 디자인을 구상하고 공사를 지휘 감독했다. 꽃비가 열 번은 더 내렸다. 산벚의 봄날은 너무 짧다. 그리고 산벚의 단풍은 너무 빠르다.

야광나무는 야광주(夜光珠)와 같이 한밤중에도 빛을 낸다. 화려하고 예쁜 꽃으로 벌 나비를 부르며 무르익는 봄을 온통 흰 꽃으로 뒤덮는다. 특히 10미터가 넘게 큰 이 나무는 바위를 감싼

상사화. 초봄 풍성하던 잎이 뭉그러진 자리에 장마가 오기 전에 올라선 꽃대.

뿌리를 드러내며 당찬 생명력을 발산한다. 새 잎이 길게 갈라지는 아그배나무와 비슷하다.

　상사화는 겨울을 밀어내고 맨 처음 소담한 녹색 잎들을 탐스럽게 내밀며 봄을 증명한다. 한두 달 지나면 잎들이 뭉그러졌다가 잊을 만하면 불현듯 우련 붉은 꽃대를 빼어 올린 상사화(相思花)가 곱디곱다. 잎과 꽃이 서로 보지 못하고 그리워만 한다고 해서 상사화라고 한다.

　책박물관 앞뜰의 석등이 목련꽃 그늘에 서 있다. 석등의 옥개석이 사각지붕인 것으로 보아 조선 중기의 장명등(長明燈)이다.

　참꽃인 진달래가 나보다 더 큰 키로 하늘가를 맴돈다. 파란 하늘을 캔버스 삼아 꽃들이 군무를 그리는 모습은 우리 수목원에서만 볼 수 있다.

　반송 3천여 그루를 호위하는 20명 문인석의 감추어진 미소는 2~3백 년을 견뎌온 소이부답(笑而不答)의 침묵이다. 3년 전

석등이 목련꽃 그늘에 서 있다.

내 키를 훌쩍 넘는 진달래나무의 꽃들이 하늘에 춤춘다.

양평에서 이식한 배롱나무 몇 그루가 추위를 견뎌내고 처음으로 화사한 꽃잎을 매달았다.

박태기 붉은 꽃은 화려한 봄날의 압권이다. '밥티기'와 닮은 꽃은 쌀밥보다 서민들의 밥인 조나 수수의 밥알 같다. 꽃이 잎보다 먼저 핀다.

박태기나무의 붉은 꽃은 정열 이상의 염원이 담겨 있다.

겹황매화의 노란 물결이 철쭉의 붉은 물결보다 훨씬 어른스럽다.

　바위틈에 집단으로 꽂아 둔 겹황매화(죽단화)의 노란 꽃바다가 이른 봄날의 수목원에 넘실거린다. '만첩홍도'의 붉은 꽃이 깜짝 놀랄 화려함으로 잔디광장의 봄을 빛내고 있다. 무릉도원의 복숭아꽃도 이런 감흥이었으리라.

　장송의 싱그런 녹음과 벚꽃의 꽃그늘 합창 속을 뚫고 치솟는

깜짝 놀랄 화려함의 만첩황도의 붉은 꽃이 야성의 함성을 올린다.
몽유도원에도 이 복숭아꽃이 있는지도 모를 일이다.

분수의 청량함에 봄날은 간다.

여름날 아침 고요의 숲길에 놓인 빈 의자가 누구를 기다린다. 한탄강댐 수몰지역에서 구출한 장년의 느티나무들이 3~4년이 지나자 이제 새로운 땅에 착실하게 뿌리를 내려 그 푸르름도 짙어졌다.

내 키만큼 잘 자란 수국나무의 하얀 꽃이 한여름 초록의 잎새를 바탕으로 탐스럽게 흐드러졌다. 부처님의 뽀글거리는 머리를 연상케 하여 불두화(佛頭花)라고도 부른다. 하얗게 피기 시작한 수국 꽃들은 점차 시원한 청색이 되고 다시 붉은 기운을 담다가 나중에는 자색이 된다. 마른 꽃을 달고 새싹이 나올 때까지 겨울을 이겨낸다.

수국나무 흰색의 아름다움이 초여름을 감싸안는다.

기독교인들이 좋아한다는 산딸나무의 십자가형 흰 꽃은 가짜 꽃이다.

　초여름 산딸나무에 십자 모양의 하얀 꽃이 천사를 만난 것 같다. 기독교인들이 이 꽃을 좋아하는 모양이다. 우리에게 보이는 하얀 꽃은 벌 나비를 부르기 위한 가화(假花)일 뿐이다. 가을엔 딸기 같은 둥근 빨간 열매를 맺는다.

　밤나무에도 꽃이 피었다. 아카시꽃의 짙은 향내가 사라지면, 어떤 본능 같은 밤나무꽃 향내가 진동하며 가을의 알톨 같은 결

한여름 뭉개구름이 수목원을 시샘하고 있다.

춘양목으로 유명한 춘양의 어느 고택 앞에서 우연히 마주친
흐드러지게 꽃 피어 있는 목백합나무.

실을 약속한다.

　수목원 조성 초기에 심었던 호숫가의 40년 된 반송이 홀로 자라 그 위용을 자랑한다. 이제는 호수 주변 둘레길을 따라 걸으며 아름다운 자태를 만질 수도 있다. 나무처럼 늙고 싶다면 나무처럼 살아야 한다.

40년 전 미국 육사 앞에서 보았던 목백합나무의 노란 튤립 같은 꽃이 수목원에 자리 잡은 지 7~8년이 되자 피기 시작했다. 잎사귀 뒤에 수줍게 숨어 바람결에 잠깐씩 자태를 보여준다. 백두대간 수목원에서 시베리아 호랑이를 구경하고 하룻밤을 머문 춘양 고택 앞에서 만난 흐드러지게 피어 있는 목백합꽃을 보며, 시간이 더 쌓여야 하는 우리 수목원 목백합나무의 가까운 미래를 그려본다.

아내가 정성으로 가꾸는 아름다운 허브 라벤더 꽃밭 주위는 코스모스와 달맞이꽃 군락지이다. 코스모스의 큰 키 높이만큼의 가을 고독으로 홍역을 앓았던 젊은 날의 향수로 마련한 코스모스 군락지이다. 분홍낮달맞이꽃도 진화를 거듭하면 대낮에도 활짝 꽃피우는 붉은 해맞이꽃이 되기도 한다.

허브 라벤더 꽃밭. 분홍달맞이꽃이 백주 대낮에 요염한 자태를 뽐낸다.

1천 개 구근을 새로 심었던 꽃무릇이 그 제국의 영토에서 군락을 형성하기 시작한다.

인수전 정자 앞의 작은 평화를 찾는다.

 꽃무릇이 군락을 형성하기 시작한다. 아내는 고창 선운사의 꽃무릇 군락지를 꿈꾸며 책박물관 가는 길에 1천 개의 구근을 정성스레 심었다.

 여름 끝자락에 가을의 전령사인 벌개미취와 구절초가 만발했다. 벌개미취는 씨앗을 뿌리고 옮겨심기를 반복하여 수목원 도처에서 군락을 이루어 이제는 우리 수목원의 상징이 되었다.

인수전 정자 앞의 호숫가. 3칸 정자가 고즈넉하게 산중호수에 안긴다. 갈대가 자란 안온한 늪이 비단잉어의 어린 새끼들도 황새의 공격을 피할 은신처가 된다. 반송 밭 앞의 호수를 덮는 하얀 수련(睡蓮)이 탐스런 꽃을 드러낸다. 잠들지 말라고 비단잉어들이 발가락에 간지럼을 태웠는지도 모른다.

낮은 산에서는 찾아보기 힘든 우람한 구상나무가 자태까지 곱기도 하다. 우리 토종인 전나무, 가문비나무와 친척으로 외국에서 원예종으로 개발해 크리스마스트리로 사용한다.

아름다운 반송들을 누군가는 푸른 초가집 같다고 좋아한다. 전지하느라고 공들인 시간이 길어질수록 사랑도 더욱 깊어간다. 손길이 많이 간 수목원 인포메이션 센터 앞을 지키는 반송이 제법 우람하다. 요즘에는 살이 통통하게 오른 그 옆의 키 큰 느티나무에 눈길이 자주 간다.

구상나무. 우리 토종의 기상이 가상하여 돌담을 둘러 존경을 표시하고 있다.

무늬병꽃의 자연스러운 고결함이 5층석탑을 옹위하고 있다.

나남수목원 입구 인포메이션 센터 앞에 맨 처음 심은 반송.
그 너머 느티나무도 자리를 잡아 10미터에 가깝다.

맑디맑은 호수에 투영된 단풍나무가 가을을 새롭게 읽어내고 있다. 노란 초롱 같은 꽃으로 봄을 처음으로 열었던 히어리나무가 하트모양의 노란 잎으로 가을의 빛 속을 가른다. 뒤편의 블루베리들이 연출하는 붉은 단풍보다 히어리의 노랑 완성체가 가을의 삽상함으로 더욱 신선하다.

만추(晩秋)의 햇살을 받은 반송들의 초록우산이 깔끔하다.

히어리나무의 단풍. 노란색의 절창을 맘껏 부르고 있다.

딱따구리가 쪼아놓은 인수전 현판.

정자 인수전의 기둥과 대들보는 벌써 고풍스런 분위기를 풍긴다. 인수전 현판을 딱따구리인지 새가 적당히 쪼아 놓았다. 어쩌면 이것이 고풍(古風)스러울 수도 있겠다는 생각도 들어 그대로 두기로 했다. 수목원 조성을 당신 일처럼 그렇게 좋아하시는 구순을 넘긴 예춘호 선생이 인수전(仁壽亭)으로 당호를 써주신다고 한 약속도 은근히 기다려본다. 뒤편의 기장산하(氣壯山河)

백년 자작나무숲은 이렇게 시작한다.

는 글의 무게에 눌려 새들이 범접하지 못한 모양이다.

이제 새로 심기 시작한 자작나무들이 이룰 백 년 자작나무숲에 안길 생각은 생각만으로도 가슴 벅차다.

다시 설국(雪國)이다. 한 해가 저문다. 한 해를 늠름하게 열심히 살았는가? 산사(山寺)를 찾아가듯 저 눈길에 조심스런 발자국을 남기며 '세상에 가장 큰 책'을 수목원으로 남기려는 나에게 주어진 길을 늠름하게 가야 하는 새해의 꿈을 키울 일이다.

〈신동아〉 2020년 1월호〉

제 2부

언론 의병장의 꿈을 함께하는
아름다운 사람들을 위하여

　삶의 시간을 어떤 단위로 나누는 일은 고비마다의 매듭을 정해 보고 싶은 사람들의 안타까운 몸짓일지 모른다. 잠깐의 숨 고르기를 위해서거나, 스스로의 의미부여이거나, 문득 소외되지 않았음의 확인이거나가 그것일 것이다.

　2009년 5월은 나남출판사가 창립된 지 30주년이 된다. 자축도 하고 싶고, 널리 알려 축하도 받고 싶은 마음은 한이 없었다. 그러나 이 일들이 갑자기 쑥스러워지기 시작했다. 출판 30년이 뭐 그리 대단한 일이라고 하는 생각과, 요즘 들어 하나의 사기업에 불과한 우리 출판사가 어쩌면 얼마만큼은 공적 영역에 자리한 게 아닌가 하는 겸손까지 겹치는 생각 때문이어서인지도 모른다.

　그것은 각박한 회사 살림형편에도 뜻만을 살려 운영해온 〈지훈상〉이 벌써 공평무사하게 10년이 되어 아름다운 권위라도 세운 듯하고, 한국연구재단 명저 번역사업에 참여하여 1백

권을 목표로 80여 권이 3년째 출판되고 있기 때문이다.

출판사 창립 30주년과 나의 60 회갑을 기리자며 잉크냄새와 활자에 중독된 나의 속세의 욕망을 결국 벗어나지 못하는 한계를 증명하듯〈언론 의병장의 꿈〉을 출판했다.

이 책에서는 박경리 선생의〈토지〉출간과정을 모두 정리한 글에 나의 '출판하는 마음'을 정직하게 털어 놓았다. 후학들에게 작은 도움이라도 주기 위함보다 나의 50 주변의 모든 삶을 쥐어짜낸 기록이라고 해야 할 것 같다. 이청준 선생을 통해서는 그를 타산지석(他山之石)으로 삼아 사람이 사람답게 사는 지혜를 공부한 셈이다. 10년의 시차는 있지만 동향 출신이라는 지연(地緣)으로 가슴 터놓고 군부독재 시대를 같이 고민했던 시간만이라도 행복했다.

인간관계의 연속들이 결국 혼자 살 수 없는 삶이라는 사실을 증명하는 것이 아닌가 싶어서이다. 또는 치열하게 살았던 시절을 시시콜콜 기록하여 공개함으로써 그 열정을 간직한 채 계속 타오르는 불꽃으로 간직하고 싶어서인지도 모른다.

1989년 나남 10주년 기념은 '나남신서 1백 호 기념'과 같이했다. 10년 동안 출판사로 버텨낸 것과 언론학 전문도서를 1백 권이나 낸 것을 자축하고 싶었다. 프레스센터의 기념식장에서는 젊은 출판장이의 열정을 축하하면서도 역마살이 낀 저이가 저

왼쪽부터 아내, 김경동 서울대 교수, 필자, 홍일식 고려대 총장, 박맹호 민음사 사장,
이강수 한양대 교수, 김중배 동아일보 논설위원.

일을 계속할까 하는 호기심 어린 눈길을 받았다. 나는 나남신서 1천 호, 5천 호의 위업도 달성할 수 있을 터이니 더 많은 관심과 애정을 갖고 지켜봐 달라고 호기를 부렸다. 그리고 20년이 더 지나면 나남신서는 벌써 2천 5백 호를 넘어서고 있다.

1994년 창립 15주년 기념식은 강남 서초동 사옥을 마련한 집들이와 겸했다. 기뻤다. 번듯한 내 터전을 마련한 것이다. 지하철 양재역과도 가까워 저자들이 출입하기도 편리해졌고 넓은 공간의 여유로움은 너무 좋았다.

1995년에는 파주 통일동산에서 금촌 가는 길에 4천 평의 부지에 1천 5백 평의 현대출판유통을 설립하여 이젠 창고 이사 걱정이 없어서 좋았다. 이렇게 사옥과 창고문제를 해결하고 한숨을 돌리고 있는데 출판사 뒷집의 영감님이 상속문제 때문이라며 1백 평의 땅을 떠넘겨 주었다. 힘겹게 증축공사를 마쳐 대지 2백 평, 건평 9백 평의 지훈빌딩이 되었다. 자금사정도 빠듯하고 일할 시간도 벌 겸, 맨 꼭대기층은 이른바 펜트하우스 흉내를 내서 한두 해 살림집으로 사용하기도 했다.

이곳은 1971년 대학 2학년 때 내 인생을 바꾼 광주(廣州)대단지 사건을 취재하러 동대문운동장에서 시외버스를 타고 성남으로 가던 흙먼지 이는 신작로 길가의 논밭이었던 말죽거리 그곳이 아닌가. 참 운명이다 싶었다.

1997년 번듯한 사옥을 완성하고 한숨 돌리려던 차에 맞은 IMF 외환위기로 머리가 하얘졌다. 출판을 처음 시작하던 1979년 가을 새벽에 배달된 대통령 피살의 조간신문을 펴들 때 받은 충격은 비할 바도 아니었다. 어느덧 부양할 가족이 20여 명이 넘는 중소기업 사장이 되어 있어 어깨가 무거웠다.

멀쩡한 담보대출을 현금확보라는 미명으로 상환을 독촉하며 고율의 대출이자를 강요하는 하이에나 같은 은행에게 시달리고, 날마다 터지는 도매상과 서점 부도의 악령에 밤잠을 설쳐야 했다. 그래서 6·25 전쟁과 이 외환위기를 극복한 사업가는 믿어도 된다는 말도 생겼다.

새천년이 시작하기 직전인 1999년, 창립 20주년은 계간 〈사회

1999년 나남출판 창립 20주년 기념식에서
한만년 일조각 사장, 어머니, 필자, 아내, 김중배 대기자와 함께.

비평〉 10주년과 '나남신서 7백 번' 내 박사학위 논문인 〈한국언론과 출판저널리즘〉 출판기념을 겸하였다. 프레스센터 국제회의장에 모인 저자분들이며 좋은 선배들인 6백여 명의 하객들은 서로가 서로에게 '조나남'과 어떤 사이냐며 기분 좋은 관계 확인에 바빴다. 출판으로 얽혔지만 휴먼 네트워크의 질과 양이 이렇게 광대무변할 수 있음을 웅변하는 듯했다.

항상 부러워했던 일본 광고기획사 덴츠(電通)의 신년하례식처럼 민간의 힘에 의해 이 시대 지성을 한자리에 모일 수 있게 한 것 같은 절반의 성공에 스스로 감동했다. 대성황을 이룬 하객들 앞에서 언론으로서의 출판과 출판의 사회적 지위와 역할을 누누이 강조한 것은 이젠 피할 수 없는 출판장이로서 그 길을 가야 한다는 스스로의 다짐이기도 했다.

창립 25주년 기념
〈아름다운 사람들과
함께한 나남출판 4반세기〉.

2004년은 창립 25주년이 되는 해였다. 창립기념식 행사를 대신하여 6개월 동안 고생하여 목침 같은 46배판 1,120페이지 책 〈아름다운 사람들과 함께한 나남출판 4반세기〉를 발간하였다. 여느 출판사도 시도해 보지 않은 2천여 권의 총 도서목록과 해제를 실었다.

인쇄매체의 기록성을 담보하는 의미 있는 작업이었으나 6개월에 걸친 시간과 물량의 투입이 너무 힘들었다. 발간 도서의 집대성은 흐뭇했으나 옥(玉)에 낀 티와 같은 책도 많았다. 엄격하게 정선(精選)하지 못한 안목과 치열한 자기검열의 부족함을 부끄러워해야 했다. 빠른 정보검색을 위해 CD도 별도로 제작하였으나 굳이 큰 책으로 출판한 것은 책이 갖는 공간성의 의미와 함께 내 분신인 양 쓰다듬고 싶은 값비싼 허영도 있었으리라 싶다.

2004년은 파주 교하의 출판도시에 자리를 잡았다. 한강 하류의 기름진 퇴적층의 언저리로 한강이 임진강의 물과 만나 강화도를 돌아 망망대해로 빠져나가는 곳이다. 동업계 동무들도 사옥을 마련하여 1백여 개사가 도란도란 입주했다. 근 20년의 강남 서초동 시대를 마감하고 이 벌판에서 새로운 시대를 열었다. 550평의 부지에 세운 850평의 거탑(巨塔)이다. 비효율적이라고 말리는 사람도 있었으나 지하 2층 깊이의 넓은 창고도 같이 마련하여 흔들리지 않을 출판사의 기틀을 잡았다. 갈대 수로의 풍경과 함께 부드러운 곡선의 커다랗게 휘어진 바람의 벽을 두른 독특한 모습의 사옥은 자유혼의 디자이너인 친구 김영섭의 설계이다.

사옥을 장송(長松)으로 띠를 두르고 자작나무의 작은 숲도 마련했다. 넓은 바람의 벽에는 담쟁이를 올렸더니 벌써 절반 이상을 덮고 있다. 교통시간을 생각해서 별도로 서울 지사를 마련할까도 생각했지만, 꿀을 찾는 벌을 불러들일 문화의 진한 꽃향기가 이 거리 정도는 극복하지 않겠느냐는 고집으로 경기 북부 시골 심학산(尋鶴山) 자락의 자유로(自由路) 연변인 여기에 올인했다.

새로운 땅이기도 했고, 이제는 또 출판사 사옥을 옮기는 것도 어려운 일일 것 같아 지신(地神) 밟기도 할 겸 1년 넘게 사장실 옆에 요사(寮舍)채를 만들어 숙식을 같이하기도 했다. 그리고 10년이 지났다.

이제 나남출판 창립 30주년이 되었다. 처음 출판사를 시작하면서 다짐했던 편견 없는 열린 광장, 지성의 열풍지대의 숲은 얼마나 갖추어졌는지 모르겠다. 숲이 무성해야 봉황(鳳凰)이 나래를 펴고 내려앉을 수 있기 때문이다.

'나남'이라는 지적(知的) 저수지는 이 골짜기 저 골짜기의 맑은 물을 얼마나 받아들여 이를 지킬 수 있는 튼튼한 보(洑)가 되었지 싶다. 다양성과 차이를 포용하는 해납백천(海納百川)의 나남출판이라는 용광로는 자유의 활화산으로 지금도 용솟음치고 있는지 모를 일이다.

앞으로 또 하나의 30년을 준비하는 푸르른 수레바퀴를 굴리기 위해서라도 지난 삶의 궤적을 다잡아 돌아보며 반성하는 일이 필요했다. 지난날의 글은 삶의 향기보다는 출판을 통해 세상을 읽어내려는 치열한 몸짓밖에 보이지 않는다. 그러나 그것은 나의 삶의 성장통(成長痛)의 흔적들일 수도 있다.

 삶에 대한 팍팍함 때문인지 암울했던 시대상황을 헤쳐 나가야 하는 외로움 때문이었는지, 자기검열의 엄격한 잣대도 보이고, 기존 사회제도에 대한 적의(敵意)도 잘 숨기질 못해 들키는 생경함도 있으며, 미래에 대한 불안을 감추기 위해 오히려 호기롭게 목소리를 높이기도 한다. 그러나 30년 동안 이러한 주장의 언행일치(言行一致)는 절반이나 실천하였을까 싶다. 어쩌면 이루어질 수 없는 이상향에 몸을 숨기고 사는지도 모른다.

나는 지금 출판사 일 틈틈이 시간을 쪼개 포천 신북에 20만 평의 '나남수목원'을 만들고 있다. 양지 바른 곳에 수목장(樹木葬)으로 사용해도 좋을 3천여 그루의 12년생 반송도 정성스럽게 키우고 있는 스스로에게 전율(戰慄)을 느낀다.

아름다운 사람들과 함께한 30년이었다. 5년 전 주역(周易) 공부를 하면서 남동원(南東園) 스승께서 나에게 주신 호가 '구원'(衢園)이었다. 대축(大畜) 괘(䷙)의 '何天之衢 道大行也'의 뜻을 주신 것이다. '何天之衢'(하천지구)는 천상의 사통팔달하고 무애무변(无涯無邊)한 도(道)를 짊어지다, 또는 완성한다는 너무 큰 뜻에 다름 아니다.

　내가 꿈꾸는 "언론 의병장의 꿈"은 이 정도는 되어야 한다는 말인가. 아직도 갈 길이 너무 멀다. (《언론의병장의 꿈》서문, 2009.)

첫 독서,
책에 눈뜰 무렵

모든 첫 경험은 첫사랑처럼 어리숙하게 시작한다. 그러나 오래 기억되면서 그 모티브에 스스로의 상상이 나래를 펴고 살이 덧붙어 자꾸 성장하면서 오늘의 나를 견디게 하는 비밀병기(秘密兵器)가 된다.

1969년은 우울한 한 해였다. 젊음의 방자한 열아홉 청춘을 재수생이라는 굴레에 옭아매야 했기 때문이다. 처음에는 두세 달 광주에서 영어 과외를 했고, 다음에는 서울로 유학해서 대성학원을 다니는 광화문통 아이들 중의 하나가 되었다.

진재덕 선생은 유별난 젊은 영어 선생님이었다. 고교 선배라서 모교 수업에 더 열정적이기도 했겠지만, 일제 식민지 시절에 공부한 나이든 영어 선생님들의 교육법에 대한 반감이 여간 아니었다. 우리가 졸업하고 나서 얼마 후 대학교수로 옮겼다고 하니 답답한 고교 교사 시절 그분의 시니컬했던 엘리트 의식도 이제는 이해 못할 바는 아니다.

선생님의 성격 그대로 재수생에게 영어공부나 하자면서 톨스토이의 소설 중에 몇 손가락에 꼽힌다는 〈이반 일리치의 죽음〉 영문판 강독이 시작되었다. 대학 영문학과 몇 학년의 열띤 원서 강독 못지않은 유별난 열기의 세례에 선생님도 나도 행복했다. 대학 진학 이후 내가 경험한 어떤 강의도 이때의 감동을 따를 수 없었다. 아마도 선생님이 영어공부를 빌려 우리들의 영혼을 흔들어서라도 참다운 삶의 윤곽이나마 그려주고자 대사상가 톨스토이에 빙의해 열정을 쏟아부었기 때문일 것이다.

혁명 전 음습하고 부패한 러시아 제정 시대의 사회 분위기와, 지금도 그러하겠지만 친구의 죽음에 대해 '나는 그래도 살아 있다'는 안도 속에 설치는 속물들의 벌거벗은 욕망의 본질에 처음으로 눈을 떴다. 영어공부를 위한 세속적 필요에 의해서였지만 사회에 대한 인식을 교과서 밖에서 찾기 시작하는 의도하지 않은 결과가 되었다. 딱히 설명하기 어렵지만 그 무엇을 찾는 한평생이 되었다는 의미에서 진재덕 선생은 첫 번째 나의 참된 스승이 되었다.

〈전쟁과 평화〉, 〈안나 카레니나〉, 〈고백록〉, 〈사람은 무엇으로 사는가〉 등으로 러시아 대문호의 자리에 오른 톨스토이가 1886년 58세 때 마차에서 떨어져 허리를 다쳐 두 달을 병상에서 보내게 된다. 이때의 경험으로 그해 〈이반 일리치의 죽음〉을 집필했지 싶다.

그는 러시아정교회에 속하지 않는 4천 명의 성령부정파(聖靈否定派) 교도들을 미국에 이주시키기 위한 자금 조달을 목적으로 1899년 장편소설 〈부활〉을 발표한다. 제국이 몰락하고 러시아 혁명의 태동기에 이 대사상가의 꿈은 무산되고 1910년 고향인 남러시아 툴라 근처의 야스나야 폴랴나에 묻힌다.

그로부터 80년이 지난 1993년 나는 선조인 백작의 대장원에 묘비만이 아니라 아무런 표식도 없는 그의 묘소를 참배한다. 고르바초프의 개혁 개방정책으로 탈냉전 분위기가 확산되고 한·소 수교 다음 해 여행이 가능했기 때문이다.

20세기는 사회주의 체제 실험의 한 세기였다. 해서 20세기는 1901년부터 2000년까지의 한 세기가 아니라 1917년 러시아 혁명부터 1991년 소련연방 해체까지의 기간이 된다.

세상이 변하기 전에는 이곳을 찾을 수 있다는 상상도 못했던 모스크바에 첫발을 딛는 감회는 야릇했다. 내가 제1세계와 제2세계가 첨예하게 대립하는 냉전체제의 산물인 분단국에서 성장한 탓일 것이다.

삭막한 평지에 세워진 이 도시를 조감할 수 있는 도시 중앙의 레닌언덕에 스탈린 고딕양식이라는 유럽 최고 높이인 240미터 첨탑을 머리에 인 모스크바 대학을 찾았다. 독일군 포로의 노동력을 동원했다니 스탈린의 전성시대 작품이었던 것 같다.

톨스토이 무덤.

건물 정문에 '1953~1956'이라 써 붙인 현판이 비수처럼 심장에 꽂혔다. 스탈린은 한국에 전쟁을 일으켜 놓고 파리의 에펠탑이나 르 코르뷔지에의 롱샹성당을 이기기 위해 그때 이런 사치를 부렸던 모양이다. 그 기간 한반도에서 이데올로기의 전쟁터를 헤맸던 어린아이가 바로 나였다.

톨스토이의 묘를 찾는 길은 모스크바에서 아침 일찍 서둘러 버스를 달려야 밤늦게 돌아올 수 있는 먼 거리였다. 25년이 지난 지금은 버스로 3시간 거리라는 기행문도 읽었다. 당시는 소련 전체가 빵가게 앞에 긴 줄을 서야 했던 극심한 혼란기였기에 점심, 저녁 식사도 챙기기 힘든 허기진 장정(長征)으로 기억된다. 이것이 러시아혁명 전 톨스토이가 바라던 풍요와 평화가 넘치는 그런 조국이 아니었음은 물론이다.

어렵게 찾은 그의 조촐한 묘소는 존재 그 자체로 겸손과 평화의 상징이었다. 그 앞에 서서는 그의 책 제목처럼 '사람은 무엇으로 살아야 하는가'를 스스로 명상해야 한다고 웅변하는 듯했다. 제국의 위대한 마지막 스승의 가르침은 이런 것이라 생각했다.

그리고 또 20년이 지나면 이강은 교수가 번역한 쉬클롭스키의 〈레프 톨스토이〉 두 권을 나남에서 출판한다. 이 책은 톨스토이에 관한 최초의 본격 전기이면서 동시에 명작들의 창작 과정의 역동적 변화, 문학세계에 대한 깊은 성찰, 톨스토이의 세계관과 예술관, 당대 사회구조 속에서의 그의 위치와 의미 등 다면적이고 복합적인 관점에서 톨스토이의 생애를 구성해 낸다. '낯설게 하기'라는 문학평론의 새로운 장을 개척하기도 한 저자의 유려한 글 솜씨가 그렇게도 반가웠다.

내친김에 신비스럽게 보이는 러시아 문학을 구경하고 싶은 건방진 호기심에 진재덕 선생댁의 서가를 화려하게 장식했던 도스토옙스키 전집 중에서 우선 책 제목이 근사하게 보이는 〈악령〉을 빌리기로 했다. '목침같은 양장본의 이 책을 지금 재수생인 네가 한가하게 읽겠다는 거냐? 별난 녀석 다 보겠네' 하는 것 같은 선생의 시선은 묵살하기로 했다.

하루이틀 넘겨보다가 팽개치지 않을 수 없었다. 그 두께에

질리기도 했지만, 우선 수없이 등장하는 생소한 러시아 인명과 지명들에 혼이 달아났다. 단편 〈이반 일리치의 죽음〉 영문판 강독에서 헤맸던 것보다 몇십 배가 더했다. 이 사람이 누구였더라, 이곳은 또 어디야? 하고 앞장으로 되돌아가 확인하는 일은 부지기수고, 이두문자도 아니면서 외래어가 길기도 하니 재미로 읽는 것은 아니더라도 소설 주인공의 이름도 쉽게 눈에 들어오지 않았기 때문이다. 이 책의 제목처럼 유령이 아닌 어떤 악령에게 주눅 들었는지도 모른다.

이삼 주 지났지 싶다. 어느 날 과외를 마치고 돌아서려는데 진 선생님이 "〈악령〉 다 읽었으면 돌려 달라"고 했다. 항상 미소를 띠던 눈초리에서 예의 선생 특유의 시니컬한 한기가 엄습했다. 자격지심이기도 했지만, '네가 객기를 부렸겠지. 그 책을 읽긴 뭘 읽어? 비싼 책 잃어버리기 전에 돌려나 다오' 하는 말씀으로 읽혔다.

그때 그냥 돌려드렸으면 괜찮았을 것이다. 잘못을 저지른 것도 아니고 더욱이 숙제를 하지 않은 것도 아니어서 그 일로 선생과 긴장관계를 가질 일도 아니었다. '우물쭈물하다가 내 이럴 줄 알았다'라는 버나드 쇼 묘비문 같은 자책감도 모를 때였다. 그런데, "아직 다 못 읽었는데, 두 주일만 시간을 주십시오"라는 예비하지도 않았던 대답을 불쑥 하고 만다. 잃어버릴 것도 없는 천둥벌거숭이 열아홉 청춘은 그렇다고 채워 넣어야 할 것이 무엇인지도 모를 때였다.

"그렇게 하든지" 하는 선생님의 메마른 대답이 '나 자신과의 약속은 꼭 지킨다'고 세상에 처음 칼을 뽑는 전의(戰意)를 불태우게는 했지만, 그 후 보름 동안은 처음 겪는 고통의 나날이었다. 나는 왜 이런 일에 정색을 하고 달려드는가.

자책(自責)만 하고 있을 겨를도 없었다. 책상 앞에 〈악령〉에 등장하는 인물들의 그 기다란 이름과 서로의 관계를 만들어 붙이고, 엉성한 지도 위에 기억의 장소들을 채색했다. 누가 시키지도 않았고, 하지 않는다고 나무랄 일도 아닌데, 영어 과외공부하는 사이에 시간을 내 줄거리를 좇아 책장을 넘기며 그때 보지도 듣지도 못했던 도스토옙스키의 메시지의 흔적이라도 찾아 선생님에게 자랑스럽게 강(講)을 바치려고 용틀임을 했다.

약속한 시간에 끝까지 훑고 책장을 덮었다. 지금은 소설 내용이 하나도 기억나지 않는다. 다만 주마간산(走馬看山)식이라도 끝까지 읽어냈다는 데 의미를 부여할 뿐이었다.

책을 돌려주는 날, 선생님은 책을 돌려받으면서 아무 말씀이 없었다. 건성으로라도 제자가 준비했던 독후감을 들어보자고 해야 하는 것 아닌가. 아니면 그 흔한 당부의 꼬투리라도 보이시던지 했어야 했다. 못내 섭섭하기도 했지만, 그때는 어쩌면 선생님도 이 작품을 아직 읽지 않았는지도 모른다는 불경한 생각은 꿈도 꾸지 못할 때였다.

선생님의 무표정한 일상과 관계없이 나는 명작을 읽어낸 이 첫 경험으로 하늘을 찌를 만큼 기분이 좋았다. 전혀 의도한 것은 아니지만, 재수생의 꾀죄죄한 넝마를 벗고 무언지 모를 젊음의 본성을 찾은 것 같았다. 스스로의 약속을 지킨 자부심보다 새로운 세계를 먼저 훔쳐본 것 같은 정신적 모험에 흥분되었다.

구체적으로 설명할 수는 없지만, 친구들보다 한 뼘 더 성숙한 것 같은 기분이었다. 이 한 뼘의 느낌은 내 삶의 어떤 DNA로 육화(肉化)되어 나의 사고방식을 조절하는 비밀병기가 되었는지도 모른다.

나중에 출판사가 서초동 지훈빌딩에 입주할 무렵, 고풍스런 진공관 앰프 마니아인 고려대 신방과 김승현 교수의 선물을 빙자한 강권으로 고급앰프를 구입해 30년을 클래식 음악 감상에 빠지면서도 이런 비슷한 감동을 느꼈다. 작곡자나 곡명이나 연주자를 알려고 하지 않고 그냥 듣기만 하는 일상이 되었다. 명작이나 명곡의 예술은 시간과 공간을 초월하여 존재하는 그 무엇이 있기는 있는 모양이다.

1993년 톨스토이 묘소를 탐방하는 일정을 마치고 상트페테르부르크의 도스토옙스키 박물관을 찾았다. 20년 전 '한 뼘의 정신적 성장'의 단초가 되었던 그의 흔적을 알현하고 싶은 나에게는 의미 있는 방문이었다.

러시아혁명의 대포소리가 이곳에서 첫 발을 울린 기념으로 '레닌그라드'라는 이름을 갖기도 한 러시아제국의 수도답게 이

예르미타시 박물관.

도시는 예르미타시 박물관을 갖고 있다. 1764년 로마노프 왕조 러시아제국의 예카테리나 2세 여왕이 만든 이 박물관의 호사스러움이 부럽기도 하고 존경스럽기도 했다. 2천여 점의 소장품들이 모두 여왕의 안목으로 수집한 컬렉션이었기 때문이다. 루브르, 대영박물관을 능가하는 세계 3대 박물관의 위용을 자랑하는 이곳의 소장품들은 제국주의의 횡포로 외국에서 강탈한 피의 제물이 아니라 스스로 대가를 지불하고 수집했다고 하니 더욱 그러했다.

가끔 역사는 역설(逆說)적인 시간으로 이어지기도 한다. 1917년 제국의 황실을 무너트린 레닌의 러시아혁명으로 황실 주변의 권력자들이 컬렉션했던 세계적 명화, 특히 프랑스 명화들이 국유화되어 예르미타시 박물관을 더욱 풍성하게 했다.

로마노프 왕조 말에 나폴레옹의 러시아침공 실패로 나폴레

옹을 쫓아 파리에 입성했던 젊은 장교들은 의도하지 않은 프랑스 문화의 세례를 받고 귀국한다. 러시아에서 파리 루브르 박물관에 버금가는 프랑스의 사실주의, 인상주의 명화들의 컬렉션은 이에서 비롯되었다.

프랑스 문화에 눈을 뜬 젊은 장교들은 '12월당(黨)'의 주축이 되어 로마노프 왕조의 몰락을 재촉하다가 시베리아 유형(流刑) 길을 떠난다. 톨스토이의 명작〈부활〉도 '12월당'의 일원인 그의 친척의 실화를 소재로 했다고 한다. 시베리아 횡단철도의 중간점인 이르쿠츠크가 '시베리아의 파리'로 불리는 것도 이 유형자들이 많이 살았기 때문이다.

상트페테르부르크의 네바강 변을 거닐며 러시아가 예술향기 가득한 북유럽의 중심이라는 것을 새삼 느꼈다.

예르미타시 박물관의 1천 개가 넘는 전시실 전부를 일견하는 데도 과장하면 몇 년이 걸린다고 한다. 외국인 관광객에게 보여주는 일부 전시실을 스쳐 지나며 서양예술의 정수에 눈을 호사시키면서도 '중국관'에 눈길이 멎었다. 시시콜콜한 생활습속의 유물까지 망라된 대규모 전시실이었다.

이 유물들은 칭기즈칸의 손주 바투가 세운 13세기부터 240년간 광활한 남러시아 일대에서 슬라브족을 지배하며 번영을 누렸던 킵차크한국(Kipchak 汗國)의 유물들이기에 잘 보존되었을 것이다. 몽골제국으로 향하는 실크로드의 중심이기도 했기 때문에 문화도 번창했을 것이다. 사할린에서 화학선생을 했다는 우리말이 어눌한 교포 가이드가 중국이 진상한 유물이라고 강변하더니 내 설명을 듣고 나서야 '남조선 선생에게 잘 배웠다'며 철갑상어알인 캐비어를 대접했다.

〈죄와 벌〉을 비롯한 도스토옙스키의 작품 대부분의 무대도 상트페테르부르크이다. 그가 죽기 전 3년간 살면서 생의 마지막 작품 〈카라마조프가의 형제들〉을 집필한 아담한 아파트를 살았던 모습 그대로 박물관으로 꾸몄다. 가족관, 문학관 모두에는 아직도 그의 체온이 남아 있는 것 같았다. 기념품 가게에서 구입한 우수에 찬 작가의 얼굴 포스터는 영원한 그의 데스마스크처럼 지금도 출판사 복도에 걸려 있다.

박물관을 나와 시내를 소요(逍遙)하다가 그의 어린 시절 냉혹한 아버지가 군의관으로 근무했던 옛날 빈민병원 건물을 찾았다. 친절한 가이드는 어린 도스토옙스키가 앉아서 오가는 환자들의 모습을 하염없이 보았다는 창가에 중년의 나를 앉혔다.

그의 처녀작 〈가난한 사람들〉을 그린 앵글이 어떠했을까를 생각하며 이곳을 또 하나 기억의 공간으로 간직하기로 했다.

(2016.11.)

글에 눈뜰 무렵

길돌 차동석 선배

40년 전 출판사를 시작하면서 꼭 내가 출판해야겠다는 책이 있었다. 대학생활 내내 길돌 차동석 선배의 칼럼이 실리는 〈고대신문〉을 손꼽아 기다리기도 했다. 글을 이렇게 쓸 수도 있다는 신천지를 보는 설렘의 나날이었다. 신심 깊은 종교인들이 불경이나 성경을 필사(筆寫)하듯이 길돌 선배의 글을 몇 번이고 필사했다. 그 순수에의 젊은 열정이 핏속에 녹아 지금도 내 글 속에 길돌 선배의 은빛 나는 표현들이 부지불식간에 튀어나오는지도 모른다.

1980년의 전두환 정권은 계엄령을 무기 삼아 출판물에도 사전 검열을 하였다. 〈고대신문〉 주간을 지낸 목정균 선배가 정성스럽게 편집한 길돌 선배의 칼럼집 〈해야 솟아라〉 가제본은 출판 불가의 빨간 도장이 찍혀 빛을 보지 못했다. 햇빛도 못 본 나남출판사의 '금서' 1호가 되었다. 광주에서의 양민 대학살로 정권

〈해야 솟아라〉.

을 쟁취한 군부독재의 그들에게 "어둠을 살라먹고 이글이글 애띈 얼굴 고운 해야 솟아라"는 길돌 선배의 사자후(獅子吼)는 가슴을 파고드는 비수였을 것이다. 어둡고 괴로운 계절의 내출혈처럼 길돌 선배의 글들은 가슴에 깊숙이 감출 수밖에 없었다.

 5년 후 길돌 선배는 참한출판사를 설립해 이 책을 세상에 내놓는 염원을 이루었다. 들풀처럼, 질경이처럼 사시는 선배는 많은 독자들이 그의 죽비소리를 알아주지 않는 것도 섭섭해하지 않았다고 한다.

내가 글에 눈뜰 무렵, 길돌 차동석 선배와 같은 스승을 만나 사숙할 수 있었던 행운에 감사드린다. 없는 것을 찾던 뜨거웠던 스무 살의 청년이 이제 일흔이 넘어 길돌 선배의 글을 다시 읽으며 지성의 열풍지대에 또 다시 서 있는 것 같다. 대학도서관의 힘을 빌려 어렵게 찾아내 여기에 옮겨 싣는 선배의 글 세 편이라도 활자에 박혀 영생하기를 기도한다.

 어쩌면 나는 길돌 선배의 가르침을 일생 동안 실천하고 살았던 셈이다. 철저히 자기를 키우는 '고독한 나무가 되어' '꽃 소리 비 냄새'에 취하고, 진리의 갯가에서 조개껍질을 줍는, 진리를 사랑하다가 죽어간 사내의 넋을 기리는 '가을 사내'의 길을 가고자 했으며, 가없는 하늘에 연을 날렸다. 심장에 들끓는 정열의 꿈을 날렸다.

그리고 숲에 묻혀 살아가고 싶었다. 꽃 피는 소리 비바람 냄새에 마음을 닦고 살아가고 싶었다. 그리고 이 소리 없는 아우성은 안으로 안으로 발효되어 내 나이 60이 되면 20만 평의 나남수목원에서 그 꿈을 이루고 있는 나를 보며 전율을 느낀다. 무엇이 나를 여기까지 이끌고 있었지 싶다.

꽃 소리 비 냄새

산에 미쳐 여수(旅愁) 속에 나그네 한 생 되길 염원했건만, 이젠 한낱 시정의 장돌뱅이로 돈먼지 눈치 속에 세월을 산다. 지각(知覺)의 동물이 아닌 감각의 동물로 호흡과 생식을 맹목적으로 배설할 뿐이다.

비가 억수같이 내리는 초여름 어느 날, 고속버스에 몸을 담고 태평양 물결이 맞부닥치는 남쪽 땅끝을 찾았다. 계절을 잃고 회색 도심에서 사는 나그네였기에, 비에 젖는 산하가 그대로 가슴에 밀려들어 격한 소용돌이가 인다. 쾅쾅 소리를 친다. 하기야 요일마저 없는 주제에 계절을 따로 갖겠다는 것부터가 허황된 욕심이긴 하지만. 요일 없는 민중, 계절을 상실하고 오늘을 살고 있는 나는 도대체 무엇이란 말인가. 획일화의 우상 속에 맹종뿐인 신자가 되어갈 뿐이다.

차창 밖에는 비가 억수같이 신나게 쏟아지고 있다. 새싹이,

새순이, 꽃망울이 생의 희열을 소리치며 뻗고 있다. 저토록 생을 찬미하며, 기쁨을 소리치며 사는 식물들의 생에 대한 자세가 나에게 땀나는 부끄러움을 안겨다 준다. 환희와 열락의 물결 속에 주어진 생을 살 수 있는 푸른 마음 앞에 인간 벌레의 허덕이는 꼬락서니라니.

소나무들은 송충이들의 극성으로 하여 빨갛게 메말라 가고 있다. 그러나 활엽수들은 힘차게 뻗어 나가고 있다. 병든 소나무가 있기에 활엽수들의 푸름은 더욱 돋보인다. 세상사 모두가 또한 그러한 것을. 도시 벌레든 인간이든 동물이란 잔인하다. 약한 놈에겐 강하고 강한 놈에겐 약한 본능을 지녔으니. 그것도 동물들의 기쁜 자랑이란 말인가.

물소리가 따갑게 들려오고 바람소리, 멧새소리가 울타리가 되는 산골에 초당(草堂)을 지어 일 년에 한 달쯤, 또 백발이 되어 여생을 그런 초당의 주인이 되고 싶다.

글을 읽고 글을 쓰다가 신물이 나면 퉁소를 불고, 생솔가지 타는 내음, 낙엽 타는 내음에 묻혔다가 그냥 호흡을 끊고 사라져 갔으면. 장례가 무어람. 무덤이 무어람. 살도 썩고 뼈도 썩고 초당도 썩어져, 먼지 되어 바람에 흩날려 버리겠지. 그렇게 하기 위해 열심히 살아야지. 힘껏 장만해야지. 청춘을 불태워 이슬을 받아야지. 맑고 깨끗한.

더러운 삶으로야 초당의 주인이 될 수야 없지. 한 방울의 빗물이라도 더 맞을까 조심스레 다니는 도시인의 속성에서 벗어나 구두를 안 신어도 좋고, 넥타이를 안 매도 좋은 반(反)문명인이 되고 싶구나. 자연에로 돌아가고 싶구나.

숲에 묻혀 살다 가야지. 꽃피는 소리 비바람 냄새에 마음을 닦고 살아야지.…먼 내일의 지구인을 위하여. 아쉬운 것은 꽃 소리 비 냄새를 맡을 수 있는 환경과 신경이다. 온실 속의 꽃 소리, 샤워장의 물 냄새가 아닌 질기고 풍성한 생명력을 내재한 가공되지 않는 소리와 냄새 말이다.

차창 밖으로 쏟아지는 저 빗속에 온몸을 내던져 흠뻑 젖고 싶구나. 꽃 소리를 들으며 비 냄새를 맡으며. (길돌, 1972.6.20.)

고독한 나무가 되어

외롭다. 삼라만상이 죽은 듯 고요하기에 더욱 외롭다. 재잘거리는 건 참새 떼뿐 모두가 한결같이 침묵, 침묵뿐이다. 무겁고 짙은 안개가 햇빛을 차단하고 이웃을 못 보게 하고 있다. 이 짙은 습도 속에 독 머금은 아름다운 버섯만이 제 세상 만난 듯 난무하고 있다. 참새가 재잘거려도, 독버섯이 날뛰어도 나무는 속으로만 질 고운 나이테를 더할 뿐이다. 고독으로 엮은 나이테, 안으로 안으로 영근 뜨거운 체온의 결정(結晶), 그러기에 나이테는 더욱 결이 고운가 보다.

어설픈 노래보다는 차라리 침묵함이, 아니 침묵할 수밖에 없는 숲, 이슬은 영롱함을 잃고 나무는 말문을 닫았다. 이제 나무는 고독과 싸우며 자기창조를 위해 정열을 쏟아야 한다. 더 큰 집을 짓는 데 쓰이는 재목이 되기 위하여 크고 튼튼하며 질 고운 등걸로 자라야 한다. 짙은 안개로 하여 나무가 쉴 수도 죽을 수도 없다. 더 많은 영광의 날을 위해 부단히 자기연마에 채찍을 쳐야 한다.

새벽을 울지 않는 닭, 밤을 짖지 않는 개. 그러나 나무는 짙은 안개 속에서 홀로 우뚝하다. 밤과 낮을 가리지 않고 자학하고 자존하면서 피나는 수련을 쌓아야 한다. 폭풍에 가지가 찢기고 독버섯에 영양을 앗기고 홍수에 뿌리가 상해도 나무는 스스로를 지키며 스스로 커야 한다. 참새 떼의 유혹에 귀 기울이지 말고, 뇌성(雷聲)에 혼을 잃지 말며, 자기가 서야 할 땅을 지켜야 한다. 설혹 오지 않는다 해도 '고도'를 기다리며 '고도'를 맞을 준비에 게으름을 피우지 말아야 한다. 물과 탄산가스와 햇볕 어느 한 가지도 충분하지 못하지만 부지런히 잎에 영양을 합성하여 몸을 튼튼히 하고 뿌리에 저장해야 한다. 근심걱정일랑 접어두고 황야에 우뚝 서서 고독을 씹어라, 불갈비 뜯듯 고독을 뜯어라.

통곡보다 진한 침묵, 그리고 고독, 그렇다.…안개 자욱한 벌판에 서 있는 나무는 그의 역사 앞에, 그의 현실 앞에 혼자서 오직 혼자서 눈물보다 진한 웃음을 노래로 부른다. 그 웃음소리를, 그 노랫소리를 듣는 건 오직 나무, 저희들끼리다. 고독한 나무만이 고독한 나무의 노랫소리를 들을 수 있다.

가을이 오면 깊은 호수보다 푸른 하늘에서 햇볕 쨍쨍 내리쏟겠지. 그리고 들국화도 송이송이 피겠지. 독버섯은 가고 참새의 재잘거림도 멀리 사라지겠지. 흰 구름 섬처럼 둥둥 떠가고 나무는 열매를 맺겠지. 가을이 오면, 아 가을이 오면 휴식이 따르고 봄이 오겠지. 봄을 맞을 준비를 하고 있는 한 나무에겐 언젠가 봄은 오기 마련.

나무가 품은 소망을, 그 간절한 소원을 어찌 잊을 수가 있으랴. 햇볕 내려 쪼이고 산들바람 부는 자유의 땅, 자유를 누리며 살겠다는 그 소망을, 그 의지를 말이다. 진리만 와준다면, 자유로이 숨 쉴 공기만 주어진다면 흥분하지도 목메인 절규도 필요 없다. 오직 과거의 진리를 듣고 현재의 일들을 기침하는 것으로 족하다. 진리를 사랑하는 것이 죄가 되지 않는 것만으로 나무는 마냥 즐거운 것이다.

고독한 나무가 되어 철저히 자기를 키우자. 목이 길어서 슬픈 나무, 산비둘기와 뻐꾸기의 구슬픈 목소리를 벗하며 들풀과 이야기를 나누며 자기를 아는 고독을 공부하자. 자기를 다지는 고독을 노래하자. 꿈으로 익히는 고독을, 그 고독의 철학을 익히자. (길돌, 1974.8.27.)

가을 사내

가을은 사색하고 책 읽는 계절이라기보다 무정한, 그리고 쓸쓸한 사내의 계절이다. '고도'를 기다리는 것이 아니라 스스로 '고도'가 되어 기다리는 사람도 아랑곳없이 제 갈 길을 가는 그런 계절이다. 인정(人情)에 호소하고 뿌리내려 살 것을, 그러한 행복 속에 살 것을 속삭이지만, 정겨운 손길을 뿌리치고 쓸쓸한 미소를 머금고 도리질하고 떠나는 사내의 계절이다. 가을은 여인의 행복과 사내의 행복이 다름을 말해주는 계절이다. 소박한 행복을 뿌리치는 사내가 미워 여인들은 가을을 질투한다. 하지만 가을은 사내다운 사내를 창조하는 계절임을 어쩐담.

여인은 상록수이길 원한다면 사내는 낙엽수이길 원한다. 와서 돌아갈 줄 안다. 맺을 때 풀 것을 생각하고 올라갈 때 내려올 줄 안다. 나타나서 사라질 줄 안다. 그러기에 가을은 더욱 사내의 계절이다. 끝없는 생명의 윤회, 한없는 진리에의 항해(航海), 사내는 그래서 더욱 외롭다. 가을은 그런 사내를 미치게 하는 계절이다.

진리를 사랑하는 것이 죄여도 그 길을 버리지 못하는 사내는 가을을 울고 있다. 민중에게로 향한 가슴의 열기가 뜨거울수록 사내는 이 가을을 통곡하고 있다. 사낸들 어찌 "산이 날 에워싸고 / 씨나 뿌리며 살아라 한다 / 밭이나 갈며 살아라 한다 / 어느 짧은 산자락에 집을 모아 / 아들 낳고 딸을 낳고 / 흙담 안팎에 호박 심고 / 들찔레처럼 살아라 한다 / 산이 날 에워싸고 / 그믐달처럼 사위어지는 목숨 / 그믐달처럼 살아라 한다."(朴木月)처럼 아기자기하게 살다 가고 싶지 않으랴!

하지만 사내의 본능, 태초에 조물주가 사내를 만들 때 아예 염색체 속에 짙게 염색해 준 본능, 그것을 어쩌랴. '무엇이 되어 다시 만나랴'고 염원하는 것이 아니라 '다시는 만나지 못할 것'이다. 그래서 머물지 못하고 떠나기만 하는 끝없는 진리에의 방랑길. 그것은 방황이 아니라 행진일 따름이다.

가을 들판은 그런 사내를 부채질한다. 천자만홍(千紫萬紅)으로 단풍진 사이에 구절초, 쑥부쟁이, 돌쩌귀가 쪽빛을 더한다. 가을꽃은 어쩌면 그렇게 청초하담. 진리를 사랑하다가 죽어간 사내의 넋이 필경은 가을꽃이 된 게지. 가을이 익어가고 있다. 진리의 갯가에서 오늘도 조개껍질을 줍는다. 민중의 가슴에 달아줄 조개껍질을 줍는다. 몸은 사라지고 혼이라도 남을진대 그 일을 계속할 따름이다. 그 길이 가을을 사랑할 수 있는 사내의 본분이다. 그런 사내만이 가을을 사랑할 줄 아는 사내다.…

가을 사내들아. 그리하여 다시 진리의 바다에로 가던 길을 가자. 그 고독한 길을. (길돌, 1975. 10. 14.)

다섯 발톱 용의 승천,
백제금동대향로 百濟金銅大香爐

꽃은 열매를 얻기 위해서 핀다. 나무나 꽃은 스스로 열매를 맺을 수 없다. 바람의 힘을 빌리거나 벌 나비의 날갯짓의 도움을 받아 수분(受粉)해야 한다. 바람에 잘 날리는 꽃가루를 준비하거나 벌 나비를 유혹하는 향기와 달콤한 꿀과 화사한 꽃모양을 뽐내야 한다. 벌 나비를 그곳까지 초대해야 하는 높은 절벽 위의 꽃은 그래서 더욱 화려하고 향기는 강렬한 것이다. 열매를 맺지 않으면 종족을 이을 수 없는 절박한 생태계와 우리 삶은 닮아 있다.

사오 년 전부터 느끼는 것이지만 기후변화로 봄 가뭄은 이제 일상이 되었다. 오랜만에 전국이 비에 젖었다. 고사리 뜯는 사람들의 실화(失火)라고 하는 삼척의 큰 산불도 험악한 산골을 넘나들며 많은 사람들이 진화에 고생했지만 결국 자연의 비로 잠재웠다. 이제 신록예찬의 숲향기도 가슴 벅차게 차오른다. 연두색의 나뭇잎도 억세 보이는 초록으로 무장하기 시작한다.

숲에는 숲향기가 있다. 초록의 나무향기와 꽃향기가 어울려 내는 오묘한 합창이 그것이다. 나무가 박테리아나 벌레들로부터 자신을 지키기 위하여 내품는 화학물질을 사람들은 향기로 받아들인다고 한다. 숲을 찾는 발품을 들여 상상한 공기를 만나고, 숲에 안긴다는 차분한 마음가짐으로 숲향기를 받아들이는지도 모른다.

상징은 그 존재보다 훨씬 클 수 있다. 대통령의 문장(紋章)인 상상 속의 봉황(鳳凰)이 여의주(如意珠)를 물고 우주를 향한 비상을 준비하는 대향로의 모습이 그것이다. 향로를 받치는 상상 속의 영물인 용의 힘찬 용틀임은 또 어떠한가. 그리고 지축을 박차고 세상을 움켜잡는 듯한 다섯 발톱을 가진 그 용의 기운을 받았으면 싶다. 중국 천자를 상징하는 용의 발톱이 다섯, 우리 임금은 넷, 일본 왕은 셋이라는 속설이 있다. 요하 하류에 염전을 운영하며 서해를 지중해처럼 가슴에 품고 넘나들며 중국과 맞수였던 6세기 해양제국 백제의 위상을 다섯 발톱을 가진 그 용으로 웅변하고 있다.

'백제금동대향로' 실물크기 복제품을 이곳 나남수목원 책박물관에 옮겼다. 24년 동안 출판사 사무실 나의 곁에서 수호천사처럼 지켜주었던 대향로이다. 봉황의 날갯짓처럼, 불 뿜는 용의 용틀임처럼 가 보지 않은 길을 헤쳐나가는 나를 격려하고, 자칫 자만에 빠질 때는 봉래산의 신선 같은 유유자적한 여유로 나를 감싸안았다.

우리 수목원에 고졸(古拙)하게 완성한 책박물관은 40년 가까이 지성의 열풍지대에서 꿈과 땀으로 일구었던 책들을 소리없는 아우성처럼 담아 둘 박물관이었으면 싶다. 아직도 봉황이

국보 제287호 백제금동대향로(百濟金銅大香爐).
용 한 마리가 연꽃 봉오리를 물고 있는 모습을 형상화하였다.

깃들기에는 부족한 숲일지도 모른다. 꿈꾸는 자가 창조한다니 화려한 비상의 꿈은 계속해야 한다. 우주를 향해 화려한 비상을 꿈꾸는 우리들의 수호천사가 되어 항상 격려하고 나남수목원과 책박물관의 웅비(雄飛)를 지켜주시기를 기원한다.

이 대향로는 1993년 10월 말 부여(扶餘) 능산리(陵山里)에서 출토되었다. 1천 3백 년 만에 원형 그대로 보존된 찬란한 백제의 신비가 세상에 그 모습을 드러내던 날의 감동을 잊을 수 없다.

오랜 군사정권이 막을 내리고 문민정부가 민주화의 대장정에 힘찬 발걸음을 내딛던 무렵이었다. 나남출판사가 창립 15년 만에 강남 양재역 앞에 사옥인 지훈빌딩을 마련해 비약을 꿈꾸던 그 무렵에 이 상서로운 봉황이 연꽃을 안고 세상에 날개를 펼친 것이다. 나라의 운세가 세계로 뻗치고 민족이 융성할 길조(吉兆)를 기약하는 대예언으로 받아들였다.

신문 1면 톱뉴스로 실린 대향로의 출토 당시 컬러사진은 살아 숨 쉬는 모습으로 내게 화인(火印)되었다. 이 불덩이 같은 거대한 연꽃과의 운명적 만남이었다. 진흙 뻘 속에 잠자던 신화가 어머니의 자궁에서 이제 막 태어난 아기의 우렁찬 울음을 터트리는 모습으로 다가왔다. 역사의 시간을 신비롭게 묶어 두었던 봉인(封印)이 어느 날 갑자기 주술(呪術)처럼 풀린 것이다.

관광객을 위한 주차장 조성공사를 하다가 우연히 발굴된 대향로의 출토지는 옛날 집터였다고 한다. 향로가 출토된 타원형

출토 당시의 금동대향로.

구덩이는 원래 공방에 필요한 물을 저장하던 구유형 목제 수조(水槽)가 놓인 곳이었고, 향로는 칠기(漆器)에 넣어서 묻었다고 한다. 청동제품도 시간이 지나면 녹이 스는데 이 향로는 천년 넘는 오랜 세월 동안 뻘 속에 잠겨 있어 부식을 피할 수 있었다고 한다.

세상을 뒤흔든 발굴 소식에 이어 다섯 달이 지나 국립박물관의 특별전에서 이 대향로의 화려한 용안을 직접 만날 수 있었다. 그 아우라 품에라도 안기고 싶었다. 한국의 대표적 문화재로 해외에 자랑하려는 마음으로 복제품 몇 점을 조심스럽게 준비한다는 소식을 우연히 문화관광부 기획실장 선배에게 들었다. 지난 군사정권 시절 검열로 판매금지된 책들로 쌓인 악연을 대향로의 복제품으로 갚으라고 채근했다. 더욱이 귀한 대향로를 복제하는 사람의 장인정신에 마음이 갔다. 원본을 훼손할까 두려워 감히 사진을 찍어 사용하지도 않고 일일이 수작업만으로 성물(聖物)을 대하듯 한다고 했다.

64센티미터 실물크기 복제품으로 유리상자에 반듯이 모셔진 대향로를 내가 품게 된 것이다. 백제의 향기를 껴안을 욕심으로 당시에 거금을 들였기도 하지만 워낙 어렵게 구해서인지 각별한 정이 가는 나의 보물 1호가 되었다.

망중한의 시간을 이 7세기의 대향로를 보고 지내다 보면 향로를 받치고 있는 하늘로 솟구치는 듯 용틀임하는 용과 향로 꼭지의 봉황과 뚜껑에 조각된 원앙, 악사, 신선들의 모습에 마치 선계(仙界)에 들어온 듯하다. 처음 이 대향로를 가슴에 품은 날 실제로 향을 피워 보았을 때 더욱 그러했다.

봉황의 모습은 신비하기도 하고 상서로운 기운을 발휘하는 듯싶어 〈조지훈 전집〉을 만들면서 여러 곳에 컷으로 사용하기도 했다.

이 대향로에 대한 전문가의 기록(조유전 고고학자, 〈경향신문〉, 2003.10.20)을 기반으로 정리한 다음 글을 참고하여 대향로의 웅자(雄姿)를 속 깊게 감상할 일이다.

향로는 크게 뚜껑과 몸체 두 부분으로 구분되고, 이를 세분하면 뚜껑장식인 꼭지와 뚜껑, 몸체와 받침, 네 부분으로 나뉜다.

뚜껑 꼭지는 봉황 한 마리가 턱 밑에 여의주를 안고 날개를 활짝 펴고 나는 모습이다. 길게 약간 치켜 올라간 꼬리의 부드러움은 백제 문화의 특징이라고 한다. 봉황의 목과 가슴에는 향을 피울 때 연기가 나가는 구멍 2개가 마련되어 있다. 뚜껑의 정상부에는 5명의 악사가 각각 금(琴), 완함(阮咸), 동고(銅鼓), 종적(縱笛), 소(簫) 등 5가지 악기를 실감나게 연주하고 있다.

또한 뚜껑 전체가 4~5단의 불로장생의 신선들만 살고 있다는 전설의 중국 봉래산을 연상시키는 첩첩산중의 심산유곡을 이룬 자연세계를 표현하고 있다. 74개의 산과 봉우리, 6그루의 나무와 12곳의 바위, 산 사이를 흐르는 시냇물을 비롯, 잔잔한 물결이 있는 물가의 풍경이 그것이다. 이들 곳곳에는 상상의 동물뿐 아니라 현실세계의 호랑이·사슴·코끼리·원숭이·악어 등 39마리의 동물과 다양한 형태의 모습을 지닌 16명의 인물상이 등장한다. 이 인물·동물상은 오른쪽에서 왼쪽으로 진행하는 고대 스토리 전개의 구성 원리를 따르고 있다.

그리고 몸체는 연꽃잎 8개씩 3단으로 이루어져 활짝 피어난 연꽃을 연상시킨다. 연꽃잎의 중앙과 연꽃잎 사이사이에는 24마리의 동물과 두 명의 인물상이 묘사되어 있다. 각각의 연판 안으로는 물고기·신조(神鳥)·신수(神獸) 등을 한 마리씩 도드라지게 부조(浮彫)했다. 각 연판은 그 끝단이 살짝 반전돼 있는 게 얼마나 절묘한지 모른다.

하부 맨 아래 받침대 부분은 몸체의 연꽃 줄기를 입에 문 용이 우주의 삼라만상을 받들고 하늘을 오르는 모습이다. 특히 승천하는 듯, 몸을 빳빳이 세운 격동적인 자세의 용은 백제의 힘찬 기상을 보여 주는 백미(白眉)이다. 이 향로가 출토된 곳은 백제가 공주에서 부여로 천도한 후의 백제왕들 내지는 최고의 귀족급 무덤들이 있는 능산리 고분군과 접해 있다.

이 대향로를 많은 사람들이 편하게 볼 수 있도록 서울의 국립박물관으로 옮기자는 속 좁은 인사들도 있었다는 보도에는 분노했다. 공무원의 편의주의가 아니면 못난 중앙집권주의의 민낯일 것이다. 유물은 출토된 현장 그곳에 보존되어야 하는 것이 당연한 일이다. 이 대향로를 서울로 옮기면서 1천 년 넘게 숨 쉬었던 부여의 바람과 산수(山水)의 기운까지 함께 옮길 수는 없기 때문이다. 보고 싶은 그리움이 그렇게 크다면 나그네의 행장을 갖춰 조금 발품을 팔 일이다.

 부여박물관을 찾아 국보 대향로에 경배드리고 그 찬란한 대항해를 떠났던 선조들의 기상의 기(氣)를 받아, 얍삽하게 살아서는 안 되겠다는 각오라도 한다면 얼마나 보람찬 삶이겠는가. 덤으로 가까이에 있는 정림사지 5층 석탑까지 둘러본다면 더 말할 나위도 없다.

대향로를 잘 보관한 부여박물관을 보면서 나라마다의 문화의식에 대하여 생각나는 게 있다. 34년 전 일본 나라현의 호류지

구다라(百濟) 관음상

(法隆寺)를 찾았을 때의 감동을 먼저 말해야 한다. 7세기 무렵 백제사람들이 지었다는 5층탑도 그렇지만 구다라(百濟)관음상을 보고는 더욱 그러했다. 백제의 여인상이었다. 백제가 강성했던 이 대향로가 꿈을 키웠던 그때의 백제 여인인지도 모른다. 2미터가 넘는 완벽한 몸매와 유려한 선, 단순하면서도 요염한 몸의 비례는 신의 경지라는 찬사를 받을 만했다. 여러 목상들 사이에

서 있는 관음상을 직접 보니 우리 남부지방에 많은 녹나무의 질감을 그대로 느낄 수 있었다.

    몇 년 후 그때 감동을 되새기려 호류지를 다시 찾았을 때는 관음상을 가까이 접근하기도 쉽지 않게 새로 마련한 넓은 공간에 의연하게 세워 성역화를 시켰다. 아쉽기도 했지만 그들의 문화의식의 성숙도 부러웠다. 몇 년 전 스페인 마드리드 레이나 소피아미술관에서 피카소의 대작 〈게르니카〉를 감상할 때도 똑같은 감동을 가졌다. 왕실 경비대가 지켰다는 넓은 방 하나를 차지하고 있는 공간이 범접하기 어려운 위엄이 있었다.

    이제 부여박물관의 대향로 전시실은 어디에 내놓아도 손색이 없을 만큼 황홀하게 꾸며져 있기도 하다. (2017.5.)

철원 궁예성터의
천년 고독

　수목원 가는 길에서 천백여 년 전의 궁예(弓裔)가 걷던 많은 흔적과 만난다. 새 시대를 꿈꾸며 변혁의 의지를 불태운 풍운아의 자취가 전설이 되어 바람결에 실려 온다.

　10년 전 포천시 신북면에 20만 평의 수목원을 일구기 시작하면서 파주 출판사에서 임진강을 끼고 잘 뚫린 길을 따라간다. 교통량이 적은 상쾌한 길이다. 나무처럼 살기 위해 꿈꾸고 때로는 고통의 축제 속에 모양을 갖추어가는 수목원 디자인 설계의 8할은 수백 번 오고간 이 길 위에서 숙성되었을 것이다.

　국토분단 70년은 대륙을 말 달리던 우리를 섬나라에 갇혀 살게 했다. 섬은 자동차나 기차로 외국을 갈 수 없기 때문이다. 한강이 넓은 바다로 나가는 반도의 중심이 접적지역인 블랙홀로 변했다. 사람들은 전쟁의 공포로 점점 더 남쪽으로 삶의 터전을 옮기며 공동체보다 자기의 생명과 재산의 보전만을 생각한다.

　교하(交河)에서는 한강과 임진강이 만나 서해에 이르는 바다 같은 강의 모습에 가슴이 트인다. 문산을 지나면 임진왜란 때 임진강을 건너 피란 가던 못난 선조가 한밤중에 횃불을 밝히려 정자를 뜯어냈다는 이율곡의 화석정(花石亭)을 지난다. 연천 고량포 주변에는 신라 마지막 왕 경순왕의 무덤 표지판도 스친다. 후백제 견훤의 지배를 벗어나려 왕건에 나라를 바친 그는 왕건보다 훨씬 더 살았지만 다시는 고향에 돌아가지 못하고 임진강 북쪽에 묻혔다.

파주 적성의 임진강 변 어유지(魚游池)리에는 수도 철원에서 개성으로 가던 궁예가 마차를 내려 배로 갈아탔던 곳이라는 설화도 있다. 주상절리의 한탄강이 임진강과 만나는 곳이다. 교하를 거쳐 강화도를 끼고 서해로 나가다 예성강을 거슬러 개성으로 입성하는 궁예 왕의 모습을 그려 보기도 한다. 수목원 가는 길은 궁예가 걷던 길의 어느 부분일 것이라는 생각에 자주 빠져들면서 몇 번 그를 스친 것 같은 기시감(旣視感)도 들기 시작했다. 궁예의 그림자 한 자락이라도 밟아 보려는 1천 년의 시간여행은 철원 현장을 찾아 발품을 파는 일이 먼저였다.

5년 전 한탄강을 따라 오르며 처음 철원을 찾기 시작했다. 미군 정보부대가 철수하고 일반에게 개방된 소이산에서 바라본 일망무제(一望無際)의 철원평야는 장관이었다. 인간이 만든 방책선이나 철조망은 짐짓 모른 체하고 건너뛰기로 했다. 이북의 평강고원으로 짐작되는 곳까지 끝 간 데 없이 펼쳐진 푸른 지평

선을 본 것은 황홀한 첫 경험이었다.

27만 년 전 화산폭발로 용암이 만든 드넓은 평야는 대제국이 웅자(雄姿)를 틀 만한 도읍지로 크게 다가왔다. 왕국 건설의 물적 토대는 드넓은 곡창지대의 생산력이기 때문이다. 새로운 도로명 사업으로 철원의 큰길 이름을 '태봉로'로 정한 후손들이 가슴 깊은 곳에 새긴 궁예를 기리는 뜻으로도 천년의 신비를 다 알아챌 수는 없다.

민간인 통제구역을 출입하는 절차를 검문하는 초병(哨兵)의 앳된 얼굴이 사랑스럽다. 왕성하게 자라고 있는 벼의 사열을 받으며 철원평야를 달린다. 경원선의 마지막 역인 옛 모습의 '월정역'을 잠시 둘러본다. 군사분계선이 코앞이다. 작은 모노레일로 철원평화전망대에 오르면 바로 발아래 태봉국(泰封國) 도성지인 궁예성터가 천년의 고독으로 반긴다. 전망대 안에는 비무장지대를 중심으로 들어앉은 성터의 위치를 커다란 지도 위에 선명하게 표시하여 안내한다.

토석(土石) 혼축방식의 외성은 둘레가 12.5km이다. 내성 7.7km, 궁성 1.5km이다. 450년 후 정도전이 우람하게 돌로 설계한 조선의 한양도성이 동대문에서 서대문까지 5km가 되지 않으며 전체가 17km인 점을 비교하면 당시 궁예의 위세가 얼마나 엄청났는지 미루어 짐작할 수 있다. 갑자기 캄보디아의 밀림 속에서 발굴된 앙코르와트를 처음 만났을 때의 감동이 스치기도 한다.

901년 평양에서 충주 이남까지 한반도의 중앙을 장악한 궁예는 고구려의 계승을 표방한 '고려'를 개성에서 건국한다. 청주에서 1천 호 7천 명을 이주시키는 등 준비를 마치고 905년 철원으로 천도한다. 해양상인인 개성 호족들과 결별하고 서로 뜻을 함께하여 편히 사는 세상을 꿈꾸는 태봉국의 우렁찬 첫걸음이었다. 출생의 비밀을 안고 내쳐진 신라 왕자의 혹독한 성장과정을 늠름하게 이겨낸 궁예도 호족 연합세력의 덫에 걸려 20년이 되지 않는 새 나라의 꿈을 접어야 했다. 918년 20년간 총애하던 부하장수 왕건의 신군부 쿠데타로 궁예의 미륵불 이상향은 미완(未完)의 혁명(革命)으로 깊은 잠에 빠진다.

모든 역사가 승자의 기록이라지만 궁예의 역사는 왕건의 '고려'에 의하여 철저히 묻힌다. 고려 건국의 태조인 궁예의 무덤을 딛고 개성에서 고려 태조를 자처한 왕건의 자기부정일 수도 있겠다. 조선을 건국한 이성계가 개성의 기득권자를 벗어나 천도할 곳으로 남쪽 계룡산까지 찾았다는데 궁예의 철원을 도읍지로 고려하지 않은 이유는 알 수가 없다. 뼛속까지 고려의 충성스러운 신하였던 그의 한계 때문인지도 모르겠다. 그리고 궁예는 더욱 잊혀졌다.

또 5백 년이 지나고 일제강점기가 되자, 거대한 철원평야의 쌀에 눈독을 들인 일제는 이 쌀을 일본으로 실어나르기 위해 1914년 원산항까지 철도를 부설한다. 호남평야의 쌀을 착취하여 일본으로 실어내던 군산의 일제척식회사인 불이흥업이 주도하여 전국에서 1천 5백 호 1만 명 넘게 강제 이주시키는 등 철원을 당시 서울 인구 1/3인 8만 명의 대규모 식량생산기지로 만든다. 지금도 일제시대 사용되던 상수도용 소형댐인 '안양골 취수장'이 남아 있다.

궁예의 비원(悲願)은 그때에도 살아 번득였는지 일제는 민족정기를 말살하기 위해 명산(名山) 봉우리에 쇠말뚝을 박듯이 대평원의 경원선 철로로 궁예성터를 가로지르는 만행을 자행한다. 이제 남북화해의 춘풍(春風)으로 경원선을 복원하여 기차로 금강산을 관광하고 유럽으로 가는 부푼 꿈에 들떠 있는 위정자들이 궁예성터를 비껴가는 철로의 구상은 얼마나 진지하게 검토하고 있는지 궁금할 뿐이다.

혁명의 성채였을 물 위에 떠 있는 연약한 연꽃 모양의 화개산(花開山)에 안긴 도피안사(到彼岸寺)의 도선(道詵)국사도 흥겨워했음에 틀림없다. 속세를 넘어 지혜의 세계인 이상세계에 도달하고픈 절집의 대적광전(大寂光殿) 앞에는 산세를 비보(裨補)하는 3층석탑과 지금도 6백 년이 넘는 느티나무 세 그루가 그 의미를 웅변하고 있다.

이곳도 한국전쟁의 격전지로 참혹한 상처를 입었다. 불에 탔다가 복원된 대법당에 모셔진 갸름한 달걀형의 얼굴에 양손을 거머쥔 지권인(智拳印)을 한 철조 비로자나불 좌상(865년, 국보(63호)이 염화시중의 미소를 보낸다.

청소년기에 수십 번은 더 찾았던 고향인 남쪽 끝 장흥 보림사(寶林寺)의 철불(858년, 국보 117호)보다 10년 가까이 늦게 모셔진 이 불상을 여기서 다시 알현하면서 감회가 새로웠다. 그동안 혁명의 불씨를 간직한 시대정신은 초원의 들불처럼 반도를 종단했나 보다. 철불의 얼굴은 새로운 시대를 꿈꾸며 변혁의 의지를 키우던 호족들의 이상형이면서 그들의 자화상이었는지도 모른다.

역사적 전기를 맞은 남북 교류의 첫 성과는 철원 궁예성터의 복원이었으면 싶다. 이념다툼의 전쟁으로 분단이 길다 보니 상징이 될 만한 남북의 정신적 공통분모가 많지 않은 아쉬움 때문이다. 국토의 허리를 깊게 패어낸 비무장지대 전체를 생태계의 낙원으로 복원하려는 거대한 구상의 거대담론보다 지금 첫

혁명의 성채였을 철원군 동송읍 도피안사.

장흥 보림사의 느티나무 같은 100년이 넘은 단풍나무.

삽을 뜰 수 있는 작지만 무엇보다 의미 있는 일일 수도 있다.

성지 복원으로 천년 넘게 갇힌 궁예의 웅혼한 혼을 불러내는 초혼제(招魂祭)가 남북 번영과 평화의 역사적 장정을 축복할 것 같은 예감은 나만의 생각일까. (2018.7.)

기억의 장소들

나남수목원에 책박물관, 관리동 증축공사가 끝났다. 신축공사 후 5년 만의 역사(役事)였다. 두 차례에 걸쳐 24억 원이 들었다. 전체 526평이 되었다. 그 돈이 어디서 충당되었는지 기억하지도 못하지만 쏟아부은 열정만큼 나이도 들었다. 내가 여기까지는 완성해야겠다는 마음만 앞선 것 같다. 돈만 그렇겠는가. 많은 사람들과 부대낀 사연도 가물가물하다. 준공이 되었으니 건축대장에 등재하고 취득세를 납부해야 한다며 주민등록표를 제출하라는 포천시 건축과의 전언이다.

새삼스럽게 그간의 거주지가 모두 기록된 주민등록표를 들여다본다. 41년 전 1975년부터 서울 생활의 기록들이다. 크게는 12번 이사한 것으로 되어 있다. 전입신고하지 않고 잠깐씩 들락거린 것도 두세 차례 더 있을 것이다. 전출입신고로 주민의 편리함보다는 국민을 통제하려는 목적이 우선일 것이다. 이제는 가끔씩 기억하는 장소의 공간성과 내 삶의 흔적을 국가기관에서 이렇게 기록해서 보관한 것이 고맙다고 해야 할까 보다.

1975년 8월, 서울시 동대문구 면목동

1974년 여름 강원도 화천 최전방 방책선에서 3번 소총수로 36개월 군복무를 마치고 제대했다. 얼마 되지 않아 광복절날 서울역에서 청량리까지의 지하철 1호선이 개통되고, 박정희 대통령 부인 육영수 여사가 피살되었다. 세상은 그렇게 급박하게 돌아갔지만 나는 날마다 논에 나가 딱히 하는 일도 없이 푸르름에 취해 무념무상의 논농사에 빠져들 수밖에 없었다. 녹색은 생명력 그 자체임을 느꼈다.

언제부터인지 해질 무렵에 아버지가 논으로 자식을 마중 나오기 시작했다. 아들이 날마다 논일을 열심히 하는 것이 신기해서보다는 자식과 같이 있고 싶은 마음에서일 것이라고 생각했다. 법 없이도 사시는 분이 지난 몇 년 동안 이 못난 아들 때문에 경험하지 않아도 좋을 마음고생을 많이 하셔서 더 늙으셨다. 당신께서 짐짓 훌쩍 커버린 아들을 어려워하시는지, 쑥스러워서 그러시는지 처음에는 눈도 맞추지 않고 이 녀석에게 해도 괜찮은 얘기인지 가늠해 보며 말문을 여시는 것 같았다.

아들에게 처음 해보시는 이야기여서인지 곰살맞거나 재미있는 이야기보다는 그때그때 생각나는 일화 중심이었다. 이제까지는 대개가 '누구네 집 아들이…' 하는 간접화법의 의사소통이었으나 지금은 아버지가 주인공인 직접화법의 이야기인

점이 가장 큰 변화였다. 당신의 이야기를 재미있게 듣는 자식을 무척 미더워하시는 모습 같았다. 아버지의 천일야화(千一夜話)는 그렇게 시작되었다.

차츰 이야기에 탄력이 붙어 과장이 보인다고 내가 추임새를 넣으면 소 웃음 같은 얼굴을 하셨다. 그러나 내게 앞으로의 계획이 무엇인지나 대학은 마쳐야 하지 않겠느냐는 말은 애써 하지 않으셨다. 가끔 "권력은 절대 이기지 못한다. 우리 같이 농사나 짓자"는 푸념에서 곁에 잡아두고 싶은 자식이 또 떠날 수밖에 없는 것을 아쉬워하시는 것 같았다.

복학하려는 마음도 딱히 없었지만, 아버지가 친구들인 시골 노인들과 여러 차례 구수회의를 하는 것 같았다. 녀석이 처자식이 있거나 집이라도 있으면 학생운동에 다시 휩쓸리기 어려울 것이라고 지혜를 모은 모양이다. 우선 집을 사준다고 했다.

내 의견을 구했으면 그때 반포아파트를 살 수 있는 돈이었는데, 아버지 친구가 면목동에서 복덕방을 했던 모양인지 상봉동 한독약품 건너편 면목동 초입에 아담한 단독주택을 덜컥 구입해서 살라고 한다. 대학생 집주인이 되어 외대에 다니는 동생과 함께 살았다. 2년 후에는 이곳에서 신혼살림을 시작했다.

1978년 5월, 서울시 서대문구 홍제동

면목동 집을 판 자금을 밑천으로 무악재 너머 홍제동 안산아파트 상가 1층에 아내가 '서라벌약국'을 개업했다. 이곳에서 남매를 낳았고 나남출판사를 창립했다. 출판일로 강남에서 사람을 만나다 보면 어느 때부터인가는 강북으로 퇴근해야 하는 사람이 나 혼자인 걸 느꼈다. 더욱이 큰아이가 초등학교 입학 무렵이 되어 명문으로 소문난 상명여대 부속 초등학교에 당첨되는 경사가 생겼지만, 이곳에 계속 묶일 것 같은 생각에 왠지 마음이 가볍지 않았다.

한편으론 그동안 애 키우고 약국 경영을 하던 아내가 안쓰럽기도 했다. 출판사 일이 잘되어서가 아니라 처자식을 굶기지 않을 자신감으로 약국을 접고 막연히 강남으로 이사를 가려고 했다.

1985년 2월, 서울시 강남구 개포동 주공아파트 702동

강남 사정에 밝은 잠실 아시아선수촌 아파트에 살던 이청준 소설가의 손에 이끌려 함께 전셋집을 구하러 헤맸다. 아이의 초등학교 입학식을 목전에 둔 초조함이기도 했다. 새로 조성한 개포동 주공아파트 단지의 건방진 복덕방 주인과의 언쟁에 지기 싫어 덜컥 전세계약금으로 준비해간 돈이 35평 아파트 4천 9백만 원의 매매계약금으로 바뀌었다. 그 후 이때의 내 성깔은 두고두고 이청준 선생의 술안줏감이 되었다.

몇 주 만에 부랴부랴 약국도 정리하고 살던 안산아파트도 조급하게 팔아치워야 했던 아내의 피 말리는 뒷감당으로 강남시대가 시작되었다. 마지막 방랑자의 본성이 드러난 전광석화

(電光石火) 같은 군사작전에 다름없었다. 그때부터 아내의 약사 면허증은 장롱면허증으로 가라앉았고, 가장(家長) 본연의 책임감은 막중해졌다.

처음 경험한 중앙난방식의 정남향 13층 꼭대기 아파트 방은 무척 따뜻했던 기억이 오래갔다. 아내는 개포도서관에서 책을 읽던 행복했던 시간들을 여러 번 회상했다. 신축 대단지 아파트의 삭막한 풍경이 마음에 걸려 입구에 남매의 성장을 바라며 느티나무 두 그루를 심었다. 이런 사람도 있느냐는 관리인 아저씨의 갸우뚱했던 모습도 생각나지만, 가끔씩 스치는 아파트 그 자리에 거목으로 성장한 느티나무가 나를 알아보는 것 같다.

얼마 전 우연히 그곳을 스치는데 거대한 펜스가 가로막는다. 아파트 재개발 가림막이다. 초고층 아파트가 들어선다 한다. 기억의 공간이 또 하나 사라진다. 상징목이었던 그 느티나무 두 그루는 다른 곳으로 얌전하게 옮겨 심었을까. 그곳은 어디일까 궁금할 뿐이다.

1987년 10월, 서울시 서초구 서초동 1625-11

개포동 아파트에서 출판사가 있던 서대문 종근당 뒤편까지 포니 승용차로 20~30분이면 출퇴근이 가능했다. 별 불편 없이 일에 집중하고 오택섭 교수의 〈사회과학 데이터분석법〉과 김준엽 총장님의 〈나의 광복군 시절〉이 낙양의 지가를 올리던 때였다. 백왕인쇄소 4층 출판사 사무실에서 우연히 목격한 총장님의 운전수와 주인집인 인쇄소 직원이 주차문제로 실랑이를 벌이는 모습에 충격을 받았다. 어른을 알아보지 않는 그이들을 탓할 수만은 없었다. 대붕(大鵬)이 깃을 칠 오동나무를 찾아야 했다. 돈은 빠듯한데 넓은 공간을 찾느라 마음만 바빴다.

출퇴근 시간을 아껴 몇 달 동안 발품을 판 덕에 출판사 사무실과 살림집과 책창고까지 겸할 수 있는 맞춤형 물건을 서초동 서울교대 앞에서 찾았다. 85평 대지에 3층 대형 고급 주택의 구입자금 1억 9천만 원을 만들기 위하여 있는 것 없는 것 모두 팔고 은행 대출금에 기댔다. 그때 판 가락동아파트 입주권은 몇 달 만에 두세 배가 폭등했던 부동산 광풍이 불기 시작하던 때였다. 마음은 쓰라렸지만 출판사 보금자리를 마련한 마음은 하늘을 찌를 듯했다.

개업식 날 먼길을 찾아오신 연로한 아버지가 내 집을 마련한 아들을 뿌듯하게 등 두드려 주셨다. 어린 동생들을 보살펴야 하기에 도움을 주지 못한 아쉬움도 전하셨다. 1990년 여름에 졸지에 세상을 하직하신 아버지의 마지막 웃으시는 모습이 오랫동안 기억에 남는다.

나남출판사 강남시대의 시작으로 양재역 앞 지훈빌딩으로 이사할 때까지 6년을 살게 된다. 이 집은 그 후 맨션 4층 주택으로 개조되기도 하다가 작년 말 구입한 지 28년 만에 팔았다. 이 자금은 나남수목원에 번듯한 책박물관과 관리동을 완공할 수 있는 밑천이 되었다.

1994년 9월 27일, 서울시 서초구 서초동 1364-39

1994년 6월 11일 나남출판사 창립 15주년 기념식은 강남 서초동 양재역 건너편 지훈빌딩 사옥을 마련한 집들이와 겸했다. 기뻤다. 서울대 이성원 교수와 영문과 동창생인 바둑친구 김동찬 사장이 뉴질랜드로 이민가면서 고가의 그이 사옥을 나에게 떠넘기지 않았다면 꿈꿀 수 없는 공간이었다.

그이와의 우정은 딸아이들의 유학생 교환으로 이뤄지기도 했다. 내 딸을 뉴질랜드 그의 집으로 유학 보내고, 그이 딸을 내가 서울서 데리고 있기도 했다. 지금까지도 20년 넘게 바다 건너 우정을 돈독히 하고 있다.

양재역 건너편의 지훈빌딩. 출판사 첫 사옥을 마련하며 비약을 꿈꾸었다.

2004년 10월, 경기도 파주시 회동길 193, 나남사옥 완공

2004년 파주출판도시에 나남 사옥을 완공했다. 550평 대지에 지하 1층, 지상 4층의 연건평 850평의 규모이다. 포천시 내촌면의 전원주택이나 서초동 양재역 앞 지훈빌딩을 지어 보기도 했지만 이 출판사 사옥이 나의 마지막 건축물이 되리라 싶어 심혈을 기울였다.

우선 책 창고를 사무실에 품고 싶어서 지하층을 2층 규모로 넓고 깊게 팠다. 이곳은 한강 하류의 매립지에 인접해서 지반이 약하다고 해서 모두들 지하층을 만들 엄두도 내지 못했다. 이러한 우려에는 파일을 여러 개 암반층까지 박고 지하층 아래에 반층 규모의 물탱크 역할을 할 수 있는 별도의 공간을 가욋돈을 들여 마련했다. 오랜 친구인 김영섭이 설계한 남향받이로 바람의 곡선을 강조했다는 약간 유선형의 건물로 아름다운 건축상을 받기도 했다.

나남출판사 파주출판도시 사옥.

출판도시에서 유일하게 햇빛가림도 할 겸 전신주보다 높은 40년생 장송 열 그루로 건물을 두르고 모과나무, 산딸나무, 메타세쿼이아, 거대한 주목, 벚나무로 조경을 마쳤다. 자작나무숲의 환영이 어른거려 50그루를 적성 농장에서 옮겨 심기도 했다. 이 건물의 북쪽 면은 찬바람을 막기 위해 거대한 콘크리트 성벽을 올렸는데 이곳에 담쟁이를 심었다. 몇 년 지나니 담쟁이의 힘찬 푸르름이 이 회색의 벽면을 뒤덮으며 주인이 되었다.

2005년 12월, 서울시 서초동 서초트라팰리스

포천시 내촌면에 안주하려고 주민등록 전입을 마친 지 1년 만에 다시 서울로 나왔다. 서초동 출판사에서 5분 거리도 되지 않는 한전 강남문화센터 바로 앞의 신축 아파트였다. 유학을 마치고 귀국한 딸이 합류하여 오랜만에 한 가족이 3년간 살던 집이다. 아들은 곧 미국 코넬대학 유학길에 올라 지금까지도 화상통

러시아공사관이 내려다보이는 정동 상림원의 어느 겨울 풍경.

화로 연결되는 가족인 셈이다.

2008년 12월, 서울시 중구 정동 정동상림원

40년이 넘는 서울생활에도 벗지 못한 촌놈의 콤플렉스이기도 했지만, 드디어 사대문 안에 집을 마련했다. 24년간의 강남 서초동 시절을 접고 성(城)안 사람으로 8년을 살았다. 정동 이화여고 건너편의 러시아공사관 터와 인접한 정동 상림원(上林苑)이 그곳으로, 덕수궁의 후원(後苑)이었던 곳이다. 걸어서 10분 안팎에 광화문, 시청광장, 경희궁, 덕수궁, 경복궁, 배재공원, 독립문공원이 있다. 이삼 년은 세종문화회관 이사를 맡아 종합예술도 만끽하며 광화문 네거리를 뒷짐지고 거니는 한가한 동네 노인 노릇은 덤이었다.

1969년 서울에 처음 올라와 기숙했던 하숙집이 경희궁 터인 서울고 앞이었다. 우울한 재수생인 광화문통 아이들이 모이는 대성학원과 가까워서 이곳을 택했다. 지금처럼 신문로 길이 확장되기 전이어서 서울고와 신문로 사이 언덕에 있던 전통기와집 몇 채 중의 하나였지 싶다. 지금은 서울역사박물관 옆의 전차가 유물로 전시된 주변이다.

내 기억의 장소들이 40년 만에 재정렬을 마친 듯해서인지 조그마한 평화가 찾아왔다. (2016.7.)

바람이 불어오는 곳,
세계로 열린 창

기록은 기억의 공간을 채우는 유일한 수단이다. 활자는 인간의 한계를 극복한다. 취재수첩이나 메모장, 다이어리라는 기록이 있었다. 지금은 스마트폰이라는 움직이는 소형 컴퓨터인 문명의 이기를 사용한다.

얼마 전 우연한 기회에 얘기를 듣고 법무부 출입국 관리소에서 나의 해외여행 기록을 쉽게 찾을 수 있었다. 정부는 국민통제의 수단이나 행정편의를 위한 것이겠지만, 1980년 이후의 개인 여권기록을 데이터베이스화하여 서비스한다. 신기하기도 했지만 잊혀진 기억들을 소생할 수 있는 단초를 주어서 오히려 고맙기도 했다. 그러나 출입국 날짜는 정확하겠지만 행선지는 기록에 없었다. 삼사십 년 전의 기억을 모두 복기(復棋)할 수 없어 "바람이 불어오는 곳"의 여행기를 정리한 내 삶의 편린들을 기록했다.

가물가물한 기억력에 머리를 치며 잃어버린 시간들의 언저리를 맴돌기도 하고, 전혀 기억이 나지 않는 장면은 거대한 절벽을 마주하는 듯한 절망감에 몸서리치기도 했다. 정말 그 시간을 내가 살았는가 하는 의문이 꼬리를 이었다.

군사독재의 엄혹한 대학시절을 겪으면서 일기장이나 메모들을 모두 없앴다. 정보기관원들에게 꼬투리를 잡히지 않으려는 자기보호 본능이었을 것이다. 모든 것들을 기억에만 의존하려 노력했으나 그 한계는 불을 보듯 뻔했다. 인간적 욕망을 희생하면서 새로운 도전에 끊임없이 응전해야 살아남을 수 있는 내게 주어진 현실은 가까운 과거의 기억창고를 되새김질할 낭만도 주지 않았다. 그때는 기록하지 않고 머릿속에만 입력해야 하는 습관도 체화(體化)되었겠지만, 앞만 보고 뛰어야 하는데 일상의 주변을 살피고 메모할 여유도 없었을 것이다. 어쩌면 젊은 기억력을 과신했을 것이다.

사막을 건너는 방법은 낙타의 눈높이에서 오아시스가 있음 직한 먼 곳을 똑바로 응시하며 한 발자국씩 모래를 밟으며 앞으로 나가는 것밖에 없다. 주변의 풍광을 둘러볼 여유도, 신기루의 유혹에 취할 수도 없다. 은하수의 현란한 춤사위에도 흔들리지 않고 오로지 나의 북극성을 찾아 밤길에도 외로운 행군을 해야 했다.

1983년 9월, 처음으로 여권이 나왔다

첫 번째 해외여행을 미국으로 떠났다. 이 여행은 나의 삶을 몇 단계 올려놓는 세상에 대한 개안(開眼)의 첫 경험이 되었다. 그 첫 길은 이렇게 시작한다.

1979년 10·26으로 박정희 군사정권의 막이 내리고 4년 만에 여권을 처음 손에 쥐었다. 그때는 해외에 나가기 위해서는 신원조회를 마치고 중앙정보부를 개편한 안전기획부가 운영하는 남산에 있는 한국반공연맹에서 4시간 보안교육을 받아야 했다.

첫 시간 교육을 마치자 사무국장의 호출을 받았다. 스스로 예상했듯이 아직 출국이 허락되지 않는 것이라고 생각했다. 그 자리에 1971년 위수령 때 고려대 파견 중앙정보부 요원이었던 한의수가 나를 묘한 웃음으로 맞았다. 그는 대학 5년 선배로 총장 비서실에 상주하며 못된 짓을 일삼았고, 내가 복학 후 졸업반 때 고대 라이온스클럽이 수여하는 전액 장학금을 받지 못하게 훼방을 놓았지만 음모를 이루지 못한 악연도 있다.

그렇게 거들먹거리던 그가 12년이 지나 안기부 한직으로 밀려났는지 겸손을 떨며 이제 새로운 세상이 되었으니 지난날은 잊고 잘해 보자고 한다. 무엇을 잘해 보자는 것일까? 선뜻 보안교육필증 도장을 찍어 나의 첫 여권을 건네준다. 세상사의 허망한 한 단면이기도 했다.

로스앤젤레스로 가는 KAL은 너무 한산했다. 9월 1일 새벽, 소련 영공에서 대한항공 격추사건이 발발한 지 며칠 되지 않아서인지 사람들이 비행기 여행을 꺼려했는지도 모른다. 보잉747 큰 비행기에 30명 내외의 엄청 바쁜 사람들이거나 간 큰 사람들이 탑승했던 모양이다. 최초의 해외여행은 이렇게 시작되었다.

이삼 일 로스앤젤레스를 구경하고 혼자서 대륙 횡단을 시작하였다. 국내선과 버스를 갈아타며 라스베이거스와 그랜드캐니언을 거쳐 중부의 중심인 세인트루이스에 도착했다. 이곳에서 대학 동창인 이계송 사장을 반갑게 만났다. 신선호 회장의 율산그룹이 무너지자 창업멤버로 해외영업을 책임졌던 그는 귀국하지 않고 이곳에 뿌리를 내려 모든 고난을 이겨내고 비즈니스로 크게 성공했다. 이 사장의 차로 4시간을 달려 미주리대 장원호 교수를 만났다. 그 이후로 나를 미주리대 저널리즘스쿨 졸업생으로 오해하는 사람들도 있었다.

뉴욕 맨해튼의 거리를 주유했다. 서른세 살의 청년에게는 신천지를 구경하는 듯 설렜다. 브로드웨이 연극 구경이나, 유엔청사 방문이나, 컬럼비아대학 방문이 그러했다. 미국 육사 위병소 앞에 수백 년 된 튤립나무의 장관이나 나이아가라 폭포의 굉음도 오랫동안 기억에 남았다.

10월 9일 한글날, 버마 아웅산 폭탄테러의 긴급뉴스를 뉴욕에서 들었다. 필리핀 아키노 피살뉴스 다음으로 전두환의 침통한 모습이 텔레비전 뉴스를 도배했다. 서울로 돌아갈 수 있을까

하는 걱정도 스쳤다. 해직 언론인 선배들이 여기 뉴욕에서 같이 살자고 부추기기도 했다. '무슨 해외 망명이냐'는 생각도 떠올렸던 불안한 시간들이 흐르는 뉴욕의 가을날들이었다. 두 달 간의 유별난 첫 해외여행은 이렇게 끝났다.

1989년 10월, 첫 유럽 여행, 김형국 교수와 함께

독일 베를린장벽이 무너졌다. 사회주의가 무너지는 20세기의 가을에 현장을 찾아가자는 김형국 교수와 처음으로 유럽여행을 떠났다(133만 원씩 갹출). 충동적으로 결정된 여행이라서 나 그네의 본연에 충실하기로 했다.

해외여행의 첫발이 미국이 아니라 유럽이었더라면 내 인생은 엄청 달라졌을 것이라고 생각했다. 반쪽짜리 세계관의 허물을 벗는 문명의 충돌이었다. 2년 후 1991년 러시아를 찾았을 때

1989년 가을, 독일 프랑크푸르트 거리에서 김형국 교수와 함께. 추워서 현장에서 즉흥적으로 구입한 바바리코트는 30년 가까이 지금도 입는다.

도 또 반쪽의 허물을 벗는 경험을 했다. 미국의 문화콤플렉스를 확인하는 현장이기도 했다.

독일 프랑크푸르트에서 최정호 교수의 안내를 받았다. 뮌헨에서는 영국 가든과 프랑스 가든의 차이점을 공부하면서 공원 조경에 눈을 떴다. 기차로 오스트리아에 갔다. 광활한 평야를 지나자 오랜만에 작은 산들을 통과하면서 여권심사를 한다. 산에 묻히자 처음으로 마음이 안정되는 것은 내가 산악국가에서 자란 탓일 것이다. 비엔나 중앙공원의 예술가 묘역과 대통령들의 합장 묘역을 둘러싼 단풍 숲길이 기억에 생생하다.

비행기가 헝가리 부다페스트를 덮고 있는 거대한 도넛 모양의 공해구름을 뚫고 내려간다. 소련이 남긴 라다 소형 승용차의 매연 때문이라 한다. 미세먼지가 전국을 뒤덮는 지금의 우리는 더욱 지옥이다.

라인강, 도나우강으로 이름을 달리하며 서유럽을 가로지르는 강가 언덕에 남아 있는 불에 탄 수도원이 천둥처럼 나를 흔들었다. 몽골 칭기즈칸의 손자가 이곳까지 정벌한 흔적이다. 이곳까지 왔는데, 몇날 며칠만 더 말을 달려 오스트리아 합스부르크 왕궁을 점령했더라면 팍스몽골리아의 새로운 시대가 되었을 거라고 상상해 보았다. 척박한 이곳에서는 챙길 전리품도 없어 회군했는지도 모른다. 헝가리에서 내가 구입한 조그마한 레닌의 흉상 때문에 귀국 때 문제가 있을까 봐 김 교수가 내내 걱정했다.

열흘의 여행이 끝나는 스위스의 레만 호숫가에서 느꼈다. 어떤 여행의 에피소드보다도 둘만의 나그네 길에서 부단히 뒹굴고 얘기했던 김형국 교수가 큰형 같다는 생각과, 그의 사람됨과 문화통찰이 내 가슴속에 큰 성채로 자리 잡고 있음을 알았다. 평생을 가는 사나이들의 어떤 관계는 이렇게 시작되었다. 이때의 감동을 〈현대문학〉(1995년 2월호)에 "시간의 갯벌에서: 최초의 유럽 기행"이라는 에세이로 발표하기도 했다.

1999년 10월, 프랑크푸르트 북메세

독일 프랑크푸르트에서 매년 열리는 책박람회(Book Messe)에 아내와 함께 참석했다. 프랑크푸르트는 교통이 편리하고 서유럽의 중심지라는 지리적 이점도 있어 근대에 들어서부터 정원메세, 가구메세, 자동차메세 등 여러 상품의 대규모 박람회가 상시 열리는 곳이다. 10여 차례 북메세에 참석하면서 세계적 흐름도 읽고 아이디어를 얻기도 했다. 메세가 끝나면 주변국들을 둘러보는 여유도 갖는다.

우선 프랑크푸르트에서 가깝기도 하고 출판문화를 꽃피운 마인츠의 구텐베르크기념관을 찾았다. 1450년 무렵 구텐베르크의 활판인쇄소 미니어처 모형을 구경하고 12행 성서 인쇄물과 연필 등 기념품을 산 것도 여러 번이다. 안내를 맡은 독일 청년은 한국의 활자 인쇄는 당신들보다 2백 년이 앞선다는 한국 사람들의 자랑에 인이 박였는지 "그렇다고도 볼 수 있다"고 선

구텐베르크 12행 성서 인쇄.

선히 수긍하여, 묻는 사람들이 오히려 김이 새고 만다.

그 청년에게 구텐베르크의 인쇄술 발전에는 당신들이 자랑하는 거룩한 성서 인쇄보다도 돈만 밝히는 면죄부(免罪符) 인쇄가 큰 몫을 했다고 어깃장을 놓을까 싶다가 참았다. 물론 성서를 자국어로 번역하여 대량인쇄 대량배포로 종교개혁이 가능해졌고, 가톨릭 신정체제인 중세가 막을 내리게 한 획기적 공로를 몰라서도 아니다.

북메세를 마치고 영국 런던 여행을 선택했다. 마침 주영 대사관에 막 부임한 20년 넘는 친구인 문화부 황현탁 공보관의 초청도 있었다. 런던의 호텔은 여전히 낡았고, 지하철 튜브는 좁았다. 웨스트민스터의 버킹엄 궁전과 전통 복장의 근위병의 화려한 교대식을 구경했다. 일제 식민지를 경험하지 않았더라면 우리에게도 이들처럼 지금도 조선왕실의 흔적이 남았을 것이라는 생각도 스친다.

런던 트라팔가 광장에 있는 넬슨 제독의 동상 사면을 둘러싼 4개의 거대한 청동 사자상에서 해상제국의 지난 영화의 상징을 읽는다. 신대륙 발견 이후 대항해의 제국을 건설했던 에스파냐의 무적함대를 1588년에 격파한 영국은 네덜란드와 함께 해양대국으로 부상한다. 1805년에는 넬슨의 영국 함대가 프랑스-에스파냐 연합함대를 침몰시키고 19세기에는 해가 지지 않는 대영제국의 깃발을 휘날리게 된다.

주영 대사관 황현탁 공보관과 바바리코트 공장을 찾았다. 가는 길에 흑인 노동자가 유난히 눈에 많이 띄었다.

2006년 2월, 이대 '이화문향' 팀과 인도를 찾다

나중에 이화여대 총장까지 지낸 이배용 사학과 교수와는 몇 년 동안 유적지 답사를 함께했다. 그분의 해박한 역사 지식만이 아니라 열정에 이끌려 전국 곳곳 서원과 탑(塔)과 절집 등 역사의 현장을 찾는 강행군을 했다. 계룡산을 종주하는 역사기행, 부여의 5층탑, 창덕궁의 비밀스러운 정원, 안동의 서원들이 기억에 남는다. 고위과정인 이대 '이화문향'에서 같이 공부하기도 했다.

이 총장께서는 총장 재임 시에 나남출판사에서 심혈을 기울여 운영하는 '지훈상' 운영위원회 3대 위원장을 맡아주었다. 나중에 한국학중앙연구원 원장 때는 판교의 벚꽃을 함께 감상하자며 초청하기도 했다.

이화문향에서 기획한 인도여행에 동참했다. 우리 부부만이 아니라 김양현, 이기홍, 강봉구 선배, 동아제약 유충식 부회장 부부 등이 생각난다. 비망록에 남은 일정표를 여기에 옮긴다.

2.5. 7:30 서울 김포 출발, 1:30 인도 델리 도착

2.6. 인터콘 델리 호텔 새벽 3:00 도착 3시간 휴식 후, 5시간 버스로 이동 Agra 도착, Taj Mahal 구경

2.7. Mughal 세라톤 호텔 투숙. Jhansi 기차역에서 3시간 여행 Ochar 점심, 버스로 4시간 30분 Khajuraho Radisson 호텔 투숙

2.8. Khajuraho 사원 서쪽, 남쪽 Kamasutra 요가 체험, 민속 공연 관람. 이날이 아내 생일이어서 반지를 선물하고, 함께하는 축하만찬이 황홀했다.

2.9. 회항버스로 4시간 30분 Ochar 궁성관람, Jhansi → Bhusaval 야간기차 12시간 새벽 6시 도착. 김 부회장 부인이 야간열차에서 여권과 지갑을 도난당해 4시간 동안 경찰조사를 마칠 때까지 모두 시골역 앞에서 허송세월했다.

2.10. 버스로 3시간 반 이동 Ajanta 석굴 관람

2.11. Ellora 동굴 관람.

타지마할 궁전을 손가락으로 집어드는 연출.

나의 취미인 바둑은 내 삶 속에 여러 가지 에피소드를 간직한 채 녹아 있다.

이때 여행에서 프로기전인 '박카스배'를 주최하는 동아제약 유충식 부회장과 바둑 이야기를 많이 하면서 반상의 교제를 돈독히 했다. 그이의 추천으로 한국기원 이사를 맡았다. 이렇게 12년 후에는 한국기원 총재대행(2018.11~2019.4)으로 바둑발전에 봉사하고 있는 나를 발견한다. 유 부회장의 젊은 날의 기록인 〈60년대 학사주점 이야기: 4·19세대의 시대증언〉을 출판한 것도 좋은 인연의 산물이지 싶다.

2008년 8월, 일본 와세다대학에서

일본 와세다대학과 고려대 기호회가 정기적으로 여는 친선바둑대회 행사에 참가했다. 일본 전국에서 참여한 동창들의 열기가 뜨거웠다. 와세다대학은 총장이 동창회장을 겸임하고, 대학 보직교수들이 동창회 이사를 겸임하는 사실도 이때 알았다.

짬을 내서 동경 한복판에 있는 신주쿠 하마리큐(浜離宮) 정원을 찾았다. 문화체육부 명수현 사무관의 안내를 받았다. 수백 년 동안 해풍을 맞으며 잘 자란 처진 소나무의 웅자에 압도되

신주쿠공원의 소나무. 수백 년 해풍을 맞으며 자란 거대한 웅자에 압도된다.

었다. 원형을 보존하려고 길게 뻗어난 굵은 가지를 여러 곳에서 받치고 있는 받침대가 눈에 거슬리기는 했다. 고층빌딩에 둘러싸인 고즈넉한 공간에 잘 가꿔진 귀티 나는 반송들이 아름다웠다. 이때의 장관에 흠뻑 빠져 나남수목원에서 반송사랑을 대규모로 구현하고 있는지도 모른다.

돌아오던 날, 중국 베이징올림픽 야구 결승전에서 일본을 꺾고 우리가 우승하는 중계방송을 일본에서 즐기는 묘한 쾌감도 맛보았다.

2008년 10월, 미국 코넬대학에서
아내와 함께 미국 코넬대에서 석사 공부를 하고 있는 이삼 년 동안 보지 못한 아들을 찾아갔다. 열흘간의 긴 여행이었다. 명문대학이라는 소문과는 달리 아담한 대학캠퍼스는 수도원 같

미국 코넬대 도서관 지하 서고에서 나남의 책들이 나를 반긴다.

은 분위기였다. 공부가 힘들어 투신을 한다는 계곡 높이 솟은 '자살의 다리'가 섬뜩하기도 했다. 지하 몇 층에 걸친 방대한 도서관 서고에서 〈조지훈 전집〉, 〈토지〉 등 많은 나남 책들이 나를 반겼다. 아들도 가슴을 펴는 것 같았다. 명문대학의 저력을 확인하는 현장이었다.

사슴이 안마당을 거니는 붉은 벽돌집의 아들 방에서 묵으며 주변의 순수할 수밖에 없는 가을날의 단풍을 만끽했다. 아들이 찾아낸 주변의 뉴욕대 농대가 꾸민 수목원도 둘러봤다. 너무 넓은 초원에 자리해선지 내가 꿈꾸는 수목원과는 거리가 멀었다.

25년 전에 혼자 가 보았던 나이아가라 폭포를 가족과 같이 여행하는 감회가 새로웠다. 캐나다로 넘어가 '천섬'이라 불리는 호수의 수많은 작은 섬들에 펼쳐진 성채 같은 예쁜 집들도 몽환적이었다. 와이너리를 만나면 포도주를 기울이고 단풍나무의 숲길을 안고 몬트리올, 오타와, 퀘벡까지 오랜만에 한가한 가을여행을 했다. 아들이 운전하는 자동차에 환상의 드라이브 코스를 누비는 호사를 누렸다.

돌아오는 길에 보스턴에 들러 하버드대학과 MIT공대를 둘러봤다. 싱싱한 젊은이들의 향기만으로도 모래시계가 멈추는 것 같은 희열은 어디서 오는 걸까. 뉴욕 맨해튼은 항상 번잡했다.

2010년 2월, 중국 쿤밍, 그리고 석림

봄을 일찍 맞이하자면서 따뜻한 중국 쿤밍(昆明)으로 부부 골프여행을 떠나자는 고려라이온스 후배 김종진, 정민 등의 유혹에 빠졌다. 밝은 봄날에 마냥 유쾌했다. 베트남으로 줄줄이 들어가는 화물트럭들이 인상적이었다. 이웃인 신장 위구르지역을 몇 년째 통신 두절시키고 탄압하고 있는 중국 제국의 어두운 그림자의 실상은 이곳에서도 알 수 없었다.

문명의 때가 묻지 않은 시골 농촌길을 달려 지질공원인 구향(九鄕)을 찾았다. 원시림의 계곡과 동굴 속에 폭포가 떨어지는 대규모의 천연동굴은 현란한 종유석(鐘乳石)의 천국이었다. 나라가 넓기는 넓은 모양이다. 석림(石林)을 구경하러 산등성을 두세 개 넘는 먼 길을 고소공포증에 시달리며 케이블카에 실려 왔던 기억도 새롭다.

홍구공원(현, 루쉰공원)의 매헌(梅軒)박물관 옆에 새롭게 조성된 매화나무들.

2010년 2월, 중국 상하이의 윤봉길 매원

3년 전 창립 때부터 김병국 교수가 의욕적으로 운영하는 동아시아연구소의 이사를 맡았다. 이홍구 전 총리, 하영선 교수의 노력으로 10년이 지나자 국내 굴지의 민간연구소가 되었다. 영문저널을 출판하기도 하여 조그마한 도움이라도 되었는지 모르지만, 젊은 그들과 함께하는 시간들이 즐거웠다.

이 연구소의 후원 모임인 '데세오' 사람들과 중국 상하이를 여행했다. 홍구공원의 윤봉길 매원(梅園)에서는 젊은 미국 유학파들에게 백범 선생과 임시정부의 활약을 얘기해 주었다.

황포강(黃浦江) 가에 있는 포르투갈 옛 건물을 개조한 호화로운 레스토랑(一家一地天)의 음식이 잊히지 않는다.

상하이엑스포 한국관.

2010년 5월, 중국 상하이 이세돌 국수와 함께

중국 상하이엑스포 '한국의 날' 기념으로 이세돌과 창하오 바둑대회 인솔단장으로 참석했다. 국가브랜드위원장인 어윤대 전 고대 총장의 배려로 SK협찬(7천만 원)을 받았다. 창하오가 상하이에서 유명하기도 했지만, 두 방송사가 바둑실황을 중계하는 인기를 누렸다. 공항에서 이 행사에 참석하는 수십 명의 오케스트라 단원들의 숫자와 악기보따리에 놀라기도 했지만, 이들보다 우리는 단출하게 단 한 사람으로도 우의를 다졌다. 조환익 엑스포 단장이 반갑게 맞아준 '한국관'은 국력의 크기만큼이나 품위가 돋보였다. 한 시간 줄을 서야 입장할 수 있는 인기가 성공한 기획을 증명했다.

미국 샌프란시스코 인근의 뮤어우즈 국립수목원 거목들.

2010년 10월, 미국 샌프란시스코 국립수목원에서

회갑을 기념한다며 아이들이 미국 가족여행(아내, 딸 내외와 함께. 아들은 미국에서 합류)을 선물했다. 샌프란시스코에서는 광활한 목장에 세워진 스탠퍼드대학을 10년 만에 다시 찾아보았다. 드넓은 파란 잔디밭과 도서관의 눈부신 불빛은 여전히 그들의 희망일 뿐이다. 버클리대학에서는 유명한 시계탑을 구경했다. 야트막한 언덕에서 내려다본 아름다운 캠퍼스가 평화롭다.

　샌프란시스코의 안개에 젖은 금문교도 여전했다. 언덕길을 오르는 전차는 아직도 유효했다. 미국이민사 백 년이 넘는 중국 노동자의 모습도 제법 세련되어 보였다.

　아들이 안내한 뮤어우즈(Muir Woods) 국립수목원은 3백년 전쯤 삶의 터전이었을 인디언의 숨결이 느껴지는 울창한 거목들의 낙원이었다. 두세 사람이 들어가 사진을 찍을 수 있는 거목의 몸통들이 영화 〈아바타〉의 그 나무들이지 싶다.

아들이 효도상품으로 어렵사리 준비한 페블비치(Pebble Beach) 골프장에서 우리 부부의 하루는 행복했다. 유명 골퍼들이 밟았던 그린과 태평양의 파도들까지 아름다웠다. 익어가는 가을의 여운이 가시기 전에 나파밸리(Napa Valley) 와이너리 투어에 나섰다. 언덕 위 현대적인 와이너리의 시음장은 끝 간 데 없는 포도밭을 품고 그 위용을 자랑한다. '나파'가 인디언 말로 '많다'라고 하니 많은 숲들이 수많은 포도나무로 변했는지는 모를 일이다. 2017년 가을 대형산불로 이 지역의 포도밭도 화마에 휩쓸렸다고 한다. 불길에 휩싸였을 그 많던 포도주의 안부도 궁금하다.

석사 공부를 마치고 한두 해 삼성에 다니며 오랜만에 정동 상림원에서 오붓한 가족냄새를 풍기던 아들이 2년 전 박사공부를 하겠다고 떠났다. 껍질을 깨고 미지의 세계로 떠나는 몸부림만큼 성숙하는 것은 틀림없는 일이다. 고생스런 티를 내지 않으려는 늠름한 모습이 되레 안쓰럽다.

앤아버 미시간대학에서 박사 공부하는 아들 집에서 이삼 일 머물렀다. 어느 대학이나 마찬가지이지만, 아름다운 캠퍼스에서도 가장 화려한 현대식 건물이 경영대학이다. 아들은 자신의 명패가 붙은 연구실을 자랑한다. 대학에 붙은 골프장을 두세 차

시카고 밀레니엄파크.

례 맘껏 돌았다. 아들과 골프하는 아내의 표정이 가장 밝았다.

돌아오는 길에 시카고에서 미시간호가 잘 보이는 곳에 예약해둔 펜션에 짐을 풀고 아침마다 미시간 호반을 산책하는 호사를 누렸다. 노스웨스트대학도 찾아보고, 밀레니엄파크, 존핸콕 야경도 다시 보았다. 현대 건축물 감상에 눈뜨게 한 아키텍처 크루즈는 다시 보아도 부럽기만 하다.

2010년 11월, 중국 광저우 아시안게임

중국 광저우 아시안게임에 정식종목으로 처음 채택된 바둑대회를, 한국기원 이사 자격으로 유니폼을 입은 프로기사 선수단을 이끌고 참석했다. 수담(手談)을 나누며 도(道)를 닦는다는 바둑이 이제는 스포츠가 되었다. 처음 경험하는 행사여선지 조금

쑥스럽기도 했다. 전체 금메달 4개를 모두 획득했다. GS칼텍스 허동수 한국기원 총재가 마련한 축하식장은 열기에 넘쳤다. 스포츠는 가끔씩 젊은 열정에 취하게 한다.

2011년 10월, 오스만투르크 제국

국립박물관 고위과정 동무들과 튀르키예를 찾았다. 성소피아 성당 혹은 아야소피아 모스크, 파노라마 1453 역사박물관, 제국의 마지막 불꽃 돌마바체궁전, 에베소에 대한 감상은 내 책 〈나무심는 마음〉 뒷부분에 길게 기록해 두었다. 박물관 투어가 주제였던 여행을 기회로 나남수목원에 '책박물관' 설계를 고심하던 나는 오스만투르크 제국의 왕실 서재를 관람하면서 많은 아이디어를 얻기도 했다.

튀르키예 이스탄불 왕실 서재.

튀르키예 셀수스도서관. 제국의 경영은 무력의 위세만이 아니라 눈에 보이지 않는 지적 인프라가 선행되어야 한다.

마드리드 프라도미술관 보쉬의 〈쾌락의 뜰〉. 미술사의 터닝포인트를 이룬 작품이라고 한다. 팁으로, 3쪽 병풍처럼 제작된 작품에서 작자인 보쉬의 얼굴은 오른편 상단 중간쯤에 있었다.

2012년 8월, 스페인

국립박물관 고위과정 동무들과의 유럽미술 현장학습으로 이번에는 스페인을 찾았다. 마드리드의 프라도미술관, 피카소의 〈게르니카〉, 바르셀로나의 성가족대성당(사그라다 파밀리아), 카탈루냐 몬세랏성당의 검은 성모상, 가우디의 구엘공원, 아무나 쉽게 찾기 어려운 달리미술관, 그라나다의 알함브라궁전의 추억에 빠진 감상들도 내 책 〈나무심는 마음〉 뒷부분에 길게 기록해 두었다.

지중해를 건넌 북아프리카 사막의 이슬람 세력이 시에라 네바다 산자락에 물의 궁전으로 우뚝 세운 알함브라궁전은 가톨릭 세계를 지배한 이슬람 문명의 상징으로 남아 있었다.

2013년 2월, 바이칼 호수

일상의 탈출은 불현듯 이루어지기도 한다. 설날 연휴를 이용해 출판사 고승철 주필과 함께 바이칼 호수로 떠났다. 러시아 블라디보스토크에서 시베리아 횡단열차(3일간)를 타고 이르쿠츠크

바이칼 호수에서.

에 닿았다. 수은주는 영하 38도를 가리켰다. 바이칼 호수까지는 또 눈 속에서 햇볕바라기를 하는 자작나무 숲길을 7시간 더 달려야 했다. 바이칼 호수의 감상들도 내 책 〈나무심는 마음〉 뒷부분에 길게 기록해 두었다.

2015년 1월 말, 베트남 호치민

국립박물관 고위과정 동무들과 베트남 여행길에 나섰다. 예스24 김동녕 회장이 한세실업 호치민 공장에 초대했다. 예전의 월남 사이공이다. 구찌터널 부근에 축구장 열 개가 넘는 광활한 잔디밭에 공장들이 들어섰다. 뉴욕시민의 20퍼센트가 이 공장의 옷을 입는다고 한다. 출퇴근 때는 교통정체가 생긴다는 몇천 명 직원들의 오토바이 주차장도 장관이다. 저녁에는 프랑스 식민지 유산이 많이 남은 식당을 찾았다.

전쟁이 끝난 지 40년이 넘는데도 주변에 새소리는 아직 찾아오지 않았다고 한다. 숲의 복원은 그렇게 많은 시간이 필요하다. 베트남을 갈 때마다 느끼는 것이지만 나라 전체가 젊은 활력에 넘친다. 오랜 전쟁의 당연한 결과이기도 하지만 국민 평균 연령이 30세 주변이다. 돌아오는 길에 월남 전쟁 중 미군의 휴양소가 있던 해변도시 다낭에 들렀다. 도시 절반은 호텔, 리조트로 미국풍이 역력하다. 따뜻한 태평양의 물결에 나른한 몸을 던졌다.

2015년 최고의 온천, 일본 세이류안 온천

2006년 일본 동경 신주쿠 Yurikamome Line 온천장, Hakone 온천장 등을 찾기 시작했다. 이때부터 한겨울이면 매년 일본 온천 순례가 시작된다. 깃발 든 단체관광을 따라간 게 아니고 아내와 둘이 나섰다. 대학 때 익힌 일본어를 무기로 가고 싶은 온천 료칸(旅館)을 찾아 J-R을 바꿔 타고 찾아다니는 시골길의 여정도 재미있다.

해마다 아내와 함께 한두 번씩 찾는 일본 온천이지만, 2015년 늦가을에 찾은 후쿠오카의 세이류안(淸流庵)은 특별했다.

후쿠오카가 배출한 유명한 소설가 하하키기 호세이가 쓴 장편소설 〈해협〉을 김민환 교수 부인 정해자 선배의 번역으로 출판하면서 서일본신문사의 문화부 나오코(平原奈央子) 기자를 알게 되었다. 호세이의 열성팬이었다. 이 소설은 호세이가 취재차 한국을 여러 차례 방문하기도 했지만 아예 한국 사람인 듯 써내려간 강제 징용된 사람의 인간승리를 그린 소설이다. 국내 유명한 소설가가 이와 비슷한 내용을 창작소설로 발표한 것이 떠올라 입맛이 쓰기도 했다. 그녀는 이청준 문학에 관심이 깊어 취재차 전남 장흥 이청준 묘소까지 참배했고, 피아니스트 조성진 연주회를 찾아 서울에 오기도 했다. 내가 선물한 이청준 문학전집을 그렇게 좋아했다.

나오코 기자의 초청으로 규슈국립박물관을 관람하고 주변의 신사와 6백 년 된 거목도 구경했다. 현지인들만 찾아갈 수

산자락에 옴팍하게 안긴 정갈한 세이류안 료칸.

있다는 담백한 음식점은 일본의 진수를 맛보게 했다. 다자이후(太宰府) 텐만구(天滿宮)는 학문의 신을 모신 곳인 만큼 고즈넉해서 마음에 들었다.

방이 6채밖에 없어 예약 자체가 행운이라는 세이류안 료칸을 찾아 한국 징용자의 3대손이라는 사회부 기자가 운전하는 신문사 차량은 시골길을 마냥 달렸다. 일제 징용자들의 탈출경로를 되짚어가는 고난의 길은 벌써 전설이 되는 듯하여 괜히 미안해지기도 했다.

산자락에 옴팍하게 안긴 정갈한 료칸이 반긴다. 아키주키스파(秋月溫泉 料亭旅館) 세이류안 료칸이다. 옛날 성북동의 숨겨진 고급요정 같기도 했다.

손이 많이 간 잘 가꾼 정원과 연못이 너무 아름다웠다. 료칸의 고색창연한 기와지붕을 덮는 가지가 휘어질 듯 많이 열린 빨간 감들이 가을이 절정임을 알린다. 울창한 숲과 산책길의 맑은 물이 넘치는 계곡은 선계에 온 듯하다. 대욕장과 별도로 방마다 준비된 온천수는 지구의 심장에서 꺼내온 듯 뜨겁고 진했다. 행복했다. 그리고 이곳을 다시 찾아가야 한다고 마음에만 새기고 있다.

2016년 1월, 중국 바둑대회, 조훈현, 이창호 국수와 함께

중국 간저우에서 개최된 한·중·일·대만의 사제 간 바둑대회에 조훈현, 이창호 국수와 함께 단장으로 참가했다. 국내선으로 두 시간을 비행해야 하는 내륙의 깊은 골짜기인 간저우는 최근 첨단소재인 희토류가 각광을 받아 떠오르는 곳이다.

베이징에서 국내선을 갈아타며 오가는 시간에 조 국수와 속 깊은 이야기를 많이 나누며 우정을 쌓는다. 국내선은 선수들만 비즈니스석으로 초대했는지 이창호 국수가 선뜻 자리를 내게 양보한다. 계면쩍었지만 그이의 배려를 뿌리치지 못했다. 다행히 책 읽는 것을 좋아한다니 그이의 선의를 책으로라도 갚을

희토류로 만든
커다란 청룡모형.

수밖에 없다.

　중국에서는 시진핑 주석이 바둑에 관심이 많다고 알려져 성장(省長)들이 그를 알현하는 기회로 삼으려고 바둑대회가 많이 열린다. 선물로 받은 커다란 푸른 용 조각상이 오늘도 사무실에서 나를 내려다보고 있다.

2016년 4월, 미국 미시간대학에서

아들이 미시간대학에서 마케팅 박사를 마쳤다. 디트로이트공항에서 앤아버까지는 금방이다. 6년 동안 고행의 길이었으리라 싶어 장한 일을 했다고 졸업을 축하하는 마음과 안쓰러운 생각이 함께 들었다. 스스로 선택하여 하고 싶은 공부를 맘껏 해낸 건장한 아들이 대견스럽기도 하다. 젊음은 그런 것이다. 누가 대신 살아주는 삶이 아니기 때문이다.

　비즈니스스쿨에 마련된 박사 졸업생들과 교수들의 연회에 참석했다. 세계 도처에서 활약하며 평생을 같이할 그들의 모습이 예뻤다. 지도교수에게 명함을 건네며 감사를 드렸다. 저널리즘 박사이며 출판사 대표라고 동료처럼 반갑게 대하는 환대에 사람 사는 세상은 비슷한 모양이라고 생각했다. 경영대학 졸업식장에서는 박사들을 한 사람씩 불러 축하하는 모습이 격조 있게 보였다. 캠퍼스를 같이 돌며 박사모를 쓴 키 큰 아들 손을 꼭 잡은 아내가 그렇게 기뻐하는 모습은 처음이었다.

　다음 날 전체 졸업식장은 장쾌했다. 미시간 미식축구 스타

졸업식이 열린 미시간 스타디움 현장.

디움은 세계 두 번째로 넓다. 첫 번째는 평양 김일성 스타디움이라고 총장이 축사에서 조크를 한다. 드넓은 초록의 공간에서 졸업생과 학부형이 함께 축하의 시간을 가졌다. 부러웠다. 나도 한 세대 늦게 태어났더라면 저런 주인공이 될 수 있었을까 하는 아련한 상상을 해본다.

2017년 7월, 아리랑 TV 출연

아리랑 TV의 〈Heart to Heart〉 주인공으로 '출판의 길' 40년과 '수목원, 책박물관'에 대한 1시간짜리 좌담 프로그램이었다. 세계 140개국에 전파를 탔다. 그렇다고 해서 내가 영어로 인터뷰한 것은 아니었다. 세련된 영문자막과 함께 몇차례 재방송이 있었는지 해외에서까지 정말 여러 곳에서 안부전화를 많이 받았다.

아리랑TV 스튜디오에서.

바이킹의 후예와
노르웨이 숲을 가다

2019년 여름에는 아이들이 북유럽 스칸디나비아 제국으로 칠순여행을 보내주었다. 지난 10여 년 수목원 조성에 온힘을 바치고 있는 아비를 격려하여 더 큰 나무들과 그 숲을 실컷 구경하라는 아이들의 마음씀이 고마운 것을 현지에서 더 크게 느꼈다. 노르웨이의 숲과 자연이 빚은 빙하가 녹아 만들어진 좁고 깊고 장대한 피오르와 만년설에 푹 파묻혔다. 태고의 나무들과 파란 빙하 물들이 느리게 사는 방법을 체득하라고 채근한다. 버킷리스트에 오른다는 플롬 산악열차 탑승도 그중 하나였다. 손때 묻지 않은 자연은 그대로인데 사람들만 그 풍경을 자기 분수만큼 담으며 스쳐 지나갈 뿐이다.

노벨상 중 가장 대표적인 노벨평화상만은 스웨덴이 아닌 노르웨이가 주관하여 오슬로 시청에서 수여한다. 노르웨이를 백년 가까이 지배했던 업보를 씻으려는 스웨덴 백만장자 노벨의 인간적 배려인지도 모른다. 거대하고 화려한 벽화 속의 시청사

　수상식장에 섰던 2000년 김대중 대통령을 떠올리고 그때의 동선(動線)을 따르며 감회에 젖는다. 사람은 이런 족적(足跡)들을 남기고 살다 가야 한다고 웅변한다.
　오슬로 사람들의 얼굴이 평화스럽게 윤기가 나는 것은, 1970년대 개발한 북해 유전 덕택으로 개인소득 8만 달러 주변의 세계 1등 국가의 사회복지제도가 사회 안전망으로 뒷받침되

노르웨이 오슬로 시청. 이곳에서 2000년 김대중 대통령의 노벨 평화상 수여식이 있었다.

기 때문일 것이다. 3만 달러 주변의 우리나라 사회복지학 교수들이 오매불망 그려보는 스칸디나비아 제국의 사회복지는 우리에게는 신기루에 불과할 수도 있다.

우리의 사패산 터널의 5배가 넘는 24.5km의 세계 최장의 터널을 통과하는 색다른 경험도 한다. 북한의 땅굴파기를 지원했다는 스웨덴 기술력의 결실이란다. 운전자의 안전을 위해 마련한 서너 곳의 파란 조명굴은 오로라인 듯 평화롭다.

갑자기 부자가 된 척박한 바이킹의 후손들은 중동 사막의 석유부자들처럼 황금으로 나대지 않고 차분하게 후손들에게 물려줄 건강한 노르웨이의 숲을 위해 미래를 준비하는 것 같다.

바이킹 박물관에는 9세기 영국과 프랑스에 위세를 떨쳤던 바이킹 제국의 함성을 듣는 듯하다. 나침반도 없이 별자리에 의존

노르웨이 바이킹 박물관.

해 북해를 넘나들었던 바이킹선 뱃머리의 아름다운 조각상들과 박물관 입구에 세워둔 약탈기념비 룬스톤이 생존투쟁과 탐욕의 묘한 콘트라스트를 이룬다.

규모로 보면 바이킹 후예의 냄새가 물씬 나는 17세기 초 스웨덴 해군 전함을 인양하여 실물을 놓고 그 위에 박물관을 지었다는 스톡홀름의 거대한 바사 박물관이 상상을 초월한다.

바이킹의 후손인 스칸디나비아 제국의 노르웨이, 스웨덴, 덴마크가 바이킹 마케팅으로 서로 선의의 경쟁을 하는 듯싶다.

노르웨이가 낳은 세계적 조각가 비겔란의 작품을 모은 드넓은 오슬로 조각공원은 비겔란의 분수대 조각이 압권이다. 넓은 공원 끝부분 정상에 있는 '모놀리트(Monolith)'는 높이 17.3미터

스웨덴 스톡홀름의 바사 박물관.

오슬로 비겔란의 분수대 조각상.

바이킹의 후예와 노르웨이 숲을 가다

비겔란의 모놀리트.

의 거대한 화강암 기둥에 121명의 남녀노소가 서로 정상을 향해 기어오르기 위해 안간힘을 쓰는 모습들이 부조되어 있는 탑으로 인간의 본성을 읽게 한다.

오슬로 작은 언덕 위의 예쁜 뭉크 미술관에서는 그의 대표작 〈절규〉가 여러 가지 색의 버전으로 4종이 있음도 보았다. 이 작품은 1994년 릴레함메르 동계올림픽 개막일에 도난사건으로 유명해졌고, 10년 뒤 두 번째 절도사건으로 더욱 유명세를 탔다. 뭉크는 노르웨이 화폐 1천 크로네에 그의 사진이 올랐다. 항상 그러했듯이 인쇄본 몇 가지 작품을 구입했다. 서울에서 표구해서 현장의 감동을 나눌 셈이다.

노르웨이의 제2도시 베르겐에서는 젊은 날 마음을 흔들었던 〈솔베이지의 노래〉를 작곡한 그리그의 기념관이 반가웠다.

오슬로 뭉크 미술관에서.

베르겐 항구. 옛날 바이킹 선단이 이곳에서 정복의 닻을 올렸는지 모른다.

그리움과 사랑하는 사람을 다시 볼 수 있다는 소망의 선율이 바이킹 항구를 뒤덮는다.

유럽 도시들은 전통적으로 시청, 광장, 성당, 시장이 어우러지지만, 베네치아 궁전을 연상시키는 스웨덴 스톡홀름의 시청사는 유난히 아름다운 예술품이다. 8백만 개의 붉은 벽돌과 1천 8백만 개의 금 모자이크로 장식했다고 한다. 금으로 모자이크된 골든홀에서 웅장한 멜라렌호의 여왕 그림 아래 노벨상 수상자들의 무도회가 펼쳐진다.

견고한 벽돌탑의 요새인 시의회 천장은 바이킹선이 얹혀진 모습이다. 그들의 정체성을 상징하는 바이킹선이 하늘을 날고 있다. 백 미터가 넘는 시청사 탑은 여기가 세상의 중심이라고 손짓하는 듯하다. 시청사 앞의 거목인 올리브나무 위 북유럽의 하늘이 오늘따라 푸르고 푸르다.

스톡홀름 시청사 골든홀.

스톡홀름 시청 시의회 회의실 천장에도 바이킹선의 부활이 있다.

스톡홀름에서 핀란드의 헬싱키까지는 크루즈선을 타고 처음으로 바다 위에서 하룻밤을 보냈다. 무도회장이나 수영장이 있는 호화 유람선이 아닌 거대한 다국간 여객선이다. '바이킹 호'라는 이름을 새긴 크루즈도 스쳐 지나갔다.

핀란드는 백 년 동안 지배받은 러시아의 풍모가 느껴지는

핀란드 헬싱키 광장에 우뚝 선 루터란 대성당.

고즈넉한 전원풍경이다. 민족과 종교와 언어가 스칸디나비아 제국과 다르기도 하다.

헬싱키 광장에 우뚝 선 온통 하얀 루터란 대성당의 위용과 바위언덕을 파헤쳐 건축한 암석교회가 인상적이었다. 교회는 하늘 가까이 치솟게 짓는다는 고딕양식의 통속을 유쾌하게 뒤엎은 건축가의 겸손한 혜안에 박수를 보내고 싶다. 햇볕과 성가의 울림과 공명까지 계산된 돔이 씌워진 경건한 공간은 더욱 성스러웠다.

유명하다는 핀란드 북쪽의 오로라나 산타마을을 구경할 수 없는 아쉬움을 자작나무의 향기가 어린 자일리톨 껌으로 대신했다. 시청 광장 앞 조그만 노점에서 처음으로 내 큰 머리에 안

고딕양식과는 거꾸로 바위언덕을 파헤쳐 건립한 핀란드 헬싱키 암석교회.

성맞춤인 모자를 구입하는 나만의 작은 호사를 누리기도 했다.

덴마크 코펜하겐에서 묵은 궁전 앞의 어드미럴 호텔은 유네스코 문화유산이라 한다. 제국의 거대한 공병대 막사를 원형을 살리며 호텔로 개조해서인지 원목 그대로의 대들보와 서까래가 현대식 호텔방을 가로지르며 근대의 숨결이 같이한다. 작은 바닷길 건너편의 현대식 오페라하우스의 웅자와 비교되어서 더욱 그런지도 모른다.

　새벽 산책길에 마주친 예쁘게 꾸민 호텔 옆 작은 공원의 주목나무 나무담은 신선한 충격을 준다. 바깥과 안을 구획하는 경계를 이렇게 낮은 나무담으로 둘러 안팎을 공유하게 하는 지혜

덴마크 코펜하겐의 어드미럴 호텔 로비.
이 호텔은 공병대 막사의 원형을 보존한 유네스코 문화유산이다.

가 번뜩인다. 우리도 회양목, 측백, 사철나무들로 이런 시도를 해보지만 주목나무의 나무담은 고급스러울 수밖에 없다. 몇십 년 전에 보았던 베르사유 궁전 정원의 키 큰 나무들 모습도 스쳐갔다.

  이 감동이 일상에 묻혀 잦아들기 전에 빨리 우리 수목원에 옮기고 싶었다. 지난가을 동네에서 구입한 10년생 주목 1천 그

코펜하겐 궁전 앞뜰의 주목나무담.

니하운의 젊은 물결들.

루를 무릎 높이로 잘라 우리 수목원의 반송 밭 길가를 나무담으로 만들기 시작했다. 벌써 산만한 산야가 단정한 정원의 녹색 띠로 차분하게 자리 잡는다. 두세 달 더 고생하면 산책길 굽이굽이를 야트막한 주목의 녹색담이 에워쌀 것이다.

1미터도 되지 않는 인어공주 조각상은 어린 시절 교과서에서 본 그대로의 동화이다. 잊힐 만하면 예정된 도난사건으로 세계 여론을 달구어 관광사업을 북돋는 그들의 하얀 거짓말이 그렇게 밉지는 않다. 가로등이 유별나게 전주 없이 철선으로 하늘에 매달려 있다.

젊은이들의 꼬인다는 운하 옆의 '니하운'은 번잡하기만 했지 무엇을 먹었는지도 기억에 없다. 유명하다는 아이스크림은 30년 전 모스크바 붉은광장 옆 굼백화점 골목에서 몰래 팔던 걸 사 먹은 그 맛을 넘지는 못했다.

숲의 귀부인인 자작나무가 반백 년이 넘으면 밑동은 이렇게
매끈한 미모보다는 원초적 생명력으로 강인해지나 보다.
〈죽음에 이르는 병〉의 작가 키르케고르 좌상 옆의 자작나무.

    〈죽음에 이르는 병〉을 쓴 덴마크의 종교적 분위기 안에서 골치 아픈 논쟁가이자 고립된 존재였던 키르케고르의 좌상을 보다가 그 옆에 우뚝 선 50년이 넘는 자작나무의 우락부락한 밑동에 눈길이 멈췄다. 자작나무가 맞나 하고 눈을 치켜뜨면 숲의 귀부인이라는 매끈한 자작나무의 자태 그대로가 아닌가. 자작나무를 30년 동안 키우면서 발끝에서 머리까지 하얀 몸통의 자작나무밖에 보지 못했기 때문이다.

    세월의 이끼가 끼면 어느 나무나 그러하듯이 자작나무도 젊

밑부분이 사람 손길로 반질반질해진 안데르센 좌상.

은 미모보다도 본연의 건강한 생명력을 이렇게 보여주는 것이다. 러시아나 이곳 북유럽에서도 지천으로 자라는 자작나무들의 모습에 건성으로 박수를 보내면서도 그 밑동을 살펴볼 생각은 해본 적이 없었다. 전체를 보지 못하고 얄팍한 삶을 사는 것이 아닌가 하는 세월의 무게를 실감했다.

키르케고르와 동시대인이자 비판을 주고받는 사이던 안데르센의 광장 앞 좌상은 사진 찍는 관광객의 손길로 반질반질하다. 10여 년 전 미국 보스턴의 하버드대학에서도 이 대학에 입학하고픈 소망들을 담은 손길로 이처럼 반질반질해진 하버드 좌상의 구두가 생각났다.

안데르센의 미운 오리새끼는 오리들 틈에서 돋보이는 백조가 되는 반면, 키르케고르의 기러기는 날지 못하는 거위들을 날게 하려고 돕다가 결국은 공상적 바보라는 비난을 거위들에게 듣는다. 우리의 삶도 이러한가? (2020.2.)

세상 가장 큰 책,
나오시마에서

휴가는 나그네 모습으로 떠나야 한다. 힘들게 짬을 내서 휴가라는 이름으로 길을 나서면서도 일상을 벗어난 자유의 깃발 뒤에 벌써 조그만 목적도 숨겨 있다. 여행은 낯선 곳을 찾는 설렘이 먼저이지만, 처음 느꼈던 감동을 모두 갈무리하지 못해 2년 만에 일본 나오시마를 다시 찾았다. 이번에는 아내와 미국 대학교수가 된 아들과 함께여서 더욱 그러했다.

40년 가까이 언론출판으로 살아남았으면 됐지, 지금 또 몇 년째 20만 평 수목원 축성에 매달리는 나의 '나무 심는 마음'을 이 섬에 얽힌 아름다운 인연을 빌려 아내와 아들이 공감했으면 싶기 때문이다.

일본 베네세 출판그룹 후쿠다케 소이치로 회장이 세계적 건축가 안도 다다오와 손잡고 버려진 땅을 20여 년 만에 예술의 섬으로 일궜다. 학습지 출판으로 축적한 자본으로 산업쓰레기로 덮인 섬을 복원하여 청소년을 위한 문화공간으로 만들겠다는 아버지와, 대를 이은 아들의 꿈이 실현된 곳이다. 바다와 태양, 예술과 건축을 하나로 결합한 문화의 섬으로 만들어 나오시마에 생명을 되돌리고 싶다는 꿈이 그것이었다. 그리고 출판사 모토인 '인간답게 살자(베네세)'라는 아름다운 분노의 승리였다.

예술은 눈 밝은 선각자의 후원으로 비로소 꽃을 피운다. 그러나 역사는 후원자보다는 예술가의 작품만 기억할 뿐이다. 우리는 얍삽하게 자신을 내세우지 않는 기업가 후원자들의 넉넉한 마음씀 덕택으로 문화창달의 혜택을 누리는지도 모른다. 10여 년 전부터 조성한 원주 오크밸리의 거대한 '한솔뮤지엄 산'의 안도 다다오의 작품들도 그러하다.

나에게 나오시마는 대기업이 아닌 출판자본으로 '세상에서 가장 큰 책'의 꿈을 이루었기 때문에 더한 애정으로 다가온다. 출판을 시작하면서 이 길을 가는 이론적 토대라도 만들라는 권유로 석사과정을 밟았다. 30년 전 "출판인의 사회적 기능과 역할"이라는 화두(話頭)로 썼던 추상적 논문도 생각난다. 전혀 상상해 보지도 못했던 황홀한 현장에 지금 다시 서 있다. 예술의 총체로 사회적 기능을 훌륭하게 하고 있다.

동양을 넘어 세계의 건축가, 예술가, 애호가들이 이곳 벽촌 섬마을을 줄지어 찾고 있다. 영혼의 울림과 떨림과 공감은 동서양을 그렇게 넘나드는지 모른다.

내가 처음 안도 다다오를 접한 것은 15년 전 파주출판도시에 사옥을 지을 때 건축가의 권유 때문이다. 그의 엄격한 노출 콘크리트 기법과 빛의 미학을 이곳에 재현하고 싶었던 모양이다. 화이부동(和而不同)의 아름다운 출판도시 설계를 안도 다다오와 비슷한 건물로 채우려는 건축가들의 조급증이 노출콘크리트의 외관만 가져왔지 그의 빛의 마술은 흉내 내지 못해 동이불화(同而不和)가 된 듯하다.

베네세 사람들과 안도 다다오의 토털디자인은 예술작품이 평화롭게 돋보이도록 1987년부터 오랜 시간 미술관을 디자인했다. 베네세하우스 뮤지엄은 폐업한 동(銅)제련소가 있던 섬의 조망이 뛰어난 곳에 고즈넉하게 안겨 있다. 현대 예술품과 이를 담은 안도 다다오의 전시공간 중 어느 것이 더 예술적인가를 가늠하는 생각은 부질없다. 시간을 초월한 부분의 합이 전체보다 훨씬 큰 또 다른 공명과 떨림을 주기 때문이다. 안도 다다오의 의도대로 다리품을 팔며 그냥 그의 빛의 길을 따라가면 된다.

클로드 모네, 월터 드 마리아, 제임스 터렐의 작품 총 9점을 품에 안은 지추(地中)미술관은 더욱 그러하다. 스스로 자유로운 생각이 넘나드는 것은 각자의 몫이다. 정준모의 표현처럼 "아는 만큼 보이는 것이 아니라 아는 것만 보기" 때문에, 모르는 것은 평생 보지 못하는 우리들의 무심함을 통렬하게 지적하는 죽비소리 같다.

베네세하우스 뮤지엄에서.

안도 다다오의 재기가 넘치는
지추미술관 입구에서.

섬의 복원된 자연환경에 평화로운 내면의 울림이 녹아들게 한 조화의 미학에 기립박수를 보낼 수밖에 없다. 지추미술관 앞에 그냥 지나칠 뻔한 길가의 연못이 〈수련〉을 그린 모네의 영혼이 담긴 지베르니 정원과 똑같다고 한다.

2010년 6월에 개관한 이우환미술관 앞 넓은 잔디밭에 큰 돌과 거대한 솟대 같은 18미터의 오벨리스크의 구성에 주눅이 들었다. 안도 다다오가 설계한 자궁 같은 미술관도 그이와의 우정인지 명상센터 같은 예술의 합작품처럼 안겨 왔다. 자연석과 철과

지추미술관 앞의 연못, 모네의 지베르니 정원을 재현했다.

이우환미술관 앞에서. 〈돌탑〉 18.5미터의 기둥.
우연히 들른 이곳에서 이우환의 작품세계에 눈을 뜨는 성찰의 시간을 갖는다.

세상 가장 큰 책, 나오시마에서

콘크리트가 묵언의 대화를 하고 점과 선의 연결로 무한한 자연에의 회귀를 염원해서인가 보다. 〈관계항-돌의 그림자〉, 〈조응〉, 〈대화〉를 통해 우주의 삼라만상은 점에서 시작되어 점으로 돌아간다고 한다. 존재한다는 것은 점이며, 산다는 것은 선이라고 설명하는 것 같다.

이우환 화백의 명성을 이곳에서 알게 된 나의 무지가 부끄러워 서울 인사동 옥션에서 그이의 판화 한 점을 구해 마음을 달래기도 했다. 그리고 10년이 지나서야 이우환의 고향 부산에 부산시립미술관의 "이우환 공간"이 열렸다.

20여 점의 야외 작품 중 '호박'이 눈에 띈다. 나오시마 항구 앞의 구사마 야요이(草間彌生)의 〈점박이 빨간 호박〉 속에 들어가 잠시 바깥공간에 나를 그릴 일이다. 베네세하우스 앞의 잔잔한 지중해 같은 바닷가를 산책하다 불현듯 앞을 가로막는 푸른 물결에 떠 있는 듯한 그녀의 유명한 〈점박이 노란 호박〉이 유쾌하다. 어촌의 조그만 방파제 위의 공간이어서인지도 모르겠다. 현대인의 강박증과 환영(幻影)을 예술로 승화시킨 이 설치미술가의 도트 무늬(点)에 대한 상상력의 경지가 끝 간 데 모를 감동을 준다.

나오시마의 상징이 된 구사마 야요이의 '점박이 호박'의 감동이 식기 전에 우연히 오츠카 미술관에 들렀다. 자연경관을 해치지 않게 산의 허리춤에 옴팍하게 안긴 웅장한 공간에 1천 점

나오시마 항구 앞 구사마 야요이의 〈점박이 빨간 호박〉 앞에서.

이 넘는 세계 명화를 도자기에 구워 원본 크기 그대로 재현해 전시했기 때문에 사진을 찍을 수 있었다. 복사품을 만드는 데 드는 천억 원이 넘는 재원이라면 명화 원화 몇 점이라도 구입하는 것이 보람된 일이라는 비난도 있다. 하지만 다음 세대의 미술 교육을 위해 직접 손으로 만져볼 수 있게 세계 명화를 한자리에 모은 한 제약회사의 배포에 주눅이 들 수밖에 없다.

돌아오는 길에 다카마쓰 중심지에 자리 잡은 23만 평 규모의 리쓰린(栗林)공원을 찾았다. 렌터카를 운전해서 소문난 모리가(家) 우동집을 찾고, 수목원을 조성하는 아비의 마음을 헤아려 리쓰린공원의 이정표를 눈여겨본 아들의 권유가 고마웠다. 이름처럼 밤나무골이 아니라 4백 년 전 조성 당시부터 소나무를 가꾼 이 지방 번주(藩主)의 호화정원이다.

리쓰린공원 호수 앞의 부부송(夫婦松)이 원대한 일본 정원의 한 자리를 차지하고 축소 지향의 일본이라는 속설을 깬다.

노송 4백여 그루와 3백 년 동안 손질한 1천여 그루의 아름다운 소나무들이 여섯 곳의 큰 연못, 13개의 야트막한 언덕과 조화를 이룬 조경은 경이로웠다. 다양한 다리와 산책로는 덤이다. '축소지향의 일본'이라는 속설이 깨지는 원대한 일본 정원의 현장이다. 소나무들의 거대한 합창이다. 단풍언덕과 함께 한여름을 빨간 꽃으로 수놓는 곳곳의 큰 배롱나무들도 부러웠다.

호숫가의 부부송(夫婦松)이 더욱 그러하다. 하기는 나남수목원 가까이에 있는 한국의 대표적 부부송인 포천시 군내면 직두리의 천연기념물인 3백 년 된 처진 소나무의 위용도 이에 못지않게 세월을 압도한다.

처음 눈길을 밟아 길을 내는 외로운 사람의 올곧은 정신은 그 뒤를 따르는 사람들에게 한 단계 성숙한 삶을 살게 한다. 나남수목원 반송 밭의 미래를 상상하고 있는데, 여기에 몇백 년의 시간을 덧씌워 보라는 아내의 말이 신선하게 들리는 것은 역사의 한 점에 서 있는 나를 발견했기 때문인지도 모른다.

낯선 곳에서 찾은 3백 년의 감동이 내가 꿈꾸는 세상에서 가장 큰 책으로 가슴 가득 안긴다. 나에게 주어진 길을 가야 한다. 오늘 밤에도 가야 할 먼 길이 있다. (2017.8.)

안도 다다오의 홋카이도 '대두불'

설날 연휴 중에 아내와 함께 홋카이도를 찾았다(2023.1.22~25). 서너 차례 왔던 곳이고 3, 4년 전에는 아이들과 함께하기도 했다. 이번 겨울은 12월 중순까지 이상고온으로 수목원 일을 한참 동안 할 수 있었는데, 그다음 한 달 반은 계속되는 영하 15도 안팎의 강추위에 시달렸다. 기상이변으로 북극 한파가 고기압과 저기압의 사이를 뚫고 내려왔다고 한다. 설국(雪國)에서 온천이라도 했으면 싶어 오랜만에 여행사 깃발을 따라나섰다.

여러 해 동안 연례행사로 겨울철이면 한두 번 아내와 함께 대중교통 편으로 직접 일본 온천 료칸을 찾는 여행이 20년이 다 되어 가는데, 이곳은 교통편이 불편하여 어쩔 수 없이 단체관광에 합류했다. 3년 동안 코로나 한파로 굶주렸던 여행사가 여행길이 다시 열리자 그동안의 손실을 밀려드는 여행객에게 일거에 보상받으려는 듯한 촌스러운 탐욕을 보이는 데 실망했다. 특히 여행사가 준비한 식당 음식이 그랬다. 10여 년 전까지 횡행했던 싸구려 여행의 데자뷔였다. 음식이 맞지 않아 처음으로 눈밭에 토하기도 했다.

러시아 블라디보스토크와 위도가 같은 이곳의 설경만은 여전했다. 10년 전 설날 무렵 바이칼 호수를 가기 위해 2박 3일 동안 몸을 실었던 시베리아 횡단열차 차창을 스쳤던 자작나무숲이 여기서는 손에 닿을 만큼 가까이 눈 속에서 나를 반긴다. 우리나라 면적 80%에 달하는 광대한 설국의 원시성이 자연 그대로 펼쳐진다.

영화 속의 '오겡키데스카'라고 안부를 묻는 연인의 외로운 외침이 메아리치는 안타까운 낭만의 설원이기도 하다.

삿포로에서 안도 다다오의 작품을 볼 수 있었던 것은 우연한 행복이었다. 귀국 비행기의 남은 자투리 시간을 활용한 듯한 가이드의 관광 일정에 없던 돌발 선택에 그동안 겪었던 단체여행의 불편함이 일거에 씻겨 나갔기 때문이다.

삿포로 근처 '부처의 언덕'에서 어깨높이의 눈길을 헤치며 한참을 걸어가야 머리만 봉긋하게 지상으로 내민 거대한 석불을 만날 수 있다. 중요한 물건은 쉽게 보여서는 안 된다며 공간 체험의 기억을 불러일으키기 위해서 건축가 안도 다다오가 구상한 '보이지 않는' 대두불(大頭佛)로 향하는 공간의 드라마가 시작된다.

눈에 파묻힌 공원묘원인 마코마나이(眞駒內) 다키노 레이엔(滝野靈園)에 2015년 말에 완공된 대두불이 있었다. 안도 다다오

의 작품이다. 빛의 공간을 강조하여 설계한 나오시마의 한 현대적 작품과는 또 다른 웅장한 경외심을 갖게 한다.

마코마나이 다키노 영원(靈園)은 홋카이도 삿포로시 미나미구 마코마나이의 완만한 언덕에 위치한 홋카이도 최대의 민영 영원이다. 총 면적 약 54만 평에 이르는 부지의 30%에 약 7만 기의 묘소가 있다. 부지의 70%는 일반 영원이 그렇듯이 모두 공원과 산책로가 되어 있지만, 다키노 영원이 사람들의 주목을 받는 것은 대불과 함께 입구에 설치된 석상(石像)들 때문이다.

언덕 입구에는 뜬금없이 사람 키의 서너 배가 되는 거대한 모아이 석상 33좌가 도열해 사람들을 반긴다. 영원에 들어섰으니 겸손하라고 타이르는 것 같은 위압감은 떨칠 수 없다. 들어서는 문은 낮게 만들어 고개를 숙여야만 출입이 가능하게 한 우

리 전통 서원(書院)의 설계와는 반대이다. 영원무궁이라는 뜻의 애국가 가사 표현도 우리는 "동해물과 백두산이 마르고 닳도록"이고, 일본 국가 가사는 "작은 조약돌이 큰 바위가 되어서 이끼가 낄 때까지"로 반대이다.

이 석상들을 손으로 만져 보니 천연 돌을 조각한 것이 아니라 시멘트로 가공한 일본사람다운 모작(模作)이다. 칠레에서 비행기로 5시간 가는 태평양 한가운데 이스터섬에서 발견된 거대한 바위를 쪼아 사람 얼굴처럼 가공한 600개 넘는 모아이를 모사한 것이다.

모아이 석상이 일본에서는 낯설지 않은 모양이다. 이미 1960년 칠레 대지진 때 기중기를 보내 쓰러진 모아이 석상 복원을 도와준 감사의 표시로 7기의 모아이 석상 모사를 허락받아 미야자키 선메세 니치난 테마공원에 세웠다고 한다. 태평양 지진판을 함께하는 공동 운명체라는 인식인지도 모른다.

일본식 사찰처럼 입구에는 손을 씻을 물이 있고, 안도 다다오 설계 특유의 직사각형 연못수[水庭]는 눈 속에 깊이 묻혔다. 물로써 영혼과 마음을 정화시키며 신성한 경계인 물의 정원을 끼고 입장하게 설계했다고 한다. 꽃 피는 봄날 이곳을 다시 찾아 언덕을 뒤덮는 광대한 라벤더 꽃궁궐과 물의 정원을 보고 싶다.

콘크리트로 하늘을 덮어 만든 거대한 40미터 동굴 끝 빛이 쏟아지는 공간에 좌대에 앉은 대불의 발끝이 보인다. 이곳은 곧 웅장한 성전(聖殿)이 된다. 둥그렇게 뚫린 천장 위에 부처의 머리가 봉긋 솟아 있고 어깨 위엔 눈이 소복이 쌓여 있다.

우리는 왜 대불을 하늘로만 솟구치게 높게만 만들려고 했을까. 좌불(座佛)로도 이처럼 경건함의 극치를 갖게 할 수 있다. 생명의 근원인 태(胎) 안 같은 동굴을 거치면서 이승과 저승을 사색하게 하는 통과제의를 먼저 거치도록 설계되어서인지도 모르겠다.

좌대 아래단에 종(鍾) 대신 놓인 커다란 징을 쳐 중생의 출현을 알린다. 향단(香壇)에는 앞서 예불드린 사람들이 피워 놓았을 향의 파란 연기가 학처럼 춤추며 대불을 껴안고 하늘로 피워 오른다. 푸르디푸른 겨울 하늘을 광배(光背)의 아우라로 띄우고 거대한 석불이 인자한 미소로 우러러보며 합장하는 우리를 안는다. 망자의 극락왕생을 기도하는 뭉클함에 전율이 느껴진다.

추석 무렵 8개월 만에 아내와 단둘이 다시 이곳을 찾았다

(2023.9.26.~29.). 15만 그루의 라벤더가 연출하는 여름날의 보라빛 장관은 놓쳤지만, 폭설 속에 묻혀 보지 못했던 안도 다다오의 속내를 다시 확인하고 싶었다.

지지난해 조부모님과 부모님을 수목원에 수목장(樹木葬)으로 모시고 나면서 20만 평의 나남수목원에 10년 넘게 잘 자라고 있는 3천여 그루의 반송단지를 어떻게 디자인할 것인지 골몰하던 중이었다.

지난해에 김형국 교수의 부탁으로 106세 장수한 김병기 화백의 수목장을 받아들였더니 막내아들(김청윤)이 감사하다며 2미터 넘는 대작 철제조각상 〈기도〉를 기증해 인수전 옆 잔디밭에 세워 전통과 현대가 어우르는 풍경을 연출하기도 했다. 무언가의 손에 잡힐 것 같은 번뜩 스치는 아이디어의 실체를 얻고 싶은 마음이 두 번째 발길을 재촉했는지도 모른다.

단체관광의 깃발을 벗어나는 여유도 만끽했다. 몇 차례 찾았던 휴화산인 노보리베츠의 고즈넉한 청수장 료칸에서 유황 냄새 가득한 온천을 마치고 삿포로역에서 지하철을 30분 타면 마코마나이역이다. 순환버스로 20분 동안 일본 자위대 부대를 거쳐 농촌의 한가로운 모습들을 지켜보다 보면 다키노 영원(靈園)이다.

홋카이도의 무성한 영원 부지 안에 15년 전에 축조된 석조의 대불(大佛)이 혼자 덩그렇게 놓여 있는 다키노 영원의 풍경을 창조하는 프로젝트에 안도 다다오가 마법의 손길을 뻗친 것은 2012년이었다.

대불은 총 중량 4천 톤의 원석에서 잘라 낸 무구(無垢)의 석상으로, 엄선된 돌이 사용되었고, 특히 부처 머리는 얼룩 하나 없고, 갈라진 것처럼 아름답게 완성되어 있었다. 시야가 툭 터진 열린 평지에 말하자면 벌거벗겨진 채 진좌(鎭座)해서인지 어딘가 침착하지 않은 인상이었다.

높이 13.5미터, 중량 1,500톤의 석조 대불의 장대한 조형에 상응하여 보다 정신성을 강하게 느낄 수 있는 예배 시설로 만들어, 석조 대불을 사람들의 마음을 끌어들이는 신비한 존재로 만들고 싶었던 안도 다다오는 인도의 아잔타, 중국 둔황 같은 석굴사원(石窟寺院)을 떠올렸다.

대지의 암반을 빠져나온 인공 동굴이 그것이다. 그 폐쇄된 공간의 깊은 곳에서 돌에서 튀어나온 불상이 암반에 뚫린 구멍

기존에 있었던 대불.

안도 다다오가 석굴사원과 같은 신비감을 주기 위해 대불을 땅에 묻는 것처럼 디자인했다.

안도 다다오의 홋카이도 '대두불'

으로부터 희미한 빛을 받아 빛나는 모습을, 그 공간 체험의 감동을 홋카이도의 장엄한 풍경 속에서 재현했다. 석굴사원의 공간처럼 보다 영험한 공간으로 보여줄 수 있도록, 대불을 땅에 묻는 것처럼 대불의 머리 아래를 라벤더의 언덕으로 덮는다는 아이디어가 '머리 대불' 발상의 원점이었다.

여기에서는 모두가 대불을 중심으로 융기하는 라벤더의 언덕 속에 묻혀 있다. 그 때문에 완만한 골짜기와 같은 참배길을 걷기 시작하면 아직 대불의 '머리'밖에 보이지 않는다. 그대로 언덕을 향해 다가가면 참배길 도중에 벽에 둘러싸인 수정(水庭)을 만난다. 벽을 따라 통로를 따라가서 다시 우회하여 원래 축선으로 돌아간다. 수정은 일상에서 비일상 세계로 참배객의 마음을 전환하기 위한 장치이다.

이 '경계'를 거쳐 언덕 앞에 뚫린 터널 앞에 선다.

동전 6분의 1의 곡선을 그리는 콘크리트 리브의 연속이 만들어내는 터널 내부는 희미한 어둠에 싸인 '태(胎)' 속을 연상시키는 공간이다. 전체 길이 40미터의 터널 통로 끝에서 마침내 대불과 대면하지만, 여전히 대불의 전모는 보이지 않는다. 터널을 지나 대불을 둘러싸는 원형 평면의 공간인 대불 회랑에 발을 들여 놓고 고개를 한참 쳐들어야 처음으로 하늘에서 쏟아지는 빛 밑에 대불의 얼굴을 숭배할 수 있다.

대불 회랑은, 굳이 지붕이 없는, 분출의 공간이다. 여기에는

대두불을 감싸는 '부처의 언덕'은 15만 주의 라벤더로 덮혀 있다.

빛뿐만 아니라 비와 바람, 눈과 같은 자연이 그대로 안으로 들어온다. 이 자연의 움직임이 참배객과 대불과의 만남의 장소를 보다 신성하고 풍성하게 연출한다.

부처의 언덕은 약 15만 주 라벤더로 덮었다. 그 많은 수량을 한꺼번에 조달하는 것은 쉽지 않았다. 공사 착공 전년부터 다른 장소에 재배 용지를 확보해서 라벤더의 씨를 뿌려 동시에 길렀다. 2015년 본체 공사 완료 후 눈이 녹기를 기다려 부처의 언덕에 심을 수 있었다. 식재 시에는 주민 자원봉사원도 대거 참가했다고 한다. 이렇게 봄에는 신록의 초록, 여름에는 라벤더의 옅은 보라색, 겨울에는 백은(白銀)의 색으로 물든 '대불의 언덕'이 완성되었다.

1988년에 완성된 홋카이도 최초의 안도 다다오의 건축물이 '물 위의 교회'다. 호시노리조트 도마무 안에 인공 호수를 배경으로 한 심플한 기하학에 의한 구성으로 홋카이도의 풍부한 자연의 직감을 있는 그대로 체감할 수 있는 자연과 일체화하는 장치로 만들어졌다. '대두불'과 같이 드라마틱한 어프로치의 공간을 가진다.

안도 다다오의 작품은 우리나라에도 여러 곳에 있다. 노출 콘크리트 기법과 물의 정원, 무질서한 돌만으로 바닥을 채운 공간이 그것이다. 강원도 원주 오크밸리의 '뮤지엄 산', 제주도 '섭지코지 글라스 타워', '유민미술관', '본태미술관', 서울 '대학로 JCC 아트센터', 강서구 마곡 'LG아트센터' 등이 그이의 뛰어난 작품이다. (2025.2.)

원주 '뮤지엄 산'과 안도 다다오의 풋풋한 초록 사과.
'초록 사과'는 세계적으로 다섯 작품이 있는데, 이곳과 제주도 본태박물관에 있다.

제 3부

정주민의 안락을 거부하는
현대의 유목민 — 조상호 형

강천석
〈조선일보〉 고문

조상호 형과 나는 엇비슷한 시기에 남도의 한 지방 도시에서 고등학생 시절을 보냈다. 학교는 달랐다. 서울에 올라와 대학에 다닌 것도 얼추 같은 무렵이었다. 안암동과 동숭동으로 동네만 달랐다. 사회생활의 첫발을 내딛은 분야도 비슷했다. 조 형은 1979년 출판사 나남을 창업했다. 1인 회사라지만 20대 후반에 벌써 어엿한 대표이사였다. 그보다 몇 년 앞서 신문사 밥을 먹기 시작한 나와는 출발부터 계급 차이가 났다. 그래도 출판사와 신문사는 길 하나 사이. 인연이 닿으려면 신호등 앞 건널목에서라도 몇 번은 마주쳤을 텐데 우리는 그러지 못했다.

조 형과 첫 대면의 기억은 가물가물하다. 내가 해외 근무를 끝내고 막 귀국했을 무렵, 그러니까 조 형이 마흔 문턱을 밟기 직전 아니었나 싶다. 실제 나이보다 몇 년은 당겨 살고 있는 듯한 얼굴이었다. 뭔지 정확히 짚이진 않지만 인생살이에서 한 수 위 같다는 느낌이었다. 그도 그럴 것이 그때 벌써 조 형은 한 해

창업하는 회사보다 문 닫는 회사 숫자가 많다던 출판계의 풍진(風塵)을 10년 가까이 버텨낸 이력을 쌓아왔으니 말이다.

올해 나남은 창업 40년, 조 형은 고희(古稀)를 맞는다고 한다. 현재 나남의 도서 출간목록은 3천 5백여 권을 헤아린다. 이만하면 책의 바다[書海], 책의 숲[書林]이라 할 만하다. 출판사를 찾아갔을 때마다 조 형은 항상 콧잔등에 돋보기를 얹고 교정쇄(校正刷)를 보고 있었다. 지금은 한발 물러섰겠지만 나남의 출간도서 3천 5백여 권 그 수십만 페이지에 이르는 교정쇄를 훑어나갔을 조 형의 공력(功力)이 놀랍다.

조 형은 경계(境界)가 불분명한 인물이다. 어느 한 울타리에 가두기 어렵다. 일생일업(一生一業)이란 표현에 걸맞게 평생을 출판인으로 살아왔다. 그랬던 그가 언제부턴가 칼럼니스트로 변신해 남의 생업을 위협하기 시작했다. 세상만사에 참견하는 그렇고 그런 글쟁이가 아니라, 현실 세상에 자기만의 색깔을 입히면서 고유의 영토를 확장해 가고 있다.

그는 한때 신문기자의 길도 생각했던 모양이다. 요즘 조 형 글을 읽으며 그가 기자 생각을 접은 것이 출판계의 다행이자 신문업계의 손실이란 느낌이 들기도 한다. 어쩌면 조 형은 출판인으로 살면서 한시도 저널리스트로서의 꿈과 사명을 접은 적이 없었을 것이다.

사실 그는 대학시절 지하(地下)신문 기자로 활동하면서 일

찌감치 필화(筆禍)의 주역으로 떠올라 전국적 수배 인물이 된 전과(前科)가 있기도 하다. 전과 조회를 해보면 "한국출판의 언론적 기능과 시대적 역할에 관한 연구"란 석사학위 논문과 그 연장선상에서 내놓은 박사논문을 단행본으로 출간한 〈한국언론과 출판저널리즘〉, 〈언론 의병장(義兵將)의 꿈〉이란 저서가 금방 검색된다. 의병이란 본래 관군(官軍)이 시원찮을 때 들고 일어나는 것이니 내심으론 이 나라 진짜 기자는 자기뿐이라고 생각해 왔는지도 모른다.

조 형은 출판사 사장과 신문기자를 오가는 이중 생활자가 아니다. 사실은 삼중 생활자다. 그는 나무에 홀린 사람이다. 주위가 눈치를 챈 건 불과 몇 년 전이지만 아주 오래전부터 나무를 심고 가꿔왔다. 취미 수준이 아니다. 독림가(篤林家)·조림가(造林家) 경지에 올라섰다. 경기도 적성과 충남 태안반도에 나무를 심고 있다는 소식이 들리더니 요즘은 새로 마련한 경기도 포천 신북 20만 평 숲에 아예 똬리를 튼 듯하다. 그냥 나무를 심기만 하는 것이 아니라 한국의 장묘(葬墓) 문화를 바꾸겠다는 뜻을 세워 수목장(樹木葬)의 모델을 제시하겠다는 것이다.

그의 초대로 한 번 둘러본 수목원은 조형감(造型感)이 보통 수목원과 달랐다. 수형(樹形) 좋은 반송(盤松)들과 울타리처럼 둘러싼 자작나무가 어울린 산자락은 그의 득의(得意) 구상인 책박물관을 품고 있었다. 대학진학 때 처음 서울공대 건축학과를

나남수목원에서, 강 고문 내외와 함께.

지망했었다는 게 빈말이 아니었구나 하는 느낌이 살아났다.

일생일업도 어렵거늘 일생이업(一生二業) 일생삼업(一生三業)에 동분서주하는 조 형의 에너지는 어디서 오는 것일까. 조금 엉뚱한 말 같지만 그 에너지의 근원은 조 형 특유의 촌스러움인 듯하다. 서울 생활 50년이 넘는 그에게서 도회적(都會的) 냄새를 맡기 힘들다. 뭘 걸쳐도 썩 때깔이 나지 않는 겉모양새를 가리키는 게 아니다. 정신의 자세나 마음자리가 그렇다는 것이다.

우리가 서울에 올라와 경쟁하듯 벗어버린 촌티가 그에겐 원색 그대로 바래지 않고 남아 있다. 우선 꿈이 크다. 도회적 인간은 꿈의 크기보다 목표 달성률과 적중률에 집착한다. 그러니 꿈이 잘아질 수밖에 없다. 그러나 그에겐 밤 열차에 몸을 싣고 새벽 서울역에 떨어진 상경(上京) 소년의 꿈이 보존돼 있다. 꿈이 커다랗기에 좀체 '이만하면 됐다'고 만족하지 못한다.

몽골 장군들의 군령(軍令) 1호는 '성(城)을 쌓지 말라'는 것이라 한다. 성을 쌓으면 그 안에 안주(安住)하려는 게으른 마음이 자란다. 그래서 그는 출판인에서 칼럼니스트로 다시 산림 경영인으로 끊임없이 이동한다. 정주민(定住民)의 안락을 거부하는 현대의 유목민이다.

도시에서 수십 년 닳고 닳으면 인간에 대한 존경심을 잃어버리게 된다. '부관(副官)의 눈에 위대하게 보이는 장군은 없다'는 말대로 훌륭한 분의 훌륭하지 않은 뒷모습을 너무 자주 접하게 되기 때문인지 모른다. 조 형은 요즘 사람으로선 드물게 은사(恩師)나 각 분야에서 일가(一家)를 이룬 분에 대한 존경심을 여태 지니고 있는 구시대인(舊時代人)이다.

'직접 가르침을 받지는 않았으나 마음속으로 그 사람을 본받아 학문이나 도(道)를 배우거나 따른다'는 뜻을 가진 사숙(私淑)이란 단어는 사어(死語) 취급을 받은 지 오래다. 그런 세상에 살면서 타계한 지 반(半)세기가 다 넘는 시인 조지훈(趙芝薰) 선생을 지금도 사숙한다는 조 형 이야기를 들으면 약간 외계인(外界人) 같다는 느낌이 들기도 한다. 직접 가르치고 배운 사제지간(師弟之間)도 아니고 고등학교 3학년 때 먼발치에서 바라본 조 시인의 풍모와 분위기에 반해 그는 큰아들 이름에, 처음 마련한 사옥 이름에 스승의 함자를 따오고 그를 기념하는 상(賞)을 20년째 운영하고 있다.

광복군 출신으로 고려대 총장을 지낸 김준엽(金俊燁) 선생을 언급할 때는 지금도 최경칭(最敬稱)을 동원한다.

작고하신 작가 고향 선배 이청준(李淸俊) 선생을 모시는 태도를 직접 목격하고 감탄한 적이 있다. 이 선생은 나의 고등학교 직계 선배이시고 분에 넘치는 사랑을 베풀어 주신 분이기도 하다. 그런 내가 고향 선배를 모시는 조 형 자세에 그저 감복(感服)할 수밖에 없었다.

먹을 가까이하면 검댕이 묻듯, 덕(德) 높은 선생님들을 그렇게 모셨으니 덕의 비늘 몇 개는 조 형 몫이 됐을 것이다.

요즘은 출판사도 좌우(左右)로 확연히 갈리는 세상이다. 그러나 출판사 나남과 나남의 창업자 조 형을 그런 좌표로 표시하기는 쉽지 않다. 그의 한양대 박사학위 지도교수는 〈8억 인과의 대화〉, 〈전환시대의 논리〉의 저자 리영희(李泳禧) 교수였다고 한다. 문재인 대통령을 비롯한 한국 좌파 계보에선 리 교수의 저서를 '일생의 한 권'으로 꼽는 사람이 많다. 조 형도 그 아래서 사상의 샤워를 한 사람이다. 지금은 좌파들의 뛰어넘기 힘든 허들이 돼가는 최장집(崔章集) 교수가 한때 좌파 취급을 받을 무렵 최 교수의 책을 먼저 낸 것도 나남이다.

그러나 이런 지적에 대한 그의 반론(反論)도 이치에 어긋난

말은 아니다. 〈일본군국주의의 실상〉, 〈이승만의 전시중립론〉 등 이승만(李承晩) 대통령의 책을 두 권이나 낸 출판사가 나남 말고 또 어디 있느냐는 것이다. 손세일(孫世一) 씨의 〈이승만과 김구〉를 내고 신자유주의 총서라고 할 자유기업원 책을 계속 출판한 것 또한 나남이다.

그렇게 보면 출판인으로서 조 형은 색깔이 없는 것 같기도 하다. 그러나 그건 짧은 생각이다. 그는 색깔이 없는 게 아니라 여러 색깔을 동시에 갖고 있는 사람이다. 그런 의미에서 그를 21세기를 사는 '상식의 한국인', '대표 한국인'이라 불러도 될 듯하다.

서양의 2백 년을 압축해서 전쟁하듯 살아낸 한국인의 사상적 층위(層位)를 좌우 또는 흑백 이분법으로 무 자르듯 가를 수는 없다. 한국인의 사상적 정체성은 고생대·중생대·신생대 지층(地層)이 켜켜이 쌓인 지구만큼 다층적(多層的)이다. 그 가운데 어느 한 층위를 캐내 좌우를 가리고 친일(親日)-반일(反日)로 범죄 감식하듯 재단(裁斷)하는 요즘 풍토 자체가 시대의 천박성과 사상적 혼돈을 나타내는 지표라 할 것이다.

조 형은 무지개처럼 여러 색깔을 지닌 사람이다. 무지개는 무지개대로 즐겨야지 색깔로 풀어본들 빈 하늘 말고 남는 게 없다.

'조상호'를 인터넷 인물사전에서 검색하면 '전남 장흥 출신·고대 법대 졸·나남출판 대표이사·한국기원 비상 대책위원장'

등의 이력이 뜨고 '사헌(史憲)'이라는 어마어마한 아호(雅號)까지 뒤따라 나온다. 그러나 이런 그물을 아무리 던져봐야 조상호의 실체를 건질 수 없다.

그는 호남 냄새 물씬한 진한 호남 사람이 분명하지만 그의 교유(交遊)는 태백산맥을 넘고 낙동강을 건넌다. 그의 학맥(學脈)은 구(舊)시대의 충성스러운 고대맨이지만 그의 필묵(筆墨)의 연(緣)은 안암골 멍석에만 주저앉지 않았다. 그는 '의병장', '사숙'이란 20세기의 촌스런 돛을 달고도 21세기 파도와 부딪쳐 침몰하지 않았다. 본인 말대로 '단돈 십 원이란 이문(利文)을 좇아 천 리 물길을 거슬러 올라가는 상업성'을 놓지 않으면서 거기에 '문화의 옷'을 입히려는 꿈을 버리지 않았던 사람이다.

무엇보다 나는 그가 지사(志士)가 아니어서 좋다. 술도 못하면서 끝까지 자리를 지키는 자세가 좋다. 적개심(敵愾心)의 독(毒)을 품지 않은 그의 다변(多辯)이 좋다. 겉은 뻔뻔한 듯하면서도 속으론 부끄러움을 타는 그의 양면성(兩面性)이 좋다. 간간이 대구 반가(班家) 출신 사모님과 잘 자란 아들딸을 홍보듯 자랑하지 않고 못 견디는 약간 모자란 태도가 좋다. 쉽게 지갑을 열지 않는 그의 밉지 않은 인색함이 좋다. 기도(棋道)를 어긋난 '암수(暗數)'로 승리를 탐하는 그의 승벽(勝癖)이 좋다.

만약 그가 이런 결점에서 완벽하게 자유로운 원융(圓融)한 인격자였더라면 봄비가 조단조단 내리는 이른 저녁이나 가을비가 추절추절 늦은 오후를 적시는 어느 적적한 날, 한동안 기별 뜸한 그를 불현듯 떠올리며 소식을 궁금해하지도 않았을 것이다.

자연을 사랑하는
나남수목원 조상호 형

염재호
(전 고려대 총장)

출판인으로 시작하여 수목원 대표로 삶을 관조하고 있는 조상호 선배. 나남출판이 40년이 되었고, 조상호 선배도 벌써 칠순이 된다고 한다. 고려대 법대 3년 선배로서 학창시절에 만난 기억은 희미하다. 그를 만난 것은 미국 유학 후 귀국하여 고려대 교수가 된 다음, 나남에서 출간하는 〈사회비평〉의 편집동인으로 참여하면서부터였다. 그때가 1990년 무렵이었으니까 근 30년의 세월이 흘렀다.

당시 나남출판은 미디어분야를 비롯하여 사회과학 전문서적을 줄이어 간행하여 학계의 주목을 받던 시기였다. 서초동 교대 앞 단독주택 안의 여러 방에 책상을 이어놓고, 옹기종기 편집하던 때에 나남에 발을 들인 것이다.

김인환, 오생근, 임현진, 이성원 등 쟁쟁한 선배 교수들이 시작한 〈사회비평〉은 젊은 인문사회학자들이 한국사회를 학문적으로 해부할 수 있는 터전을 마련해 주었다. 김용학, 송호근, 서

병훈 교수가 1대 사회비평 선배들의 바통을 이어받았고, 그 무리에 나도 끼게 되었다.

〈사회비평〉 편집회의를 위해 우리는 거의 매주 만났다. 편집회의를 할 때면 그 당시의 다양한 한국사회 이슈를 학문적으로 접근하기 위한 논쟁으로 시간 가는 줄 몰랐다. 한국사회를 분석하는 치열한 갑론을박이 무르익으면, 그동안 편집실에서 교정 보느라 정신없던 조상호 회장은 "저녁이나 먹지!"라고 하면서 끼어들었다. 식사 자리에서는 어김없이 툭툭 시비를 걸 듯 화두를 던지며 우리들의 논쟁에 기름을 붓곤 했다.

시비를 북돋는 재주는 학창시절 치열하게 독재타도를 외치던 열기가 사회인으로서 현실을 껴안을 수밖에 없는 상황을 맞아 승화된 것인지 모르겠다. 자신의 진심은 감추고 남의 입을 통해 자신이 듣고 싶은 이야기를 끌어내고 싶어 어쩔 줄 모르는 시비꾼의 감성을 주체할 수 없는 듯 보였다.

그러기에 후배 학자들이 자기들끼리 사회문제에 대해 갑론을박하는 것을 반걸음쯤 뒤로 앉아 관조하다가 툭툭 시니컬한 시비나 걸면서 끼어들고, 시간이 되면 "그만 일어나지!"라고 자리를 뜬다. 아직도 사라지지 않은 사회비판에 대한 응어리와 현실에서 마주치게 되는 보수성향으로의 발걸음에 자신의 판단은 감추고 혈기왕성했던 우리들에게 싸움만 걸게 했는지 모른다. 하여튼 그 시절 우리는 엄청나게 많은 문제들을 놓고 논쟁을 벌였던 것으로 기억한다.

조상호 선배의 나무사랑은 광릉으로 터전을 잡을 때부터 시작된 것 같다. 나도 25년 전에 가평 설악면으로 이사와 집을 짓고 살게 되었는데, 그 계기의 하나가 조상호 선배였다. 조상호 선배가 고대 선배교수 몇 분들과 광릉에 둥지를 틀면서 나보고도 광릉으로 함께 들어가 살자는 제의를 했다.

　당시 나는 경희대 조인원 교수와 함께 광릉내에 있는 경희대 평화복지대학원에서 공동강의도 하면서 자주 출입하던 곳이어서 그 지역을 잘 알고 있었다. 산수가 수려하고 좋은 곳이지만, 차로 출퇴근하기에 교통은 매우 불편했다.

　차가 막히는 주말에도 기차와 같은 대체 수단이 있으면 좋겠다고 생각하던 가운데 대성리역과 청평역을 이용할 수 있는 가평 설악면이 눈에 들어왔다. 멋진 풍광과 맑은 공기로 탈서울의 매력에 끌려 설악면 산자락에 집을 짓고 이사해서 살게 된 것이다. 지금 생각해보면 비포장도로에 아무 문화시설도 없던 산골 마을을 찾아간 겁 없는 짓이었다.

　큰 아이들 두 명을 전교생 30여 명밖에 안 되는 위곡분교에 보내고 10여 년 동안 고려대까지 출퇴근을 하며 전원생활을 즐기게 된 계기에는 조상호 선배가 있었던 것 같다.

　휴일 아침에 집사람이 빵을 구워서 아침식사 준비를 하면 조상호 선배가 형수와 함께 아침 먹으러 왔다고 위곡리 집으로 쳐들어오곤 했다. 그러면서 아침 먹고 강원도 홍천 등에 나무 보러 간다고 했는데 그게 바로 오늘 나남수목원이 태어나기 위한 출발이었는지 모르겠다.

시골의 향취를 잊지 않으면서 도심의 지식인들에게 지성의 향기를 전해주는 조상호 회장의 삶은 특이하다. 조지훈 선생을 흠모하여 홀로 지훈상을 제정하여 오늘까지 이어나가고 있고, 김준엽 총장을 흠모하여 상주(喪主) 이상으로 장례를 지키곤 한다. 부드러운 면은 없어 보이고 늘 걸걸한 목소리로 상대방을 긴장하게 만들지만 의리와 원칙은 확실한 사람임에 틀림없다.

나는 오랜 기간 자기의 목소리가 담긴 책을 출판해야 한다는 의무감에 싸여 있다가 작년에 〈개척하는 지성〉을 나남에서 출간하게 되었다. 나는 그동안 학문적 업적은 주로 논문이나 동료 교수들과 공저 형태로만 전공서적을 출간해 왔다. 조상호 선배는 내가 고대 총장에 출마할 때에도 "자신의 책이 한 권 정도는 있어야 되는데…" 하며 늘 걱정했다. 전공서적을 쓰는 것은 내 목소리가 담기지 않아 출간을 주저해 왔는데 그게 안타깝게 보였던 모양이다.

총장직을 수행하면서 미래에 대해 젊은이들에게 해주고 싶은 이야기를 책으로 담고 싶었다. 근 2년에 걸쳐 정리한 원고를 들고 조상호 선배를 찾았더니 흔쾌히 출판을 도와주었다.

나남출판으로 인연이 되어 만난 조상호 선배에게 이제야 면

염재호 총장의
〈개척하는 지성〉.

이 서고, 빚을 갚은 느낌이다. 그리고 나로서도 내 목소리가 담긴 첫 책이 나남에서 나온 것이 무엇보다 뜻깊은 일이다.

조 선배가 칠순이 된다니 세월이 참 빠르다. 30년 전부터 묵직한 표정과 언행 덕택에 60대 노인대접을 받으면서 출판업계를 평정했는데, 이제는 자신의 나이에 걸맞은 모습을 되찾아 자연으로 돌아와 인생을 관조하면서 삶의 의미를 계절의 변화와 함께 더욱 깊이 느끼고 있는 것을 보니 후배로서 참 보기 좋다.

조상호 선배는 아마 책을 출판하면서 나무를 베어 종이를 만든 것에 대한 미안함 때문에 그 보응으로 나무를 심는 마음이 일어났는지 모르겠다. 인생의 연륜이 깊어갈 때 우리의 지나온 흔적들을 하나하나 되짚어보면서 삶을 아름답게 마무리하는 것이 필요한지 모른다. 치열한 젊은 날의 삶의 궤적을 되돌아보면서 완숙한 노년의 삶의 지혜로 갈무리할 때가 온 것이다.

얼마 전 우연히 보게 된 〈인생 후르츠〉라는 일본 다큐멘터리 영화가 떠오른다. 90세가 된 건축가 할아버지와 87세 된 할머니가 60년 넘게 작은 집에서 오순도순 텃밭을 가꾸면서 인생을 지혜롭게 사는 모습을 잔잔하게 그린 영화다. 작년에 타계한 일본 여배우 키키 키린이 그 영화에서 나지막하게 읊조리던 내레이션이 귀에 맴돈다.

"바람이 불면 낙엽이 떨어진다. 낙엽이 떨어지면 땅이 비옥해진다. 땅이 비옥해지면 열매가 여문다. 차근차근. 천천히."

인생에서 60이 되면 귀에 거슬리는 것이 없는 '이순(耳順)'이라고 한다. 칠순이 되면 '종심(從心)'이라고 해서 마음먹은 대로 따른다는데 나남출판과 나남수목원을 키운 조상호 선배의 이제부터의 남은 인생이 기대된다.

육사六士 선생의
망팔望八

송호근
(서울대 명예교수)

30년 세월을 겪는 일이 단순하게 다가올 때가 있다. 육순을 넘겨 보면 안다. 그런데 30년 세월을 지켜봐 준 사람은 그리 단순하지 않다. 기억 속 대화가 숲을 이루기 때문이다. 필자의 칼럼이 신문에 게재된 날 이른 아침 가끔 전화가 걸려온다. 그것도 내가 읽기 전이거나, 막 세심한 독서를 끝낸 순간, 그, 조상호 회장이다. 필자는 회장이란 세속적 직함이 그리 마음에 들지 않지만, 어쩌랴 현실 세상의 회장인 것을.

"어, 오늘 글엔 경륜이 느껴지네."

경륜이란 준엄한 단어를 아침부터 서슴없이 날리는 이가 그다. 어지간한 칭찬에 대체로 면역된 나이에 접어든 나도 마음이 슬슬 동하기 시작한다. 모닝커피 때문만은 아니다. 굵은 저음에 깃든 그의 칭찬에 경륜이 느껴진다.

"뭐 좀 그렇긴 하지요!"

내가 결코 발설하고 싶지는 않은 생뚱맞은 답이다. 눙치고 싶지 않은 육순의 나이다. 그래도 이건 또 웬 자화자찬? 하는데, 그가 확신의 공범이 되기를 다그친다.

"글은 경륜으로 쓰는 법이지, 아침이 환해졌네."

환해지긴커녕 창밖에는 비.

사실, 조상호 회장은 세속적 직함답지 않게 **문사**(文士)다. 그의 글에는 경륜, 감성, 열정이 섞여 회오리친다. 법학도가 언제 그런 작문법을 익혔는지 모르겠으나 어지간한 인문학도의 글쓰기를 넘어선다. 아마, '경륜이 느껴지네'란 찬사는 자신의 글에 바치는 헌사일 것이다.

그는 최근 〈문화일보〉와 〈한국일보〉에 칼럼을 게재했다. 그 신문을 구독하지 않은 탓에 인터넷을 검색해야 할 수고를 나남의 평생 직원이 덜어줬다. 게재된 글을 꼬박꼬박 보내줘 숙제하듯 읽었다. 그런데 읽는 재미가 보통이 아니었다. 약간 질투도 났다. "어, 경륜이 느껴지네!"를 갚아줘야 했겠지만, 바쁜 아침과 모닝커피 속에 흘려보냈다. 가령 예를 들면 이렇다.

> 고개를 젖혀 하늘에 떠 있는 꽃들의 군무를 지켜보는 첫 경험의 현기증으로 가슴이 먹먹해졌다(〈문화일보〉, 2018.10.19.).

이건 웬 독자의 성감대를 건드리는 감성적 표현인가? 시골 폐교, 세 키를 훌쩍 넘게 자란 무궁화꽃을 올려 본 감상을 이리 썼다. 그래 놓고 곧장 생명의 관조로 시선을 옮긴다.

> 수십만 년 계속되는 생태계의 순환 속에 주인공들은 그들 나무이고, 우리는 잠시 스쳐 지나가는 나그네일 뿐이라는 회한도 스친다 (상동).

누가 뭐래나, 독자를 이리도 작아지게 만들어도 되나, 하는 심통을 솟구치게 만든다. 그런 감성을 실타래처럼 늘어놓으니 "가을이 오는지도 몰랐다"고 문사(文士)적 내숭을 떨어도 그런가 보다 싶다.

조상호 회장은 일찍이 의병장이 되기를 천명했다. 다름 아닌 문화의병장(文化義兵將). 나는 그걸 천명하는 자리에서 광야를 달리는 고구려 장수를 상상했다. 그런데 그걸 발설한 당사자는 삽한 자루를 들고 문화출판계에 뛰어든 무모한 법학도였다.

그의 얼굴이 술로 약간 상기된 순간 발화된 '의병장'이란 단어는 술잔을 쓰러뜨리고 급기야 나의 폐부에 화살처럼 박혔다. 겨우 이태준의 〈문장강화〉 정도를 떠올리고 있던 문약한 사회학도로서는 감당하기 힘든 단어였다.

출판계 40년, 그의 작업장을 스쳐간 학자가 3천여 명, 시대의 문사(文士)들과 동행한 그 멀고 긴 시간의 무게가 '의병장'에 담겨 묵직하게 가라앉았던 순간을 내가 어찌 잊으랴. 그의 나이 칠순, 이제 망팔(望八)에 접어든 나이에 의병장이라고 한들 누가 말리랴.

의병장의 다른 말이 **의사**(義士)고, **지사**(志士)다.

아무나 의사(義士)가 되지는 않는다. 그의 손을 거쳐 활자화된 문사 중 태반이 유명세를 떨치는 명사가 아니다. 골방에서 밤새워 소설을 쓴 무명의 문학도, 첫 저서를 갓 상재하려고 가슴 두근거리며 논리를 다듬는 젊은 학자, 유학 경험도 없이 열정 하나로 원서를 번역해 내는 빈곤한 선비가 대종을 이룬다.

그러고도 출판사 경영에 남다른 기질을 발휘할 수 있었던 것은 산맥과 평야를 거쳐 당도한 한강 하류에 둥지를 틀고 시간을 버텨온 그의 뚝심 때문일 것이다. 필자 같은 아마추어 소설가의 작품을 기탄없이 출판한 그의 낭만적 기질은 손익계산에 어두운 **지사**(志士)적 행보다. 지사의 품격이 없으면 문화의 병장은 문화게릴라가 된다.

그의 취미는 두 가지다. 한 번 임하면 무퇴정신이 발양되는 바둑판. 한국기원 이사를 10여 년 하더니 지금은 총재대행, 말하자면 아마 5단 **기사**(棋士)다.

바둑의 깊이를 모르는 필자로서는 왜 의병장 조상호가 바둑판에 임하면 그리 몰입 자세로 돌입하는지 알 도리가 없다. 영

송호근 교수의 장편소설 〈강화도〉.

토 욕심이 있는 것도 아니고, 돈이 되는 집 욕심이 있는 것도 아닌데, 가령 '한 집 반'에 얼굴 표정이 폭풍 전야처럼 바뀌는 이유를 어찌 헤아릴 수 있을까.

그건 모른다고 쳐도, 수사의 비밀은 약간 짐작한다. 나무쟁이, 또는 수목(樹木)에 미친 사람이 **수사**(樹士)다.

그가 십수 년 전부터 포천 수목원을 얘기하는 것을 그냥 흘려들었다. 필자가 수목 가꾸기에 실패한 까닭이기도 했고, 나무라면 그 내면의 법칙을 어지간히 깨달은 오만 때문이기도 했다. 그런데 20만 평, 수십만 그루의 나무와 놀고 있음을 알아차린 것은 불과 몇 년 전이었다. 게다가 '출판 본업을 지키고 권력의 유혹을 떨치기 위해 나무를 심었다'고? 웃긴다고 치부하기엔 너무 진지했다. 이렇게 고백한 까닭이다.

> 수목원은 세속의 크고 작은 유혹을 견뎌내고 나 자신을 지킬 수 있었던 출구였다(《문화일보》 2018.12.14.).

홍곡지지(鴻鵠之志)를 연작(燕雀)이 어찌 알리요. 결코 돈이 되지 않는 수목원에 항상 쪼들리는 돈을 쏟아부은 것을 어리석다고 판정하는 사람은 어리석다. 그의 수목원은 재산이 아니다. 그가 애지중지한 수목들이 환금 작물이 아닌 데다, 계절마다 가지치기와 퇴비주기 수고를 갈망하는 어린아이들이다. 손길을 고대하는 수십만 그루 수목들은 미세먼지를 걸러주는 공공재고, 매일 낮 시간 싱그런 산소와 수향을 뿜어내는 생태계 지킴이다. 출판이 문화생태계 지킴이인 것처럼 말이다.

그러므로 나무가꾸기와 책 내기는 수미상응(首尾相應)의 짝짓기다. 그의 통 큰 통찰이 나오는 대목이 바로 여기다.

> 이제는 수목원으로 생명의 존엄을 가꾸는 일이 '세상에서 가장 큰 책'을 만드는 일일지도 모른다(상동).

망팔(望八)에 얻는 깨달음치곤 너무 깊어 닿지 못할 정도다. 닿지 못하는 심정 때문에 필자는 아직도 담배를 멀리하지 못한다. 그는 대만의 문호 임어당(林語堂)처럼 애연가다. 임어당 선생은 평생 끽연하고도 81세까지 살았다. 요즘으로 치면 구순을 넘겼다고 할까. 끽연가 정조대왕도 등창이 아니었으면 오래 살았을 것이다.

임어당이 고희를 넘긴 것은 타고난 건강과 강한 유전자 때문일 것인데, **연사**(煙士) 조상호에게도 연독(煙毒)에 저항하는 면역력이 강건하기를 바란다. 왜냐하면, 망백(望百) 즈음 어느 날 앞서거니 뒤서거니 그의 수목원으로 찾아들 지난 30년 세월 우정이 희귀한 꽃으로 피어날 것을 감히 욕망하기 때문이다.

문사, 의사, 지사, 기사, 수사, 연사 — 아무나 **육사**(六士)의 경지에 이르지는 않는다. 시대를 거스르는 뚝심과 유별난 감성 없이는 육사의 삶을 살아낼 수 없다. 망팔을 버텨온 육사의 삶은 망구(望九)와 망백(望百)을 거쳐 지속될 것으로 나는 믿는다.

 몇 년 뒤를 따라가는 필자도 그러리라 다짐하는 아침, "어, 오늘 글엔 경륜이 느껴지네"를 서슴없이 발설하는 20년 후의 그의 목소리를 기약하고 싶은 게 무슨 욕심이랴, 한다.

천하를 논한
4천 시간의 대화

고승철
(소설가·전 나남출판 주필)

딱 30년 전인 1989년 가을의 일이다. 〈경향신문〉 입사 9년 차 소장(少壯) 기자인 필자는 두툼한 원고뭉치를 들고 서울 서초동 소재 나남출판사를 찾아갔다. 언감생심, 책을 내겠다는 야심을 품고…. 30대 중반인 '새파란' 나이에 공저(共著)도 아니고 단독 저서를 낸다는 것은 과욕에 가까운 일이었다.

1988년 12월 필자가 경제기획원에 출입할 때 개각이 단행되면서 조순(趙淳) 서울대 교수가 경제기획원 장관 겸 부총리로 부임했다. 신문사 고위 임원이 나를 불러 "조 부총리의 일거수일투족을 잘 관찰하여 책을 써보면 좋겠다"고 권유했다. 책을 쓴다? 반신반의했다. 전문적 식견이나 독특한 체험을 한 사람만이 저자가 된다고 생각했기에….

취재수첩에 부지런히 조 부총리의 발언을 옮겨 적었다. 경제학자로서 가졌던 소신이 현실과 부딪쳐 어떻게 굴절되고 변형되는가, 이런 관점으로 재정리했다. 2백 자 원고지에 글을 쓰던 시절이었으니 원고지 1천여 매를 채우려면 손품이 적잖이 들었다.

생면부지(生面不知)의 나남 조상호(趙相浩) 사장은 수인사가 끝나자 원고를 훑어보기 시작했다. 30여 분이 지난 후 활짝 웃으며 "한번 맹글어 봅시다!"라고 화답했다.

출판 과정에서 뜻밖의 암초가 나타났다. 조 부총리가 풍문을 듣고 '책이 나오면 난처해진다'는 뜻을 비친 모양이다. 장관 비서실장이 조상호 사장을 만나 '협박'과 '회유' 공세를 펼쳤다고 한다. 세무사찰 이야기를 슬쩍 비치는 한편, "출판 수익 예상 금액을 몽땅 주겠다"고 구슬렸다는 것이다. 부총리의 수제자인 모 교수도 조 사장과 필자에게 출판 철회를 종용했다.

이런 집요한 공략에도 불구하고 조 사장은 완강하게 버텨 책을 냈다. 살아 있는 권력 앞에서 머리를 조아리지 않는 그에게 존경심을 품지 않을 수 없었다. 불의(不義)에 저항하는 운동권 청년의 기개가 여전히 살아 있음을 확인했다. 이렇게 1989년 12월에 탄생한 나의 첫 저서가〈학자와 부총리〉다.

이렇게 의미 있게 출판된 내 책이 출판사에 별로 기여하지 못했는데도 간간이 주요 출판물을 보내주어 내내 고마움을 느끼고 있었다. 세월이 흘러 2007년〈동아일보〉출판국장이 되었을 때 노하우를 배우려 파주출판도시의 나남출판사로 부리나케 찾아갔다. 조 사장은 환대하며 이런저런 비결을 전수해 주었다.

필자는 언론계를 떠나 2009년부터 소설 창작에 몰두했다. 이듬해 봄에 장편소설 하나를 완성하여 1989년 때처럼 원고뭉치를 들고 나남을 방문했다. 퇴짜 맞을 각오를 했는데 뜻밖에 조 사장은 출간을 흔쾌히 수락했다. 〈은빛 까마귀〉라는 소설이다. 조 사장은 저자와 나남 직원들과의 간담회를 마련하기도 했다. 무명작가를 격려하는 마음 씀씀이가 고마울 따름이다.

2011년 6월 6일 현충일 휴일에 조 사장의 광릉 전원주택과 포천 나남수목원을 구경하러 갔다. 자연친화적으로 잘 가꾼 공간이어서 경탄이 절로 나왔다. 그날따라 조 사장은 어디엔가로 자주 전화를 걸며 김준엽 고려대 전 총장의 안부를 걱정했다. "총장님 용태가 위중하여 오늘내일하신다"는 것이었다. 이튿날인 7일 작고하셨다.

 필자가 감명 깊게 읽은 〈장정(長征)〉의 저자 김준엽 총장의 부음(訃音)을 듣고 방관할 수 없었다. 직접 맺은 인연은 없지만 마음속의 '큰 스승'을 기리려 고려대병원 빈소로 갔다. 거기서 조 사장은 거의 상주(喪主) 역할을 하고 있었다. 의(義)를 실천하는 것이 무엇인지 느꼈다.

2011년 10월에 "함께 일해보자"는 조 사장의 제의를 받고 나남에 입사했다. 직함은 '주필 겸 부사장'. 글 쓰는 조직에서 가장 명예로운 직함이 주필인데 신문사에서 못 해 봤다고 출판사에서 이런 타이틀을 받았다. 세심한 배려였다.

입사 이후 아침 간부회의가 끝나면 조 사장과 단둘이서 매일 2시간가량 회의를 했다. 회사 업무가 주요 내용이었지만 때로는 업무 이외의 주제로 대화가 확장되었다. 정치, 경제, 사회의 주요 이슈를 비롯해 역사, 문학 등 광범위한 이야기를 나누었다. 종횡무진 대화에서 우리는 '문화 쿠데타'를 도모했다. 그 자리는 작은 양산박(梁山泊)이었다.

조 사장과 나의 공통점은 일간신문 여러 개를 정독한다는 점. 신문에서 다룬 사안에 대해 논평하다 보면 금세 한두 시간이 흘렀다. 그런 과정에서 출판 아이디어가 떠오르면 적정한 저자를 섭외했다. 예를 들면 어느 신문에서 소설가 안정효 선생의 인터뷰가 보도되었는데 필생의 역작이 출판사를 찾지 못해 표류한다는 소식이었다. 곧바로 안 선생을 만나 원고를 넘겨받았다. 그래서 빛을 본 작품이 정치 풍자소설 〈솔섬〉이다. 이 인연이 확장돼 안정효 문학의 정수(精髓)인 〈은마〉와 〈미늘〉을 잇달아 나남에서 출간했다.

2012년 봄이 되면서 나남수목원 나들이 빈도가 잦아졌다. 매년 식목일 즈음하여 나남 임직원들은 나무를 심으러 수목원에 간다. 내 땀 몇 방울을 흘려 작은 생명체인 묘목을 대지에 심는 행위에서 짜릿한 보람을 느꼈다. 조 사장은 수목원에 들어가면 산인(山人), 선인(仙人)으로 변신했다. 20만 평 산지 곳곳에 그의 숨결, 손길이 배지 않은 곳이 없다. 여기에 책박물관을 짓겠다는 포부를 밝히기에 그러려니 했는데 과연 얼마 지나지 않아 완공됐다. 상상이 현실로 되는 과정을 지켜보았다.

2014년 새해부터 조 사장은 회장으로, 필자는 사장으로 명함을 바꾸었다. 조 회장은 창업자 사장이어서 처음 승진하는 셈이다. 국밥집 주인도 사장인 시대이니 업력(業歷) 40년 가까운 나남출판사의 '조 회장'은 정명(正名)을 찾은 형국이다.

조 회장은 다른 출판사에서 나온 명저를 사비(私費)로 대량 구입하여 널리 배포하는 일에도 적극적이었다. 소설가인 양선희〈중앙일보〉논설위원의 〈여류(余流) 삼국지〉 1~5권을 그리했다. 양 위원의 작가적 재능을 확인하고 미출간 원고를 받아 〈카페 만우절〉, 〈적우(敵友)〉 등 장편소설을 나남에서 냈다.

문이당에서 나온 10권짜리 대하소설 〈반야(般若)〉도 엄청난 물량을 사들여 소설 애호가들에게 증정했다. 송은일 작가는 이 인연으로 나남에서 장편소설 〈달의 습격〉을 낸다.

조 회장은 문인들을 존중했고, 특히 형편이 어려운 전업작가들을 도우려 애썼다. 어느 궁핍한 시인의 중학생 아들이 돈이 없어 학교 수학여행을 포기한다는 소식을 듣고 그 자리에서 비용을 쾌척했다. 미술평론으로도 신춘문예에 당선한 어느 시인을 격려하려 미술평론집을 내주기도 했다. "제작비가 많이 들더라도 이왕이면 컬러판으로 멋지게 만들라"고 편집진에게 지시했다.

어느 봄날 병색이 완연한 윤용호 소설가가 나남출판사를 찾아왔다. 평생 소설을 써왔는데 유명한 출판사에서 책을 내는 것이 소원이란다. 조 회장은 그의 재능과 진정성을 간파하고 〈마방 여자〉라는 장편소설을 출판했다. 이 사연을 필자는 다음과 같은 시(詩)로 쓴 바 있다.

데뷔 이후 / 처음 계약금 받고 /
귀갓길 버스에서, 전철에서 /
내내 울어 눈이 퉁퉁 부었다 /
그해 단풍잎 바알갛게 물드는 늦가을 /
그는 조용히 숨을 멈추었다 /
마지막 펴낸 장편소설 가슴에 품고.

역시 덜 유명한 소설가인 필자도 조 회장의 후원 덕분에 〈개마고원〉, 〈소설 서재필〉, 〈여신〉 등 장편소설 3편을 나남에 재직하면서 펴내는 홍복을 누렸다. 초고(草稿)를 정독한 후 보완할 점을 숱하게 지적하는 조 회장의 날카로운 문학적 감수성에서도 큰 도움을 받았다.

조 회장은 창업 초기에 〈나남문학선〉으로 이청준, 황석영, 이문열, 오정희, 김승옥 등 거장(巨匠)급 문인들의 작품을 출간하면서 저자들과 문학을 논하는 내공을 쌓았다.

조지훈 시인을 사숙(私淑)하여 '지훈상'을 20년 가까이 운영하는 것만 봐도 문학에 대한 조 회장의 열정을 확인할 수 있다. "산뜻한 책 제목을 지으려면 시집을 탐독해 언어에 대한 감각을 벼려야 한다"는 게 조 회장의 지론이다. 〈한국일보〉, 〈문화일보〉 등 여러 신문에 연재된 조 회장의 칼럼을 보면 한결같이 정교하게 조탁(彫琢)된 시적(詩的) 언어들이 풍성하다. 오랜 세월 시를 음미하다 보니 그 언어들이 체화(體化)한 결과이리라.

조 회장은 일상 대화에서도 '삶은 낡은 잡지의 표지처럼 통속적'이라거나, '소리 없는 아우성' 같은 문학적 수사(修辭)를 즐겨 구사한다.

조 회장은 고교시절에 역사 과목에서 발군의 실력을 보였다고 한다. 별명이 '역사 박사'일 정도였다. 세월이 흘러도 역사에 대한 관심과 열기는 식지 않아 나남출판사는 역사소설을 다수 출간했다. 고구려 역사를 생생하게 복원한 김성한 선생의 역작 〈요하〉를 비롯해 나남이 낸 소설만 읽어도 한국사의 얼개가 그려진다 하겠다. 시대별로 나열해 보면 다음과 같다.

〈대왕의 보검〉(오세영), 〈정몽주〉(이병주), 〈정도전〉(이병주), 〈왕도와 신도〉(김용상), 〈소설 징비록〉(이번영), 〈천명〉(이병주), 〈허균〉(이병주), 〈사도의 마지막 7일〉(김상렬), 〈강화도〉(송호근), 〈동백〉(전진우), 〈소설 서재필〉(고승철), 〈소설 신돌석〉(백상태), 〈천민〉(민병삼), 〈조선총독부〉(류주현), 〈해랑〉(김용희), 〈다시, 빛 속으로〉(송호근) 등이다.

어느 날엔 조 회장과 함께 궁예의 발자취를 따라 철원 일대를 둘러보기도 했다. 태봉의 옛 도읍지를 살피며 고려 건국 무렵을 회상했다. 조 회장은 그 후 원재길 작가의 장편소설 〈궁예 이야기〉를 읽고 감명을 받아 작가가 직접 경영하는 출판사에서 나온 이 책을 다량 구입하여 지인들에게 보냈다. 이에 더하여 저자를 초청하여 나남수목원에서 1박 2일간 궁예의 삶에 대해 토론하였다.

필자는 나남에서 2018년 말까지 7년 2개월 근무했다. 매일 2시간여 조 회장과 대화했으니 일주일이면 5일간 10시간, 1년이면 520시간인 셈이다. 7년이면 3,640시간인데 점심 저녁 식사를 함께 한 적도 많으니 이를 감안하면 4천 시간이 훌쩍 넘을 것으로 본다.

특히 2013년 2월 설 연휴 때 일주일간 바이칼 호수를 여행하면서 내내 함께 보낸 시간이 기억에 새롭다. 블라디보스토크에서 이르쿠츠크까지 시베리아 횡단열차를 타고 꼬박 만 사흘 동안 4인용 좁은 객실 안에서 천하를 논하며 창밖 시베리아 설원(雪原)의 자작나무 삼림을 본 여행체험은 오래 잊지 못하리라.

2019년은 나남출판 창립 40주년에다 조 회장께서 칠순을 맞는 해이다. 나남의 번영과 조 회장의 건승을 기원한다.

출판 外 유혹에 안 빠지려
愚公移山으로 만든 수목원

장재선(《문화일보》 문화부장)

그와의 대화는 책과 나무를 왔다 갔다 했다. 책 이야기인가 하면 나무 쪽으로 넘어갔고, 나무 이야기는 책으로 돌아왔다. 그 사이에 그가 만났던 사람들과의 우정에 관한 회고가 깃들었다. 조상호(67) 나남출판사 회장. 38년간 책을 만들어 온 그는 명실공히 국내 대표적 출판인이다. 그가 지난 2008년부터 나남수목원을 가꾸고 있다. 경기 포천시 신북면 신북온천 가는 길에 20여만 평의 땅에 나무를 심어 왔다. 그 안에 지난 4년간 '책박물관'을 지었고, 오는 20일 개관식을 연다.

조 회장에게 전화를 걸어 나남수목원에서 만나자고 했더니 일단 출판사로 오라고 했다. 파주출판단지에 있는 나남출판사에서 수목원으로 넘어가는 길을 안내하고 싶다는 것이다. 지난 12일 오후, 출판사 4층에 있는 회장실을 찾았다.

알려진 대로, 그의 사무실은 널찍한 '쇼룸'이었다. 각종 책뿐

조상호 나남출판사 회장이 경기 포천 나남수목원 내의 책박물관 2층에서 포즈를 취했다. 그는 수년간 출판을 하게 해준 분들에게 선물을 하고 싶어서 온 힘을 다해 박물관을 지었다고 했다.

만 아니라 화분과 서예, 그림, 조각들이 저마다의 향기와 품격으로 주인의 안목을 뽐냈다.

"강현두 서울대 (명예)교수가 그랬어요. 1994년 양재역 건너편 서초동에 사옥을 만들었을 때 4층 사장실을 본인은 어쩌면 불편할 수도 있지만, 신문방송학과 학생들이 와서 보면, 출판을 해도 이 정도 꾸미고 살 수 있다는 꿈을 가질 수 있도록 쇼룸이 필요하다고."

나남은 언론관련 출판으로 유명했다. 한때 전국 대학의 신방과 커리큘럼은 나남 책 아니면 꾸릴 수 없다는 이야기도 있었다. 이번 인터뷰에 동행한 김인구 출판담당 기자도 "신방과 학생 때 나남 책으로 공부했다"고 했다. 조 회장은 "그 덕분에 내가 먹고살았다"며 크게 웃었다.

나남은 그동안 3천 5백여 종의 책을 펴냈다. 사상의 저수지를 표방한 '나남신서'만 1,919권째 내놨다. 사회과학서 출판에 힘썼으나 문학 작품들도 많이 출간했다.

"2000년 박경리 선생의 〈토지〉와 〈김약국의 딸들〉이 시장에서 2백만 권 넘는 대성공을 거두었습니다. 그걸로 사회학자들의 책을 내는 토대를 마련했어요."

사회학자인 송호근 서울대 교수가 최근 소설 〈강화도〉를 나남을 통해 펴낸 것은 우연이 아니다. 사회과학과 문학을 함께 담은 저수지 역할을 넉넉히 해온 덕분일 것이다.

"출판을 하면서 항상 내 역할은 무엇인지 고민했습니다. 나는 저수지 맨 밑이라는 생각을 했어요. 낮은 곳에서 보(洑)를 튼튼하게 만드는 것. 그럼 거기에 연꽃도 피어나고 맑은 사람도 모이지요."

그는 달변이다. 문어 투의 유장함과 사투리 억양의 친근감이 조화를 이뤄서 묘한 매력으로 다가온다.

그의 글은, 말보다 훨씬 유려하다. 40년 가까이 남의 글을 봐 온 공력이 쌓였기 때문일 것이다. 그는 칠순(七旬)을 앞둔 요즘도 원고 교정을 직접 한다고 했다. 이와 관련, 한 언론학자는

"조 회장에게 문장 빚을 안 진 학자가 없다. 더 정확해지고 아름다워지기 때문에 그가 손대는 것에 대해 아무도 말하지 못한다"고 했다.

그는 이른바 출판저널리즘을 일관되게 지향해왔다. 책을 통해 우리 사회의 현실을 진단하고 바람직한 미래상을 제시하려고 애써왔다.

"책장수라고 저잣거리 일에 침묵하는 것 같지만 사실은 사회적 어젠다를 세팅합니다. 언론은 매일 어젠다를 제시하지만, 출판은 좀 느리기는 하지만 심층적으로 하는 것이지요. 이 일을 일제강점기 35년보다 더 오래 하며 살아남을 수 있었던 것은 선후배들의 보살핌 덕분이에요. 책장수를 하는 보람은 대학처럼 사람이 모이고 남는다는 것이에요."

조 회장이 한국 지성계의 마당발이라는 것은 유명하다. 그의 저서 〈언론 의병장의 꿈〉과 〈나무 심는 마음〉을 보면 그의 교우관계가 얼마나 넓고 깊은지 알 수 있다. 그는 사람 자랑을 감추지 않는다.

"염재호 고려대 총장과 김용학 연세대 총장이 우리가 1988년부터 20년간 펴낸 계간지 〈사회비평〉 편집위원이었어요. 성낙인 서울대 총장은 친구지요. 출판 덕분에 3개 대학 총장과 다 통하는 사람이 됐으니…."

그는 나남수목원에 책박물관을 지으면서 선후배들을 위한 '아카이브'를 마련했다. 언론인이자 소설가인 김동익 씨와 오생근 서울대 불문학과 명예교수가 1, 2호로 들어오게 됐다고 한다. 김 씨는 그의 오랜 바둑 동무이며, 오 교수는 20대에 군대에서 만난 후 평생 우정을 나눠온 사이다.

조 회장이 운전하는 차에 동승해서 포천의 수목원으로 가다 보니, "KTX를 타고 1시간씩 눈 호사를 즐긴다"는 그의 말이 실감 났다. 차가 막히지 않는 자유로와 임진강을 끼고 교외 도로를 달리며 산야의 사철 풍경을 눈에 담으면 KTX 여행보다 나을 것이다. 매주 한두 번씩 나무를 만나러 가는 그의 여정이 부러웠다. 그의 친구들도 그렇다고 했다.

"누구나 가슴속에 꿈꾸는 고래가 있겠지요. 답답한 세상에서 벗어나 자연과 벗하고 싶다는 것이 그렇지요. 하지만 그런 로망은 대부분 땅을 파고 물을 주는, 힘들고 거친 일을 건너뛴 것이기 쉽지요."

수목원 안내 건물에서 그는 손수 '다방 커피'를 타서 내왔다. 사진기자뿐만 아니라 취재차량 기사도 대접했다. 주변 사람들에게 작은 것이라도 베풀고 싶어하는 그의 성정이 그대로 드러났다. 그의 몸짓에서 우러나는 따스한 정감에 이끌려 모두들 커피가 든 종이컵을 들었다.

"이게 내가 글에서 소개했던 히어리 나무입니다(그는 최근 〈한국일보〉에 연재하는 "삶과 문화" 칼럼에서 토종 히어리의 노란 꽃이 상징하는 희망에 대한 이야기를 했다). 숲향기가 어떤 것이라고 꼬집을 수 없는 복합된 그 무엇이겠지만 자체에서 향기를 발산하는 나무가 계수나무라고 합니다. 해서 수목원 초입에 계수나무 다섯 그루가 숲향기처럼 서 있지요. 이건 '눈주목'인데, 아이(eye)나 스노(snow)의 눈이 아니고 누워 있다는 뜻의 눈이에요. 그러면 서 있는 주목은 '선주목'이 되는데 그냥 주목이라고 부르죠. 저기 모란은 김영랑 시에 나오는 그 꽃이고, 여기 백송은 헌법재판소 뜰에 있는 6백 년 된 백송의 후예로, 아직은 젊어서인지 몸통이 파랗습니다."

그는 책박물관으로 가는 길에 나무들의 이름을 일일이 호명하며 그 스토리를 간략히 소개했다.

"이 백합나무는 목백합이라고도 부르는데, 30여 년 전 가보았던 미국 육사(West Point) 정문 앞의 두 사람이 안기도 어려운 거목의 기억을 환생시킨 것이지요. 얼마 전 고양의 서울골프장에서 그 굵기의 백합나무들을 찾았는데 어찌나 반갑던지요. 잎 모양이 늘어진 별처럼 보이는 나무는 대왕참나무라고 합니다. 유학간 아들의 대학을 찾아가던 길에 보스턴의 길가에 숲을 이루던 모습을 MIT 대학의 작은 언덕에서 내려다보던 감동을 재현시켜보려 심었지요. 회화나무는 학자수(學者樹)라고도 불리는데 창덕궁에 살아님은 거목들을 봤을 테고, 저기 저 나무는 뭔지 알아요? 칠엽수라고, 저 나무 아래서 사랑을 속삭인다는 마로니에라고도 해요. 여기 귀하게 모신 60년 된 구상나무는 우리나라 특산종으로 전나무라고도 하는데 미국으로 넘어가면 크리스마스트리로 쓰이지요."

책박물관은 수목원 3분의 1 지점에 있는 작은 호수를 앞에 두른 3층 520여 평의 건물이다. 1층 북카페 디자인부터 세련된 멋을 풍긴다. 갤러리로 꾸민 2층의 벽면 서가엔 나남 책들이 들어가 있다. 40년 가까이 3천여 권의 책과 함께 한국 현대사의 격랑을 헤쳐온 땀 냄새의 숨결이 들리는 듯하다. 조 회장은 여기에 자신이 보물 1호로 꼽는 백제금동대향로 실물대 복제품을 갖다 놨다. 24년간 출판사 사무실에서 그를 지켜보며 격려해 준 수호천사라는 게 그의 설명이다. 그는 국보 287호인 이 대향로에 새겨진 봉황의 웅자(雄姿)를 관람객들이 깊게 새겨주길 바란다고 했다.

향로 옆 벽에는 조지훈 시인의 부인 김난희 여사가 쓴 한글 서예 '승무'(僧舞)가 걸려 있다. 나남이 지훈상을 18년째 운영하고 있는 데 대한 감사의 표현이지 싶다. 역시 그의 사무실에 있던 걸 옮겨왔다.

"김난희 여사는 올해 95세인데 몸이 조금 불편하시지만 아직도 지하철을 타고 다닐 수 있을 정도라고 해요. 지훈 선생이 49세까지 사셨는데, 그만큼의 세월을 더 사시며 지훈의 늠름한 아내로 사시고 후손들을 돌보셨지요. 셋째 아들(조태열)이 외무부 차관을 거쳐 유엔대사까지 됐으니 보람이 크실 거예요."

황지우 시인의 작품 조각상 〈멀어지는 다도해〉와 〈수족관 앞에서의 반가사유상〉이 눈에 띄었다.
"한국예술종합대학 총장까지 지낸 황 시인이 25년 전 조각 작품에 빠진 적이 있었어요. 이를 격려하고자 소설가 이청준 선생의 권유로 구입하여 출판사에 보관하다가 이번에 책박물관으로 옮겼습니다. 우정의 상징으로 그 의미가 깊습니다.
여기 이번 개관기념으로 중앙대 미대 김선두 교수가 기증한 대작 〈서편제─길의 노래〉도 어려운 시절 함께 부둥켜 안았던 우정의 표현입니다."

3층 아카이브 공간까지 자세히 소개한 후에 그는 말했다.
"순수한 민간의 힘으로 이걸 만들려니까 지원은커녕 소방안전 규정 등 복잡하게 지켜야 할 규제가 너무 많더라고요. 40년 일업일생(一業一生) 출판의 길을 기념하여 기어이 만들기는 했지만, 다시 하라면 못할 거예요. 미친 짓이지…."

자랑을 겸한 탄식은 수목원 위쪽에 자리한 반송(盤松) 숲에서도 이어졌다.
"3천 그루 넘는 반송 머리를 깎느라 작년 1년을 다 보냈어요. 열두 제자가 아니라 3천 명의 자식들이지요. 우면산 산사태가 났던 2011년 대홍수 때 그때까지 가꾼 숲이 다 무너져 내렸

황지우, 〈멀어지는 다도해〉(1994).

어요. 그때 그만둘 걸 그랬어요. 생명에 대한 애착이지 싶습니다. 그걸 다시 일으켜 세워 이런 걸 만들었어요. 우공이산(愚公移山)이지요."

   우공이산의 결과로, 이 산에는 각종 나무들이 어울려 크고 있다. 무궁화 6백 그루(120종)와 은행나무 6백 그루, 아로니아 8백 그루, 헛개나무 3백 그루….

출판에만 전념했던 그가 수목원을 하게 된 계기는 무얼까. 책을 만들면서 종이가 되는 나무에게 죄스러워서였을까. 그는 이런 시각에 손사래를 쳐왔다. 그 직접적 계기는 파주 적성의 임야 1만 5천여 평을 어쩔 수 없이 갖게 됐기 때문이라는 것. 파주

금촌에 책 창고를 신축할 때 은행 대출을 받으며 부실채권인 땅을 떠맡게 된 것. 땅을 그냥 둘 수 없어 자작나무, 느티나무, 메타세쿼이아 묘목을 심었지만 모두 살리지 못했다.

"이후에 국내외 수목원을 직접 돌아다니며 나무 공부를 했어요. 독학이지요. 자작나무를 키우던 적성면 임야에 개발이 이뤄져 도로가 생기게 됐어요. 키우던 나무를 옮겨 갈 땅을 구해야 했지요. 그래서 이제는 개발이 안 되고 온전히 나무를 가꿀 수 있는 곳을 어렵게 찾아서 여기 온 것이지요."

그가 수목원 일에 매달리게 된 것은, 출판 이외의 유혹에 흔들리지 않기 위해서이기도 했다. 김영삼 민주정부 이후 정치권력 쪽으로부터 간간이 영입 제안이 들어왔다. "내가 출판 쪽에 너무 많은 씨를 뿌려 놓은 상태였어요. 그게 아까워서 움직일 수 없었지요. 부르려면 진작 부를 것이지…, 하하!"

그는 3천여 그루 반송 밭 앞의 정자 인수전(仁壽殿)에 앉아서 이렇게 말했다.

"여기 이렇게 앉아 있으면 마음이 편안해져요. 지구에 잠시 소풍 왔다 가는 것이 우리들의 삶인데, 무엇을 싸 가지고 갈 것도 아니지 않은가요. 소풍 온 기념으로 한 20만 평 녹색 공간을 남겨주려고 합니다. 나무는 늠름하게 커 가면서도 스스로 욕심 부리지 않고 다른 존재를 해치지 않습니다. 남은 생애는 나무처럼 살고 싶습니다."

〈문화일보〉, 2017.5.18.

언론 의병장의 꿈

조상호(나남출판 발행인) 지음

언론출판의 한길을 올곧게 걸어온
나남출판 조상호의 자전에세이

출판을 통해 어떤 권력에도 꺾이지 않고 정의의 강처럼 한국사회의 밑바닥을 뜨거운 들불처럼 흐르는 어떤 힘의 주체들을 그리고 있다. 출판은 권력과 자본으로부터 자유로울 수 없는 언론기관을 대신하여 사회의 의제를 설정하는 역할을 담당해야 한다. 저자는 스스로 '언론 의병장'이 되기를 자청하고 '쉽게 팔리지 않고 오래 팔리는 책'을 고집스레 출간하며 40년 동안 올곧게 한길을 걸어왔다.

좌우이념의 저수지, 해풍 속의 소나무처럼 세상을 다 들이마셨다. –〈조선일보〉
한국 사회에 뿌린 '지식의 밀알' 어느새 2,500권. –〈중앙일보〉

신국판·양장본·올컬러 | 480면 | 28,000원

나남 nanam Tel: 031-955-4601
www.nanam.net

나무 심는 마음

조상호(나남출판 발행인) 지음

꿈꾸는 나무가 되어 그처럼 살고 싶다
나무를 닮고 싶고 나무처럼 늙고 싶고
영원히 나무 밑에 묻혀 일월성신을 같이하고 싶은 마음

40여 년간 언론출판의 한길을 걸어온 저자에게는 출판 외에도 다 담아낼 수 없을 만큼 쌓인 경험과 연륜, 그리고 아름드리나무와 같은 지혜가 있다.

수많은 씨줄과 날줄로 엮인 인연의 에세이, 깊은 시각에서 기록한 여행기, 언론매체에 투영된 저자의 모습까지 한결같은 뚝심을 만날 수 있다. 독학으로 시작한 나무 키우기는 어느새 우렁찬 숲을 이루어 20만 평의 나남수목원을 채웠다. 모든 것을 품은 나무처럼 세상을 들이마신 그의 이야기에 빠져 보자.

신국판·올컬러 | 390면 | 22,000원

nanam Tel: 031-955-4601
www.nanam.net

나라출판 원고지

나의줄판 원고지